修订版

尼采与身体

Nietzsche and Body

汪民安 著

山西出版传媒集团　山西人民出版社

目录

前言 /001

第一章 希腊之旅 /001
一 悲剧 /003
二 三个对立 /014
三 火、生成与道德 /031

第二章 道德的战争和起源 /045
一 主人道德和奴隶道德 /047
二 道德战争 /070
三 负债、记忆和惩罚 /088
四 内疚和禁欲主义 /106

第三章 权力意志 /127
一 柏拉图主义 /129
二 "真正的世界" /138
三 权力意志 /154
四 力、权力意志及其表达 /175
五 真理、解释、重估和思考 /192

第四章　虚无主义和上帝之死 /221
　一　虚无主义 /223
　二　上帝之死 /231
　三　末人 /261

第五章　超人和永恒轮回 /267
　一　潜能、自由精神和身体 /269
　二　超人 /279
　三　永恒轮回 /292

结语 /339

附录　身体转向 /345

参考文献 /377

修订版后记 /385

前　言

尼采的希腊，主要是狄奥尼索斯和赫拉克利特所组成的希腊，一个神和一个哲学家，一种艺术（悲剧）类型和一个哲学流派，一个虚构和一个现实，这二者交织在一起形成了尼采的希腊故乡。狄奥尼索斯的意象是陶醉之酒，赫拉克利特的意象则是发光之火。酒和火（光），是尼采终其一生的迷恋。他的哲学愤懑，正是因为希腊思想中的火（光）和酒在欧洲历史中不断遗失：酒逐渐干枯，火则慢慢熄灭。而尼采的信念是，生命正是围绕着火和酒而展开：在火中，活力、强健、蓬勃、狂热、欢欣在一起跳跃；借助于酒，一个混沌、自主和充满快感的身体翩翩起舞。酒和火，还催生欢笑。舞蹈和跳跃，正是大笑着的超人的经典动作。火和酒，是生命中压倒性的主宰要素，构成生命激情不可分离的两面，并常常遭遇在一起。火和酒一旦相遭遇，二者互相催生和激发，它们各自的能量更加饱满：醉被醉所滋养；光被光所照耀。就此，生命在酒和火的遭遇中抵达自身的激情巅峰。在希腊时期之后的欧洲，或者，更恰当地说，在柏拉图主义之后的欧洲，在整个基督教和现代时期，酒和火遭到了驱逐：理性、逻辑和知识冲淡了狂欢之酒，节制、禁欲和克己扑灭了放肆之火。到了尼采自己的时代，他多少有些伤感地发现，酒和火的意象编织而成的希腊思想，只能凭借回望，以乡愁的方式存在于自己的记忆之中。酒和火一旦在欧洲的大地上杳无踪迹，那么，现在，耸立其间的便到处都是充斥着病人的疯人院。这片大地同时也被风化为沙漠：身负重担的骆驼以及各种各样的家畜在其中踯躅前行。这些病人和骆驼，塞满了尼采的尖锐目光。他禁不住要问：为什么呻吟的病人替代了大醉的狄奥尼索斯？为什么负重的骆驼取代了赫拉克利特式的正在游戏的沙滩孩童？也就是说，为什么欧洲的历史进程踏上了一条由强到弱、由无辜游戏到负重罪责的衰败之路？同盯住经济事实的马克思不一样，尼采的历史目光，牢牢盯住的是力本身，是力和力之间的战争游戏。尼采听到的历史轰鸣，是力在翻云覆雨，是这种翻云覆雨过程中混乱的强弱变奏。

因此，一个非凡的谱系学计划得以展开：生命之酒和火是如何迷失在欧洲的历史之中的？它们为什么消失得无影无踪？或者，用尼采的说法，为什么在欧洲虚无主义得以流行？在尼采这里，生命抉择，或者说，强弱抉择，取决于道德律条。道德是什么？尼采将道德看作行为体系的指南，"在道德面前，正如在任何权威面前，人是不允许思考的，更不用说允许批评了"。于是，生命被道德所绑缚，它是道德竞技、驰骋和盘旋的场所，道德，以其律令铸造了生命，并借助于生命这一通道得以显身——生命的兴衰，总是道德兴衰的后果。因此，一种探讨生命兴衰、探讨力的兴衰的谱系学，不得不是道德的谱系学。在尼采这里，生命的衰败，正是奴隶道德凯旋的后果。或者说，奴隶道德正是生命衰败的肇事者。这种奴隶道德，战胜了主人道德，因此也就拒斥了主人所偏爱的酒和火，拒斥了酒和火所激发的生命，拒斥了作为权力意志的生命——欧洲的衰败正是源于奴隶道德的大行其道。就此，道德的谱系学，实际就是奴隶道德的谱系学：奴隶道德如何出现？它是如何战胜主人道德的？它如何成为两千年来的统治信条？尼采给出了两个答案：一个人类学的答案，一个哲学的答案。人类学的答案植根于原初社会的历史深处：史前时期的习俗道德是奴隶道德的最早种子；而哲学的答案则历历在目：柏拉图主义同奴隶道德暗中呼应。一旦年代久远的习俗道德和晚近的希腊哲学相遭遇，奴隶道德在某个历史时刻，或者，更具体地说，在基督教时刻，便得以完善自身。

因此，一种（奴隶）道德的谱系学的探究，除了一种人类学的探究外，还需要一种哲学史的考量。尼采的谱系学以一种迷人的复杂性告诉我们，在某个历史偶然瞬间，奴隶道德、柏拉图主义和基督教相遭遇，它们惺惺相惜，达成了惊人的默契，自此，这种默契，从生命这里将酒和火席卷一空——没有酒和火的生命，就是一个病态和衰败的生命。

如果历史并不是遵循某种铁律，而是由某种偶然性所推动，那么，就有理由借助于偶然性改变既定的历史。如果说，在尼采置身的19世纪，仍旧是被弱者、病人、奴隶道德以及各种柏拉图主义的现代变形所偶然主宰的话，那么，尼采同样要借助自己的偶然性来改变历史。尼采将自己视作能够创造历史的偶然性哲学家：应该有一种新的未来，一种权力意志而非虚弱和衰败在其中起主宰作用的未来。这是他的伟大使命，要实现这一使命，他必须是个摧毁性的哲学家，也必须是一个创造性的哲学家，或者说，毁灭和创造同时植根于他体内，毁灭内在于创造，任何的创造必须以毁灭为前提——这是尼采的重要教导，也是他身体力行的实践。就尼采本人而言，他摧毁了既定的柏拉图主义、基督教和奴隶道德的虚无主义联合体，而创造了一个超人、权力意志和永恒轮回的未来哲学联合体。未来哲学和既定哲学，毁灭和创造，旧价值和新价值,"旧榜和新榜",绝不是不相关的两个过程,也不是一个过程的两个阶段,而是一个不可分的相互刺激、相互嬉戏、相互振荡的整体性的战争过程:只有在同旧价值的竞争过程中,只有在将旧价值作为障碍进而将其克服的过程中,新价值才得以奠定。就此,与其说尼采的哲学是由否定和肯定两个部分组成的,不如说他的哲学是一个整体性的充斥着力的紧张竞技过程,它是一个激烈冲突的哲学身体,这个哲学身体没有半点的轻松。因此,尼采无法平静,他总是高声而热烈地言谈——如果是没有听众的言谈,他就自己和自己热烈交谈。这种言谈总是充满着力的内在激情,而变成了一种情绪急剧波动的宣告。这些言谈,就如他所喜爱的光的意象一样,瞬间就照亮一切,它急促、短暂而敏感,同时,一边呵斥,一边嘲笑。尼采的笑声隐藏在激愤之后,它既欢乐又刺耳,因此,对它的聆听需要会心:这种笑声不仅仅是洞悉一切之后的顿悟之欢乐,还是尼采所一再肯定的生命激情的传达,是康复的药剂,是火和酒的催生物。笑,对尼采,对我们来说都是如此之重要,正是这种笑的尖锐,划破了漫漫长夜的寂静——不仅是欧洲如同沙漠一般的历史的寂静,也是尼采所特有的生活寂静,或者说,孤寂。

  尼采哲学发起了价值战争,他重新估定价值的档次,但所有这一切并不虚空,它们扎根于欧洲历史之中。尼采有其独特的历史分期方式——这使他同各种现代社会的诊断家区分开来。在他这里,只有两段世界历史:希腊历史和希腊之后的历史。他并没有将基督教和现代性进行区分:现代性同基督教并非不相容。康德的胜利不过是基督教神学乔装打扮的胜利。如果只有两段历史,那么,也只有两种价值:希腊的价值和基督教的价值,强和弱的价值。尼采将自己作为一个新历史的开端,在这个意义上,他并非迥异于柏拉图和耶稣。作为一个历史开端的尼采,也必定是作为新价值奠基者的尼采。但是,吊诡的是,这个开端并不意味着进步,这个哲学的未来很可能是对过去的返归。这个未来哲学,这个新价值,试图再次为身体、偶然、感性和快感恢复声誉,再次为酒和火恢复声誉。尼采惊讶地顿悟到,存在着一种古老的轮回思想,因此,他宣称的未来哲学,实际上是一种轮回式的返乡,对狄奥尼索斯和赫拉克利特的生机勃勃的返乡——尽管是沿着一条铺设着偶然性的差异之路的返乡。

第一章

希腊之旅

一　悲剧

尼采将阿提卡悲剧视作酒神和日神相结合的艺术品。阿波罗（日神）代表着造型艺术，这是一个梦的世界；狄奥尼索斯（酒神）代表着非造型艺术，这是一个醉的世界。这两种世界和两种艺术如此对立，但它们在希腊却奇迹般地结合起来。

梦的世界是一个怎样的世界？尼采将梦的世界同现实世界对立起来。在一个人们生活于其中的现实世界之外，还存在着另一个全然不同的世界，一个梦的世界，这个梦的世界依然有其外观。哲学家面着存在的现实，艺术上敏感的人"喜欢'观察'梦幻现实"[1]，这些艺术家经验着梦，为了生活而演习梦的过程。因为日神是发光者，是光明之神，它使得梦的世界有一个美丽的外观，但是在梦中，梦象总是柔和的，并且力图摆脱强烈的刺激，因此，在日神朗照之下的梦的外观，也显示出适度的克制和静穆。在梦的世界中，即便是"他发火怒视，

---

[1] 尼采：《悲剧的诞生》，赵登荣译，漓江出版社，2000年，第21页。

眼神仍是庄严的,让人觉得外表优美"[1]。梦,就此表达了柔和的轮廓,这是一个有外观的造型世界,但是一个冷静、适度、克制和静穆的外在世界。这个梦"具有线条、轮廓、色彩、布局的逻辑因果关系"。[2]它遵从着单一、安静和形象化的个体化原理。

醉的世界完全相反。在此,个体化原理崩溃了。主体陷入了一种巨大的迷狂状态中,他着魔了一般,激情高涨,狂喜从天性中奔腾而出,面具被撕碎了。酒神的魔力使人和人、人和自然、人和神的界线和藩篱消失了,一切都得以解放,一切都达成了和解,一切都在一个兴奋的大海中融为一体,相互吞噬、转换、变幻。动物似乎在开口说话,人如同神一般有超自然的魔力,此刻,"空中响着世界大同的福音","人不再是艺术家,他变成了艺术品。这里,透过醉的颤栗,整个大自然的威力显露无遗,太一的快感得到极度的满足。……人,在这里被揉捏、被雕琢"[3]。在酒神的颂歌中,人受到了强烈的刺激,他进入忘我状态,整个身体都表现出异常强大的象征能力,他的舞姿表达了一种宣泄般的暴乱节奏、强劲

---

1 《悲剧的诞生》,第22页。
2 同上,第25页。
3 同上,第23—24页。

旋律和动人心魄的震撼音调。这种醉感是一种快乐状态，确切地说，"是一种高度的权力感……空间感觉和时间感觉已经变化了：异常迢远之物被一览无余，几乎是可感知的了……视野的扩展，涵摄更大的数量和广度……器官的精细化，使之能够感知大量极其细微的和转瞬即逝的东西"[1]。

这样，狄奥尼索斯精神和阿波罗精神，一个狂乱，一个冷静；一个漩涡般地吞没和毁坏了一切，一个有着清晰而克制的轮廓表象；一个是非个体化的，一个是个体化的。这两个对手在希腊世界相遇了。在尼采看来，狄奥尼索斯精神是外来的，希腊的阿波罗精神抵挡不住这粗野而危险的狄奥尼索斯精神的入侵，他们只好达成了和解。不过，尼采的问题是，相对于狄奥尼索斯精神，希腊的更为原初性的阿波罗精神是如何产生的？希腊世界光辉灿烂，他们丝毫没有沾染苦行、修身和义务的气息，也无所谓圣德、慈悲和升华，有的只是快乐、自信、感官享受和生机盎然的生命力。不过，奥林匹斯众神所表达的光辉灿烂，却是对生存恐怖的艺术应对。希腊人

---

[1] 尼采：《权力意志》（下），孙周兴译，商务印书馆，2007年，第1024页。（本书引用了两种《权力意志》汉译本，除此商务印书馆版外，还有中央编译出版社版张念东、凌素心的译本《权力意志：重估一切价值的尝试》，将在注释中分别表明。）

的光辉不过是一种幻境,他们真正面对的是大自然的残暴威力,是命运的劫数,是折磨人的咒语,是对生存的无声毁灭。为了克服这种恐怖,希腊人创造了奥林匹斯诸神的艺术中介世界,借助这种欢乐的艺术世界,他们掩盖和克服了生存的威胁力量:为了生存下去,必须用欢乐来掩饰恐惧,必须战胜脆弱的天性和古怪的沉思默想,必须杀死巨怪,必须在阳光之下微笑进而驱除恐惧的阴影。正是这种阿波罗幻想,"原始泰坦诸神的恐怖体系经过几个渐进的过渡阶段,演化成奥林匹斯诸神的欢乐体系"[1]。这样,阿波罗实际上提供的是一个美好的幻象之梦,让人们沉醉其中,并将这个梦持续地做下去,而无须撞见觉醒时烦扰而残酷的真实生活。除此之外,阿波罗神还要求节制,要求奉守个人界限,要求自我认知,要求适度。他将放纵和傲慢视为前阿波罗时代的泰坦式的,以及阿波罗之外的狄奥尼索斯式的。

看起来,阿波罗和狄奥尼索斯相互对立,但由于阿波罗构成一种幻象,这样,一旦碰到外来的野蛮的狄奥尼索斯时,他的基础,他所掩盖的痛苦和认知马上就被激活。两者相遇,狄奥尼索斯旋风般的魔力和呼喊,立即冲毁了阿波罗的规范。过度、纵欲、矛盾以及由痛苦

---

[1] 《悲剧的诞生》,第30页。

而生的狂喜流溢而出，它不顾一切地撕毁阿波罗安静的堤坝；另一方面，阿波罗精神也在构筑自己的防线，他把自己打造成一个牢靠的兵营，抗拒狄奥尼索斯的野蛮冲动。这样，在尼采这里，希腊艺术就出现了几个历史阶段：先是一个粗鲁的泰坦世界，阿波罗冲动以节制和美的静穆束缚了它，使之进入了朴素的荷马世界（阿波罗世界，奥林匹斯诸神的世界）；接下来，是野蛮放纵的外来的狄奥尼索斯对这个阿波罗世界的狂暴侵扰；作为对狄奥尼索斯的抵抗，阿波罗精神将自己升华为庄严而古板的多立克艺术世界；最后，是阿波罗和狄奥尼索斯经过长期斗争后达到的完美结合，尼采所谓的希腊悲剧世界正是在这种结合中形成。这个完美的悲剧是如何诞生的？这二者结合的奥秘何在？这，就是尼采要真正回答的问题。

尼采发现，希腊最受推崇的两个诗人是荷马和阿尔基洛科斯，他们分别是阿波罗精神和狄奥尼索斯精神的代表。前者是史诗诗人，朴素而沉静，他生活在形象中，"而且只有在形象中他们才感到舒适快乐"[1]。后者则夸张、大呼大叫，嘲讽和愤恨无休止地喷发而出，这是抒情诗人，但是他和音乐相结合，他无任何形象，"只是

---

1 《悲剧的诞生》，第39页。

原始痛苦及其原始回响"[1]。正是阿尔基洛科斯将充满原始旋律的民歌引进了文学，作为抒情诗人的阿尔基洛科斯，他完全依赖音乐精神。而民歌正是阿波罗和狄奥尼索斯相结合的永恒痕迹。它包含着酒神和日神这双重艺术冲动，民歌在每个民族都广为流行，这足以证实这双重艺术冲动的结合是如何之广泛。在此，狄奥尼索斯是它的基础和前提。民歌是原始的旋律，它可以创造出各种各样的诗歌，也可以散发出各种各样的形象之花，语言无法穷尽音乐的宇宙象征。不过，民歌虽然结合了阿波罗和狄奥尼索斯精神，但它还远远不是尼采要探讨的悲剧，不是酒神和日神相结合的希腊悲剧。什么是尼采要探讨的希腊悲剧？希腊悲剧是"从悲剧的合唱队中产生的，而且在发端时期只是合唱队而已"[2]。

这个合唱队，就是希腊人的萨梯里合唱队，他们四处漫游的境遇，并非现实的人生轨道，而是一个虚构的理想，一个自然状态的空中楼阁，它是一个想象之所。但这个想象之所又非任意的幻想。这种幻想，其意义，犹如奥林匹斯诸神的幻想对希腊人具有充满安慰的幻觉意义一样；这个原始悲剧世界，具有一种想象的真实性，犹如奥林匹斯诸神对于希腊人也具有一种想象的真实性

---

[1] 《悲剧的诞生》，第39页。
[2] 同上书，第46页。

一样。尽管后者是以安静而快乐的表象让希腊人渡过生存的恐怖。原初的狄奥尼索斯悲剧则是以另一种方式，以一种万物融为一体的方式，让人得到安慰。所谓万物一体，即"国家和社会，总而言之，人与人之间的一切沟壑樊篱都让位于强大无比的一体感，这种一体感让人们回归自然的怀抱"[1]。这一安慰则是：尽管其表现形式千变万化，但生命却坚不可摧，充满欢乐。这表现在自然精灵的合唱队中：世代更替，历尽沧桑，但这些自然精灵依然故我，不可磨灭。表面上，生命看起来充满偶然，反复无常，短暂易逝，但实际上，它却能够获得自身的圆满性和永恒性。"现象不断毁灭，而生存核心永恒存在"。[2] 通过这种方式，对痛苦异常敏感的希腊人，就在这种原始悲剧中寻找慰藉。这种悲剧所创造的狄奥尼索斯世界同真实的日常现实世界隔离开来。人们在悲剧中忘却现实，忘却那个残暴、凶险和悖谬的现实。只有这样，只有活在狄奥尼索斯悲剧中，活在悲剧所构想的世界中，活在悲剧编织的整体性的充满欢乐的自然怀抱中，人们才不被恐怖所击倒，才能活下去，生存才变得有道理。没有悲剧艺术，就无法存活。"唯有艺术才能把对悖谬可怖的生存感到的厌恶想法转化为能令人活下去

---

1 《悲剧的诞生》，第49页。
2 同上书，第52页。

的想象。"[1]就此,悲剧,这种艺术作品,可以克服人由于日常现实的恐怖所流露出来的卑微,可以提高人的尊严,可以强化生命力,从这个意义来说,"只有作为审美现象,生存和世界才是永远合理的"[2]。艺术就此才能让生存提高质量,这也是《悲剧的诞生》的主旨。审美和悲剧艺术在此是作为真理的对立面存在的,日常现实的真理,被悲剧所掩盖,但是,正是因为这种悲剧所构造的谎言,人们才能够受到安慰,因为,"人一旦意识到了他所看见的真理,他在四海之内所看到的就只有生存的可怖悖谬了"[3]。"艺术之所以伟大,之所以须臾不可缺,原因在于它激发了被简化了的世界的表象……凡是在生活中饱尝艰辛的人,都需要这个表象,就像所有的人都要睡眠一样。"[4]悲剧就这样让人摆脱由死亡和时间带给人的恐怖。

就此,在尼采的世界里,艺术谎言较之现实真理具备更高的价值。"为了生活,我们必须有谎言……'生活应该得到信赖':这里所提出的任务是巨大的。为了完成这项任务,人必须天生就是一个说谎者,人必须更多地

---

[1] 《悲剧的诞生》,第50页。
[2] 同上书,第41页。
[3] 同上书,第50页。
[4] 尼采:《瓦格纳在拜洛伊特》,范文芳译,见《悲剧的诞生》附录,第165页。

是一位艺术家……而且人确实也是一位艺术家"[1]。不过，也可以换一种方式说，在狄奥尼索斯式的希腊人那里，艺术谎言是更高的真理，是"最原始、最有力的真理和自然"[2]，相反，那些日常现实真理，则是一种现象，是表层事实，更接近文明人的文化谎言。就此，尼采将真理和谎言的关系再次颠倒了过来，艺术、自然、永恒的生命、自在之物构成了更高的真理。尼采隐含地区分了两类真理的概念：日常现实的真理和艺术的真理。这是两种完全不同的真理，前一个真理是低级的真理，后一种真理，即艺术的真理，谎言构造的真理，萨梯里的真理，是自然的真理，它是作为一种审美现象出现的真理。在此，真理、审美和自然等同，它们融会、统一并爆发在悲剧之中。相形之下，非艺术化的现实真理更加短暂，更加文明，更加表面化和现象化，因而，这不过是"真理的文化谎言"[3]。如果说，艺术的真理在激发人们生命的永恒意识的话，那么，这种现实真理实际上是在摧毁生命，摧毁人们对于生命的意志。这就是两种真理，也可以说，艺术真理和现实真理对于生命持的相反态度。

1　《权力意志》(下)，商务印书馆，第905页。
2　《悲剧的诞生》，第52页。
3　同上。

不过，狄奥尼索斯和阿波罗是怎样在希腊悲剧中融为一体的？在作为悲剧的基础和起源的酒神颂中，由于狄奥尼索斯的激发，观众和合唱队成员处在一种着魔状态中。在演出中，人们高度兴奋，全神贯注，整个现实被遗忘了，演员出现了幻象，他仿佛就是他所扮演的人物，观众也遗忘了自身的历史和现实，在剧场中，他们对整个周围的文明世界视而不见，目不转睛地盯住舞台，将自己投射到歌队之中，观众和歌队不存在对立，相反，前者在后者那里发现了自己，"内心和他们合为一体"[1]。这是一个幻化过程，是戏剧的原始现象，是戏剧的开端和起因。通过这种幻化，人们以他人之身行动，仿佛变成了另一个人。在投身于他人的过程中，自己消失了。他们炸碎和忘却了自己固有的社会身份和地位。"在这种着魔状态中，狄奥尼索斯狂欢者把自己视为萨梯里，而作为萨梯里，他又看见了神，就是说，他在变化过程中看见了一个新的幻象，这新幻象就是他的状态的阿波罗式完成"[2]，此时，戏剧随着这一个幻象而诞生了。最初的合唱队中的舞台上，狄奥尼索斯并不出场，他是一个幻象，是合唱队想象他出场，因此，最初的悲剧还不是

---

1 《悲剧的诞生》，第54页。
2 同上。

戏剧。当真正的悲剧主角戴着一个奇怪的面具出现在舞台上时，合唱队在酒神的激发下，让观众达到迷狂状态，使他们看到的不是一个面具，而是通过自己的迷狂，通过自己的恍惚心态，看到了一个幻象。也就是说，观众放弃了自己，做梦一般地将自己"心灵中的魔幻般颤动的整个神灵形象移到那个戴面具的角色身上，仿佛把真实的演员化为幽灵般的虚幻之物"[1]，此时此刻，梦境出现了，戏剧才真正地诞生。

这个幻象就是阿波罗式的梦幻状态，其形成有赖于酒神的激发。酒神的醉意引发了日神梦境的诞生，这就是悲剧中日神和酒神的结合，就此，"我们必须把希腊悲剧理解为不断地演化为阿波罗现象世界的狄奥尼索斯合唱队"[2]。在这种悲剧中，合唱队的抒情诗是狄奥尼索斯式的，它兴奋、激发、煽动，正是它导致了幻象和梦境的出现；舞台上的梦境则是阿波罗式的，它使现实披上了一层面纱，并使一个奇怪的面具获得了美的形象。狄奥尼索斯和阿波罗就这样在悲剧中结为一体，在此，狄奥尼索斯智慧借助阿波罗艺术手段获得了它的形式，"悲剧的本质只能解释为狄奥尼索斯状态的形象化显示，是音

---

1 《悲剧的诞生》，第56页。
2 同上书，第54页。

乐的可视象征,是狄奥尼索斯陶醉的梦幻世界"[1]。这样一个悲剧的神秘学说即是,"存在万物皆为一体"[2],相形之下,"个体化为恶之根源"[3];艺术乃是打破个体化原则,重建统一体的希望和预言。这也是尼采赋予酒神、艺术和悲剧的根本意义。

二 三个对立

但是,这样的希腊悲剧,到了欧里庇得斯这里,其原始的狄奥尼索斯因素却被剔除了,他被赶下了舞台。欧里庇得斯成为苏格拉底的美学代言人,在他的舞台上说话的是苏格拉底,代替了醉醺醺的狄奥尼索斯,并以清醒和理性与之针锋相对。正是由于这种新的对立,希腊悲剧消亡了。我们只要看看苏格拉底就知道他和狄奥尼索斯是如何格格不入:苏格拉底肯定知觉,否定直觉,他培养出非神秘主义的发达的逻辑天性,其原则是"清晰明了"和"知者有德",而欧里庇得斯则以"自觉意识者为美"对此加以呼应。显然,一体化的、充满魔力欢

---

[1] 《悲剧的诞生》,第88页。
[2] 同上书,第66页。
[3] 同上。

乐的、解放的狄奥尼索斯深渊就这样被当作了敌人，由于悲剧只表达惬意，不表达知识，只取悦于人，而无真理之用，只有身体性的模糊颤动，而无明晰的道德典范，它最多只能当作"偶然之物"，它当然要遭到苏格拉底和柏拉图的拒绝。因为在这两个人这里，知识和美德挂钩，错误和邪恶结盟。对苏格拉底而言，"理性＝德性＝幸福"[1]。就此，"哲学思想盖过了艺术，迫使艺术紧紧依附于辩证法的主干"[2]。

苏格拉底的实质，即是贬低酒神式的悲剧艺术，抬高逻辑主导的思想。苏格拉底相信，被因果律所驾驭的思想，可以抵达存在的深处，探索存在的奥秘，甚至可以修正存在。这种形而上学妄想与科学与生俱来。一切事物的本质都可以得到认知。区分真假，辨识本质和表象，是人生的最高使命，而它借以运用的手法就是概念、判断和推理的机制。苏格拉底之所以在死亡面前无所畏惧，就是因为他强大而发达的理性推断能力，他借助理性之光照亮了死之阴影，因而在死的面前还能谈笑风生。他的赴死形象足以表明，科学和理性可以抵制死亡，消除死亡带来的深深的恐怖，因此，要无惧死亡，要生存

---

[1] 《权力意志》(下)，商务印书馆，第996页。
[2] 《悲剧的诞生》，第87页。

下去，必须仰仗科学和理性。现在，是科学和理性成为生存的理由，正是它们使得生存成为可能。我们看到，这和前苏格拉底时代的理解迥然有别：在希腊悲剧时代，艺术（而非理性和科学）可以驱除生存的恐怖，艺术和审美是生存下去的理由，生命和生存有道理，只是因为它置身于一个充满假象的审美世界中。悲剧时代所表现的意志，是"求假象、求幻想、求欺骗、求生成和变化的意志"[1]，而在苏格拉底这里，恰好相反，生存的根基来自科学。它背后的意志是"求真理、求现实性、求存在的意志"[2]，这是完全相反的两种生存观，一个生存的理由是科学和理性，一个生存的理由是艺术和审美。一个是科学的形而上学，一个是审美的形而上学。苏格拉底的真理意志，毁灭了悲剧，也毁灭了生存的美学，他以"智慧、清醒、冷酷和逻辑性作为武器来反对欲望的野性"[3]。

而尼采与此完全相反，"《悲剧的诞生》是在相信另一种信仰的背景下诞生的，即靠真理生存是不可能的，'求真理的意志'已经是退化的征兆"[4]。而且，"事实上，

---

[1] 《权力意志》（下），商务印书馆，第947页。
[2] 同上。
[3] 同上书，第996页。
[4] 尼采：《尼采遗稿选》，君特·沃尔法特编，虞龙发译，上海译文出版社，2005年，第217页。

从根本上我们倾向于主张,虚假的意见,对我们来说是最为必要的……放弃虚假的意见就等于放弃生存,否定生存,承认不真实是生存的一个必要条件吧"[1]。正是在这个意义上,尼采才不无悲愤地指出,苏格拉底背离了希腊时代,他自己开创了一个新的世界——历史时代,在此,生命,第一次被束缚在科学的框架内。而这,在尼采看来,恰恰导致了日后生存的漫长黑夜。求真理的意志把生命推向绝路。因为,尼采一开始就坚信,不是科学,而是艺术,"是生命的最高使命,是生命本来的形而上活动"[2]。通过忘却现实,忘却现实的可怖场景,"艺术,无非是艺术。它是生命的伟大可能性,是生命的伟大诱惑者,是生命的伟大兴奋剂……"[3]苏格拉底,这个"恶棍",使生存和艺术的古老同盟在欧洲的历史上土崩瓦解,生命就此滑到了混乱英雄狄奥尼索斯的明晰反面。就艺术和知识与生命的关系而言,尼采的结论是,"艺术比知识更有力量,因为它渴望生活,而知识却只是惦记

---

[1] Friedrich Nietzsche: *Beyond Good and Evil*, translated by Marianne Cowan, Henry Regnery Company, 1955, p.4.
[2] 《悲剧的诞生》,第18页。
[3] 《权力意志》(下),商务印书馆,第906页。

着它的最后目标——剿灭"[1]。

这样,在《悲剧的诞生》中,我们先后看到了两类对立。在这两类对立中,我们看到了狄奥尼索斯的不同面孔。第一次是酒神和日神的对立,日神和酒神开始展开了一场大战,这种战争冲突在成熟的悲剧层面上得到了统一。此处的狄奥尼索斯,是根据阿波罗的对立面得到描写的。阿波罗的特征是制造宁静的幻象,狄奥尼索斯的特征是刺激总体性的无形象的狂欢。狂欢可以和幻象在一个更高的程度上融为一体,而获得一种狂欢的梦幻形式,这,即是完整的悲剧。这个悲剧是以幻象的方式对生命的肯定——但这个酒神和日神的对立,实际上被化解了,或者说是在一个更高级的层面上获得了统一。接下来,迷醉和混乱的狄奥尼索斯所主宰的悲剧同追求理性和科学的苏格拉底发生了冲突,这个冲突则无法调和,这是直觉和逻辑的冲突,本能和理性的冲突,混沌整体和清晰界线的冲突,艺术和科学的冲突,艺术家和理论人的冲突,这也是两个世界的冲突。这个冲突中的狄奥尼索斯则被苏格拉底表达为反知识、偶然、盲目、放纵以及道德上的邪恶。狄奥尼索斯在苏格拉底这里,

---

[1] 尼采:《哲学与真理》,田立年译,上海社会科学院出版社,1993年,第6页。

被赋予了道德上的价值判断。同日神和酒神的和解对立不一样，狄奥尼索斯和苏格拉底的对立难以和解。不过，"苏格拉底主义和艺术之间是否必然只有对立关系？……也许存在着逻辑学家被驱逐出境的智慧王国，也许艺术是知识的必要的相关物和补充？"[1]

狄奥尼索斯就这样找到了他的两个对立面。后来，尼采还将狄奥尼索斯同钉在十字架上的耶稣对立起来，这是更为根本的对立："你们理解我了吗？——狄奥尼索斯反对十字架上的耶稣……"[2]但在《悲剧的诞生》中，这一对立尚未显现。用尼采的说法，此时的他，对基督教道德还保持着充满敌意的缄默——这时的尼采，主要靶子是苏格拉底和柏拉图主义。狄奥尼索斯的对立面，在不同时期分别是阿波罗、苏格拉底和耶稣。他只是在同阿波罗的对立中达成了统一，同苏格拉底和耶稣则势不两立。就尼采而言，如果生命和生存的理由是艺术，是审美，是酒神悲剧的话，那么，苏格拉底和耶稣都是对生命的责难，只不过是，一个责难以科学的名义，一个则是以神学的名义。对生命的责难在基督教中达到了

---

[1] 《悲剧的诞生》，第88—89页。
[2] Nietzsche, *Ecce Homo*, translated by Walter Kaufmann, Vintage Books, 1989, p.335.

高峰，而这同苏格拉底和柏拉图却并非没有关联。"对苏格拉底的批判构成本书（《悲剧的诞生》）的重头，苏格拉底乃是悲剧的敌人，是那种魔力般的——预防性的艺术本能的消解者。"[1]

尽管艺术的形而上学同科学的形而上学势不两立，但是，对立的酒神和日神在一个更高的悲剧层面上得到了统一，这无疑"闻起来有一股让人讨厌的黑格尔式的味道"[2]，这是尼采对《悲剧的诞生》不满的地方，酒神被视为悲剧的本质，日神则被视为悲剧的表象，酒神表明自己是永恒的艺术力量，是它产生了整个阿波罗式的现象世界。这同样还残存着本质和表象、深层和表层这两层世界的阴影——而这是后来尼采所一再要求铲除的形而上学的深度模式。因此，毫不奇怪，尼采后来只保留了狄奥尼索斯，对阿波罗则闭口不提。《悲剧的诞生》最有价值的地方，就是发现和激活了狄奥尼索斯精神，"我是第一个理解狄奥尼索斯这一神奇现象的人"[3]。尽管在写作这本著作的时候，尼采看重的是艺术谎言对生存的安慰，这种安慰是对生命的肯定，其方

---

1 《权力意志》（下），商务印书馆，第946页。
2 *Ecce Homo*, p.270.
3 同上书，p.271.

式是使人积极地投身于艺术。这是尼采讲的悲剧的第一个肯定意义，对生命的肯定意义。但是他同样注意到了狄奥尼索斯本身（而不仅仅是酒神和日神结合的悲剧）所表达出来的生命肯定。这也是第二种肯定生命的意义。这样一个毁灭性的狄奥尼索斯在什么样的意义上是对生命的肯定呢？在狄奥尼索斯的毁灭中怎样发现生命的快乐？在《悲剧的诞生》中，尼采对此的解释同后来的解释有所不同。在《悲剧的诞生》中，酒神被叙述为一个狂欢的纵欲之神，这个追求整体感的神倍加痛苦，因为其意志的最高表现被否定。不过，恰好是这种否定令我们快乐，因为，被否定的只不过是现象，而"意志的永恒生命并未由于它的毁灭有丝毫触动"[1]。相反，超越现象的万能意志，则是永恒之母。悲剧中被毁灭的是表层，恰恰是表层和现象在不断地毁灭，而深层的生存意志的肯定、生命的永恒性却得到证实。这当是狄奥尼索斯的声音："你们要和我一样，在现象的千变万化中，做那永远创造、永远催人生存的、因万象变幻而获得永恒满足的原始之母！"[2] 现象的毁灭也反证了深层意志繁殖能力的强大无比，因为只有意志不停的创造，只有保

---

1 《悲剧的诞生》，第99页。
2 同上书，第99—100页。

持着意志的强大活力，才有现象的千变万化，才有它的新生和它的毁灭。酒神遭遇的各种痛苦，实际上是增加生命力的手段，是强化生命力的实践形式，是肯定生命的途径，痛苦"只不过是求快乐的意志的一个结果"[1]。"人们不愿回避痛苦，相反，他们在痛苦中看到一种超级魅力，一种真正的生命诱惑。"[2]

艺术是深层意志，是生存意志，而且借助叔本华的说法是音乐，这就颠倒了柏拉图将艺术单纯视为表面要素的观念。但是，深层意志的永恒性和表层现象的易逝性，这种深度模型还残存着柏拉图主义的阴影，尽管这个模型发生在艺术领域，尽管这种创造性的意志并非符合柏拉图那个呆板的理念。因此，在后来回顾性的解释中，尼采的视角稍稍发生了变化。他不是从深层和表象，不是从意志的永恒本质和现象的千变万化这二重关系，来解释狄奥尼索斯的毁灭以及这种毁灭所携带的生命肯定。这次，尼采从一般希腊人心理的角度，从历史上的青春种族的角度来对此做出解释。这是尼采在《悲剧的诞生》中发现的第三种肯定生命的形式。狄奥尼索

---

[1] 《权力意志》（下），商务印书馆，第947页。
[2] Nietzsche, *On the Genealogy of Morals*, translated by Walter Kaufman, Vintage Books, 1989, p.67.

斯，这个希腊戏剧中的悲剧主角，这个受苦形象，这个"迷误的、奋争的、受苦的个人"[1]，他毁灭了一切。如果说，悲剧充满着毁灭性，那么，希腊人为什么要沉浸于悲剧中，沉浸在那个毁灭的世界中？尼采后来在《自我批评的尝试》中问道，"希腊人渴望悲观主义，渴望悲剧神话，渴望生活中一切可怕的、邪恶的、神秘的、毁灭性的、危险的东西的良好而严肃的意愿缘何产生？"[2]这个悲剧概念，这种悲观主义，在什么意义上是对生命的肯定？这个问题被称为希腊人的心理问题。希腊人太强健了，这种对毁灭的渴望，"也许源于喜悦，源于力量、无比的健康、过分的丰裕"[3]。"生命本身、它永远的丰硕成果和轮回，限定着痛苦、摧毁、求毁灭的意志……"[4]因为，按照狄奥尼索斯的本性，"痛苦引起快感，欢呼夹带哀声，乐极而生惊恐，泰极而求失落"[5]。对立的因素相互转化，相辅相成。希腊悲剧表达的是早期希腊人"健康的精神病"，这是种族处于青春期的悲观主义，准确地说，这是用悲剧来克服颓废主义。身体越是强健，毁灭

---

1 《悲剧的诞生》，第65页。
2 同上书，第8页。
3 同上。
4 《权力意志》（下），商务印书馆，第993页。
5 《悲剧的诞生》，第27页。

意志就越是强大，反过来，毁灭意志越是强烈，对生命的肯定就越是充沛有力。毁灭，并不妨碍它对"四周产生了一种神秘的、福气四溢的力量"[1]。尽管在这种毁灭中，狄奥尼索斯承受了巨大的痛苦，但他肯定这种痛苦；他在毁灭，但他肯定这种毁灭，他在毁灭中获得欢乐；重要的不是痛苦本身，不是毁灭本身，不是生命的消逝本身，不是最终的结局本身，而是迈向这一结局过程中的肯定本身，是所有这一切中的主动的肯定：是对痛苦的肯定，对毁灭的肯定，对生命消逝的肯定，对"痛苦，对罪恶，对生存中的一切疑问和陌生东西的无保留的肯定"[2]。

尽管生命在消逝，但是，这种消逝流露出来的是肯定。这种肯定，甚至对生命中最可怕和最可疑的东西也表达了崇敬。因此，痛苦、毁灭并不意味着是对生命的否定和放弃，恰恰相反，它是肯定生命和强化生命的方式，它激发了生命，让生命得到强化性的经验，在痛苦和毁灭中，生命的每一个部分都被剧烈地唤醒。没有经过痛苦，生命的意义就无法得到完全的理解。在痛苦中发现了肯定，在毁灭中发现了主动，这就是狄奥尼索斯的形象寓言。痛苦

---

1 《悲剧的诞生》，第 58 页。
2 *Ecce Homo*，p.272.

和毁灭，强化了生命的物质厚度，生命恰好在这种痛苦经验中获得自身的创造性命运。借助于痛苦，生命得以永恒。醉、性和生殖，正处在这种痛苦经验的核心，"产妇的阵痛圣化了一般痛苦，——一切生成和生长，一切未来的担保，都以痛苦为条件……以此而有永恒的创造喜悦，生命意志以此而永远肯定自己，也必须永远有'产妇的阵痛'……这一切都蕴含在狄奥尼索斯这个词里"[1]。这种毁灭性的苦痛悲剧，悲剧中的牺牲，就此同基督教的牺牲区分开来，前者是通过牺牲来表达对生命的肯定，牺牲是肯定生命的要素。牺牲甚至是在创造生命，"悲剧的人仍然肯定极难忍受的苦难：他强大、丰盈、具有神化能力，足以承受此种苦难"[2]。而基督教中的牺牲，则是对生命的完全否定和诅咒，是泯灭生命，是对生命中的各种能量的清除，是对生命经验的清除，生命在这种牺牲中被遗忘和冻结了。因此，基督教的牺牲，是完全具有否定性质的牺牲。因此，有一种基督教意义上的痛苦，还有一种悲剧意义上的痛苦：前者是单纯的生命毁灭，是剔除生命感受的痛苦，是完全为否定所主宰的痛苦；后者则是毁灭的再生，"从

---

[1] 尼采：《偶像的黄昏》，周国平译，光明日报出版社，1996年，第100页。
[2] 《权力意志》（下），商务印书馆，第993页。

毁灭中返乡"[1]。

狄奥尼索斯这个词同性、生殖及其伴随的痛苦相关，同时，它还同力量的增强相关。在《悲剧的诞生》时期，尼采还没有构想他的"权力意志"概念。当他有了自己成熟的"权力意志"设想时，他毫不犹豫地将酒神和悲剧解释为权力意志的一个主要类别。我们也可以反过来说，权力意志的构想最早是在酒神和艺术概念中得以成形的。权力意志萌芽于狄奥尼索斯。狄奥尼索斯和艺术是对生命的鼓励和刺激，它们分享了权力意志的一切特征：酒神不仅有一种吞噬万物的整体感，还有一种高度的力量感，他要强盛，强化，爆发和释放，要获得"肌肉的支配感"[2]；狄奥尼索斯不仅将创造和毁灭融为一体，它也将力、醉和性兴奋融为一体。这，就是权力意志本身。狄奥尼索斯如此，狄奥尼索斯所意味的艺术、一般意义上的艺术同样如此。"春天、舞蹈、音乐，一切都是性竞争"[3]。

就此，艺术，在尼采这里，同样要从创造和激发生命的角度得以理解，同样要从力的创造性去理解，而不

---

[1] 《权力意志》（下），商务印书馆，第993页。
[2] 同上书，第1024页。
[3] 同上书，第1025页。

应从其效应去理解。如果将艺术理解为创造性的生产，那么，艺术就不是抹去生命的激情，不是去否定意志，而是肯定生命的激情和意志——这是希腊悲剧（艺术）给人留下的重要一课。尼采为什么要和瓦格纳决裂？瓦格纳在晚年竟然"鼓吹什么皈依、回归、否定、基督教和中世纪，并对他的信徒说，这里没什么，到别的地方寻找救赎吧"[1]。艺术的激情荡然无存。这是因为瓦格纳转向了叔本华，接受了叔本华的艺术观。叔本华怎么谈论音乐？音乐有自身的主权，它和其他所有表现现实形象的艺术迥然不同，"音乐是意志自我表达的语言，它直接来自'灵魂深处'，是它的最本真、最基本、最直截了当的表达"[2]。由于叔本华高估音乐的价值，随之而来的是音乐家的价值也相应上升。就此，他便"成为一道神谕，一个教士，甚至不只是一个教士，还是'物自体'的代言人，是来自上天的传声筒——这个上帝的口哨，因此不再只谈论音乐，而是谈论形而上学——毫不奇怪，终有一天他谈论禁欲主义理想"[3]。艺术家就此无限地膨胀了自己的位置，而具有上帝的功能，最后他变成了拯救

---

1 *On the Genealogy of Morals*，p.100.
2 同上书，p.103.
3 同上。

者——瓦格纳对此深信不疑,他以"救世主"自居,他"对任何问题都不曾像对拯救问题那样有如此深入的思索:他的歌剧是拯救的歌剧"。[1]就此,"瓦格纳以此来维护基督教的概念'你应当并且必须相信'"[2]。显然,瓦格纳将自己和自己的作品视作上帝和上帝的作品——他要拯救。尼采明确反对这种针对读者(听众)的救世主一般的艺术家。瓦格纳的艺术在此给自己设定了一个目标:是针对他人并且拯救他人的。

显然,这是瓦格纳从叔本华那里受到的影响,"唯有颓废哲学家才使颓废艺术家获得自身"[3]。正是这样的颓废艺术家,让音乐生病了。较之拯救他人的艺术家而言,尼采更多强调的是艺术家的自我肯定。这和叔本华、瓦格纳截然相反。叔本华的艺术观点则挪用了康德的观点。较之康德而言,尼采赞同司汤达的艺术观。康德是从效用的角度来理解艺术,司汤达则是从创造者的角度来理解艺术。司汤达将美定义为"对幸福的许诺"。艺术是创造和激发幸福。而康德呢?他不是从艺术家和创造者的角度,而是从观察者的角度来看待艺术和美,实际上,

---

1 尼采:《瓦格纳事件·尼采反瓦格纳》,孙周兴译,商务印书馆,2011年,第12页。
2 同上书,第13页。
3 同上书,第20页。

也就是从效用的角度来理解美。而且更主要的是，这种美是起到镇定和平息作用的。康德的问题是：美有什么效用？答案是："美就是不含私利的享受。"[1]叔本华怎样来理解康德的"不含私利"呢？他从他个人的日常经验来理解不含私利，他也是从效用的角度来理解美：美的效用是将意志镇定下来。就他而言，审美状态，是"摆脱了意志的悲惨压力"[2]，此刻，"意志的苦役"[3]得到了休息，意志的痛苦骚动被美给镇压了——康德和叔本华基本上是从镇定和消灭欲望的角度来看待艺术，艺术让人安定而冷静，而且他们将这看作艺术的价值和魅力之所在。正是在这个意义上，师从叔本华的瓦格纳"总结了现代性"，"如若人们弄清楚了瓦格纳身上的善与恶，人们也就差不多对现代的价值作了一次清算"[4]。现代性通过瓦格纳在诉说——显然，瓦格纳既没有逃脱基督教的框架，也并没有逃脱康德的框架。而康德，以及随后的叔本华，同司汤达，更明确地说，同尼采的艺术观点截然相反。在司汤达那里，"美许诺幸福"[5]，什么是幸福？

---

1 尼采：《论道德的谱系》，周红译，生活·读书·新知三联书店，1992年，第82页。
2 同上书，第83页。
3 同上。
4 《瓦格纳事件·尼采反瓦格纳》，第5页。
5 《论道德的谱系》，第83页。

幸福就是意志兴奋，就是欲望当道，就是感官敞开，就是将任何的压抑一扫而空，就是如同狄奥尼索斯式的席卷一切的狂欢。艺术首当其冲的是创造性，艺术属于艺术家的创造——在创造艺术的过程中，艺术家自我肯定；同时艺术对接受者有刺激性（而不是抚慰和拯救，那是颓废者的艺术），刺激接受者的生命活力。无论是作为创造的过程还是作为被接受的过程，艺术总是对生命的刺激，对意志的激发，对欲望的煽动。艺术的整个过程——正如狄奥尼索斯和希腊悲剧所表明的——是肯定生命，是让人有充沛的生命活力，是让人能因此而活下去，并因此肯定自身和热爱命运。正是在对待生命的态度上，尼采同叔本华（瓦格纳）的艺术观分道扬镳：说到底，叔本华是要艺术同禁欲主义、同激情之否定关联起来。禁欲主义一旦显身于美中，那么，不仅是苦难和痛苦，连同欢乐和振奋，都被美压制了，这就是美、意志泯灭和禁欲主义这三者具有否定性的同质勾连。就此，艺术变成了对生命的否定，它是禁欲主义的表达。无论是康德还是叔本华，这种否定性的艺术观，实际上是亚里士多德的悲剧净化论的一种返祖表达。尼采和司汤达，同这种净化功效针锋相对：艺术要刺激生命，它不起治疗、镇定和净化的效用。相反，它分享了酒神的品质：它刺激生命，它让生命在痛苦和快感的激情漩涡中轮回。

在尼采这里，艺术，以及它的代理者狄奥尼索斯，是作为权力意志的类型而得到热情洋溢的辩护的。

三 火、生成与道德

这样，我们就看到了尼采事后对《悲剧的诞生》的总结，《悲剧的诞生》有三个层面的肯定问题，也即有三个层面对生命的肯定：艺术（悲剧）刺激生活和肯定生命（悲剧使人忘却现实的恐怖，从而让人消除对生命的怀疑和否定）；狄奥尼索斯毁灭中的欢乐和肯定（狄奥尼索斯的表象被毁灭，但深层意志则被肯定。"肯定生命，哪怕它是在最异样最艰难的问题上；生命意志在其最高类型的牺牲中，为其自身的不可穷竭而欢欣鼓舞"[1]）；希腊人的心理问题（青春期的希腊人太强健了，太丰盈了，以至于渴望毁灭，在毁灭中肯定生命）。尽管前两种肯定，都是在二元对立中的肯定（在真理和谎言的对立中肯定谎言，在表象和深层的对立中肯定深层），都流露出形而上学的阴影，但第三种肯定，强健的身体渴望毁灭，这就是权力意志的表现形式：充盈之力要喷发溢出，这是酒神的特征，悲剧的特征，也是青春期希腊种族的特征。这三种肯定，都是

---

[1]《偶像的黄昏》，第101页。

从不同角度对人生的肯定，对生命的肯定。首先是悲剧这门艺术形式对生命的肯定，其次是狄奥尼索斯以一种毁灭和痛苦的方式对生命的肯定，最后是希腊人的强健体魄和青春般的种族的力的丰盈，以及这种丰盈本身情不自禁的释放所流露出来的对生命的肯定。

悲剧、酒神和希腊人，既有区别，又统一在权力意志中，统一在力的丰盈之中。这个希腊世界，对生命进行肯定的希腊世界，同时还发展出了它的哲学。尼采对希腊的缅怀，沉浸在悲剧中，同时也沉浸在哲学中。我们看到，悲剧时代的哲学同悲剧本身一样，成为尼采的乡愁来源。狄奥尼索斯和赫拉克利特，它们如此之接近，仿佛是尼采的两个久远的亲人。狄奥尼索斯让他感到"惊奇"，而赫拉克利特则让他感到"亲近"。如果说前者是尼采的一个惊人发现的话（"我是首次认识到狄奥尼索斯这一神奇现象的人"[1]），那么，后者则揭开了一部"最伟大的戏剧的帷幕"[2]。没有这样一个戏剧，正如没有酒神的悲剧一样，就没有尼采。这是一个怎样的"伟大戏剧"？

赫拉克利特的世界是一个一切皆流变的世界。他宣

---

[1] 尼采：《看哪这人》，张念东、凌素心译，中央编译出版社，2000年，第69页。

[2] 尼采：《希腊悲剧时代的哲学》，周国平译，商务印书馆，1994年，第83页。

称,"除了生成,我别无所见。不要让你们自己受骗!如果你们相信在生成和消逝之海上看到了某块坚固的陆地,那么,它只是在你们仓促的目光中,而不是在事物的本质中。"[1]赫拉克利特坚定地否认了存在、持存性和确定性。同时,他也否认了阿那克西曼德的世界的二重性:世界的一个确定领域和一个非确定领域的二重性。既然这是一个永恒生成没有持存性的世界,那么,"在时间中,每一个瞬间只有在消灭前一个瞬间——自己的父亲,从而使自己同样快地被消灭的情况下才存在;过去和未来都像任何一个梦一样微不足道,而现在只是两者之间没有维度和绵延的界限"[2]。在这个意义上,所有的实存只是相对的,只是相对于别的实存而存在的。"现实的全部本质都只不过是活动。对于它来说,不具别种的存在。"[3]现实的这个活动本性,这种永不停息的生成,实际上是对立面的斗争。一个力量分成两种异质的活动,一种事物将自己一分为二,它们既要裂变,又要整合,既要斗争,又要统一。在生成过程中,每个事物从一种状态转向对立的状态,对立面相互交战,无始无终。生成的过程,

---

1 《希腊悲剧时代的哲学》,第51页。
2 同上书,第52页。
3 同上书,第53页。

是两个对立面的永恒斗争过程,是胜利和失败的反复交替的过程。"斗争是世界的正义,战争是万物的共性,是万物的父王。"[1]在这个永不停息的生成和斗争过程中,每一个事物都经历了多种多样的形态,"从一切产生一,从一产生一切"[2]。一就是多:我们所认识到的质,既非幻觉和表象,也非本质和存在,它介于这二者之间,既是幻觉也是本质,既是一,也是多,或者更准确地说,在赫拉克利特这里,"一同时就是多"。

这样一个流动的、没有持存性的、对立斗争的世界,是一个火的世界,只有火能表达出这样一个没有持存性的世界的特质来:"每一事物都变换成火,火也变换成每一事物。"[3]万物的本质是火,过去、现在和将来是永恒之火。这个火在不停地燃烧和熄灭。世界毁于大火,也从大火中复归。不仅如此,这个世界还清除了罪恶感,赫拉克利特的世界是非道德化的审美世界,是一个游戏的世界,是一个亘古岁月的美丽而天真的游戏世界。这个游戏是没有固定形态的"火的自我游戏"[4],是"毫无罪恶感"[5]的游戏。在赫

---

1 E.策勒尔:《古希腊哲学史纲》,翁绍军译,山东人民出版社,1996年,第49页。
2 赫拉克利特《残篇》10,参见《古希腊哲学史纲》,第48页。
3 赫拉克利特《残篇》90,参见《古希腊哲学史纲》,第48页。
4 《希腊悲剧时代的哲学》,第63页。
5 同上书,第70页。

拉克利特这里，"生成和消逝，建设和破坏，对之不可作任何道德评定，它们永远同样无罪，在这世界上仅仅属于艺术家和孩子的游戏"[1]，这种纯粹的游戏冲动，如同艺术创作的冲动一样，没有任何犯罪的诱力，没有任何外在的律令强行闯入这个世界，尤其是"不要道德地看待它"[2]。正是在这个意义上，赫拉克利特的世界是一个游戏而无辜的世界，是一个单纯的审美世界。这个世界同时并没有游戏之外的目标，"就像一个孩子在海边堆积沙堆又毁坏沙堆。它不断重新开始这游戏"[3]。这个堆积和毁坏沙滩的游戏实际上就是轮回的游戏，是自我回复而没有实用目标的游戏，是在这种轮回往复中感受到快乐的游戏，在某种意义上也就是生命生长的游戏——生命是在游戏中成长，是在积累和损耗的游戏中成长的。赫拉克利特的游戏，这种火的游戏，孩童的游戏，实际上埋藏着尼采的永恒轮回观念的最初种子。

我们已经看到了狄奥尼索斯的世界是一个艺术形而上学的世界，在这个世界中，在世界是一个审美游戏这一点上，在世界和生命是一个没有被罪恶感和道德感所捆绑的意义上，在世界是一个无穷无尽的生成和变幻的

---

1 《希腊悲剧时代的哲学》，第70页。
2 同上书，第73页。
3 同上书，第70页。

意义上，在世界是一个力的积累和释放的轮回游戏的意义上，狄奥尼索斯同赫拉克利特别无二致。既然悲剧时代的希腊世界是这样一个非道德的审美世界，是一个火和酒盛行的游戏世界，那么，希腊悲剧时代之后的欧洲的道德——在尼采这里，这段欧洲道德史实际上是反动的奴隶道德的逐渐强化和巩固史——到底源自哪一个时刻？这种欧洲道德是如何在欧洲内部形成的？我们为什么会形成今天的道德观（它显然同希腊人迥异）？如果我们将这个问题进一步推进的话，那么，这个问题的更加普遍化的提法就是："究竟什么是我们关于善和恶的观念的起源"？或者说，"人在什么条件下发明了善与恶这类价值判断，这些价值判断本身又有何价值？"[1]

就此，尼采展开了他的道德的谱系的研究计划。具体地说，他的这一计划所要揭露的事实，就是如何"将伦理意义置入世界的背后"[2]，世界怎样穿上了道德的外套。换一种说法，要揭露的是"一切存在物之间的道德联系"。在尼采看来，这个问题如此之紧迫，以至于"迄今为止，没有比道德问题更为根本性的问题了"[3]。这一

---

1 *On the Genealogy of Morals*, p.17.
2 Nietzsche, *Daybreak*, translated by R.J.Hollingdale, Cambridge University Press, 2004. p.9.
3 《权力意志》（上），商务印书馆，第257页。

计划实际上包含了两个部分：一般性的善恶观念（道德概念）是怎样形成的？而我们（今天的欧洲人）的善恶观念又是怎样形成的？前者是一个普遍性的人类学问题，后者则是一个具体的历史学问题。就后者而言，也可以这样具体地说，欧洲道德是怎样背离了狄奥尼索斯和赫拉克利特的游戏气质，而作为一种外在的负荷添加到无辜的世界上的？它们是怎样让轻盈和欢乐的生命背上了负担从而让它倍感压抑和沉重的？这是尼采要追究的问题。但是，作为善恶的价值判断本身的道德，它的价值又是什么？也就是说，尼采是怎样对道德本身做出价值判断的？也即是说，如果存在着各种各样的道德的话，他怎样来衡量和估价这各种不同的道德形式？

事实上，尼采有一个特定的评估和参照系统：道德和生命的关系。在尼采的视野中，道德归根结底同生命类型结合在一起。一种道德，如果不是对生命产生意义，如果不是让生命进行这样那样的选择，如果不是让生命通过各种各样的选择进而表达出各类形态，这样的道德，在什么意义上能够称为道德？就此，道德，作为一种行动和选择的评价体系，作为一种权威性的行动指南，它也只是在同生命发生关系的过程中才能得到表现。也就是说，道德，只有同生命相互参照才能称得上道德。因此，对于尼采来说，衡量一种道德的价值，主要看这些道德"对于人类繁荣是起阻碍还是起推动作用？它们是不是生命的困苦、贫困、退化的标志？抑或是相反，它们显示了生命的充实、力量和意志，显示了生命的勇气、信心和未来？"[1]如果这样从生命和道德的关系着手，尼采就可以区分出两类道德。尼采所推崇的道德，尼采视作具有高等价值的道德，就是激发生命的道德；他所谴责的道德，就是使生命退化的道德。实际上，令尼采思想呈现出一种火山爆发般激情的事实恰恰在于，他在希腊罗马之后发现，谴责生命的道德占据着主导类型。谴责和否定生命的道德，就导致了尼采意义上的欧洲虚无主义之一种。"而虚无主义的价值观现在已获得了主宰一切的统治权。"[2]尼采的伟大工作，正是要废除这种令生命颓废的（奴隶）道德类型和虚无主义。为此，他要建立自己的理想和未来哲学目标。他在提出自己的未来哲学之前要做的工作就是要发现：欧洲两千年的道德传统是怎样对生命进行谴责和否定的？生命是怎样由于这种道德而一再地发生退化的？或者说，欧洲文化传统中谴责和否定生命的道德采用了哪几种方式？——只有经过这种谱系学的考究，才能有效地摧毁这种奴隶道德的历史建构，进而确立自己的未来哲学理想。事实上，在《悲

---

[1] *On the Genealogy of Morals*, p.17.
[2] 同上书, p.19.

剧的诞生》中,我们已经看到了苏格拉底的方式,这是欧洲第一次用知识即美德的观点来贬低生命——如果知识是美德的话,那么,自然地,非知识的、偶然的、感官的生命就是邪恶。

显然,尼采并不是一般性地反对道德,他反对的只是两千年来在欧洲大地上主宰性的贬低生命的道德。如果从生命的角度来看待道德的话,毫不奇怪,尼采只会看到两种道德形式,或者说,他发现欧洲存在着两种截然相反的道德观:"我在迄今主宰着或目前仍主宰着地球上的众多高雅和粗俗的道德之间巡游了一番,发现有些确定特征是有规律地一起出现的,并且彼此相互连接,而且相互联系,最终,我发现两种基本类型,我的眼帘中出现一个基本差异:存在着主人道德和奴隶道德……道德的价值区分要么产生于统治阶层,他们愉快地发现他们和被统治阶层不同;要么就是产生于被统治阶级,即奴隶和各种各样的依附者。"[1] 这两种道德一直存在,只不过是在不同的时期,其中一种道德占据着主导地位。

在尼采这里,大致说来,在希腊罗马时期,这种主导性的道德是主人道德和贵族道德。而在希腊罗马之后,则是奴隶道德逐渐占据着统治地位。事实上,在这两种

---

[1] *Beyond Good and Evil*, pp.202–203.

道德之外，尼采还提到非道德化的情况：赫拉克利特和狄奥尼索斯都是非道德化的典范。这种非道德化，主要是指非奴隶道德化。由于奴隶道德在今日的欧洲占据着统治地位，尼采有时候说到的道德，专指的是奴隶道德。当尼采一般性地批判道德和嘲讽道德（对道德的尖锐而无情的嘲讽在尼采的字里行间随处可见）的时候，当他说到服从性道德的时候，当他说到今天的道德风尚和道德习俗的时候，他实际上特指的是奴隶道德。因为奴隶道德在今天流传如此之广泛，如此之深入人心，以至于它变成了道德本身，变成了"价值自体"。同样，当他说到非道德化的时候，非道德化有时候并非指的是完全的去道德化，而是指主人道德和贵族道德——因为只要从奴隶的眼光来看，这种主人道德就是非道德的。同样，从主人道德的目光来看，奴隶道德则是非道德的。明白了这一点，我们就能够理解，尼采为什么有时候普遍性地否定道德，但有时候又肯定某种道德——前一种道德主要指的是奴隶道德，后一种道德则指的是主人道德；我们同样也能明白，尼采有时候提到的非道德化，实际上指的是不同于奴隶道德的主人道德。因此，可以这样理解尼采的非道德化：它一方面是完全的去道德化，另一方面它指的是主人道德；或者，更恰当的说法则是，主人道德就是一种去道德化的道德，就是一种自主的个体（the sovereign individual）的道德，这种道德是自律的（autonomous）和超道德的（supramornal），就此，在目前的欧洲（或者地球上），在主人道德和奴隶道德之外，并不存在着第三种选择。我们可以将尼采的道德概念的区分进行如下的多种表述：有一种自主的道德，还有一种服从的道德；有一种强者道德，还有一种弱者道德；有一种主人道德，还有一种奴隶道德；有一种非道德和超道德，还有一种道德。由于尼采在他的充满嘲讽和诘问的论述中，不断地变化着视角来论述道德，他有时候从奴隶的角度来运用道德概念，有时候从主人的角度来使用道德概念，因此，这样看上去让人费解的表述就并不奇怪："我还要添上一种非道德性：道德性只不过是非道德性的一种形式，后者着眼于某个特定种类所具有的优越性"[1]。在尼采的道德概念中，我们一定要问：这是哪一种道德？事实上，尼采的道德划分的原则十分明了：激发生命和权力意志的道德就是主人道德，否定生命和权力意志的道德就是奴隶道德。尼采肯定的道德就是主人道德，尼采否定的道德就是奴隶道德。——这是尼采理解道德概念的试金石。不过，特别要注意的是，尼采还提到了另一种道德，即习俗道德（the morality of

---

[1] 《权力意志》（下），商务印书馆，第956页。

custom），这是习俗社会的道德，它不同于国家（非习俗社会）出现后流行的主奴两种道德。这种习俗道德，对主奴道德的形成至关重要。

尼采对流行道德进行了主人道德和奴隶道德的两类区分，自然，我们要问的是，到底什么是主人道德（或者说非道德）？什么是奴隶道德（或者说道德）？它们各自遵循怎样的运作机制？更为重要的是，这两种道德并非各行其是，互不相关；相反，它们一直处在交战状态，以及这种交战所导致的反复的变更状态。对这种主奴大战——让我们更准确地说，奴隶道德对主人道德的胜利——的考察，就是尼采谱系学的主要内容。它要回答的问题是：奴隶的价值标准是如何颠倒主人的价值标准的（"坏"是如何战胜"好"的）？奴隶所特有的内疚和负罪是怎样战胜主人所特有的无辜和纯洁的（内疚和罪恶感如何相结合成为人的道德负担）？奴隶（基督徒）的禁欲主义是怎样战胜主人的放纵的（一种虚无意志怎样战胜了权力意志）？概而言之，基督教道德和后基督教时代的现代社会的平等道德，是怎样战胜主人、贵族、艺术家和立法者的有等级距离的道德的？怨恨、内疚和禁欲主义，这是奴隶道德所特有的三种实践形式，这也是对生命的三种否定和谴责形式，它们各自的获胜机制是怎样产生的？这三种形式，将本来是无辜和单纯的生命包裹起来，它们让生命肩负重担，并构成束缚生命的反动权力意志。考察道德的谱系学，在某种意义上，就是考察生命是怎样被奴隶道德所束缚的谱系学，是生命怎样被这三种奴隶道德实践形式所谴责和抑制的谱系学。这三种道德，也可以说，是虚无主义的三种实践形式。

而所有这些对生命进行谴责的道德实践形式，都各有其历史根源，这种根源置身于一个竞技的空间中——道德的形成充满了斗争和竞技。也就是说，道德的形成并非自然而然。谱系学的意义正是要打开这种作为起源的竞技空间，将看上去是自然而然的结果，进行历史化和语境化。在尼采这里，具体的说法就是，道德从来都是历史的发明和战争的结果，它作为一套行为法则在历史中反复地迁延和变换。因此，今天的欧洲道德，有它的历史起源，当然也应该有它的最终结局，这也成为尼采对价值进行重估的伟大颠倒工作的重要凭据。尼采的目标，正是要否定欧洲两千年来的道德观念——我们将会看到，这种道德观念的历史既和一种特定的历史人类学相关，也和欧洲的哲学历史密切相关。因此，道德的谱系探究，一方面要考察道德的历史人类学起源；另一方面，要考察欧洲的哲学起源。道德史和哲学史，密不可分。因为，道德是哲学家的哲学起源，"每一种哲学的诸多道德（或非道德）意图，是每一个植物得以生长完成的真正活胚胎"[1]。如果说，历史人类学为尼采提供了道德起源的正面阐释的话，那么，哲学史则提供了一种反面的教训。因此，尼采要和欧洲两千年的哲学史搏斗。这种哲学史同道德史紧密配合，一道对生命进行了责难。在尼采这里——让我们稍稍具体一点地说——道德和哲学历史性的结合，就是基督教和柏拉图主义的历史性的结合。对于尼采来说，基督教是民众的柏拉图主义。道德和哲学，道德史和哲学史，基督教和柏拉图主义，相互纠缠，它们编织了欧洲历史的地平线。尼采的工作，就是要抹擦这样一个地平线，力图让他所倡导的权力意志和永恒轮回从历史迷雾中浮现出来。或者说，他用他的权力意志和永恒轮回来对抗这样的哲学史和道德史中的反动力，他要借此终结这样的反动历史。在提及尼采肯定性的权力意志和永恒轮回之前，我们先来看看，道德，尤其是尼采称之为奴隶道德的道德，是怎样战胜主人道德的，也就是怎样束缚和否定生命的，是怎样来束缚和否定生命所具有的一切本能特征的。

---

[1] *Beyond Good and Evil*, p.6.

第二章

道德的战争和起源

一　主人道德和奴隶道德

"哲学家的使命就是：解决价值的难题，确定各种价值的等级秩序。"[1]尼采怎样确定价值的等级？价值等级的确立，必须追溯至道德的起源。尼采对于道德的起源的探究是从对既定成见的批判开始的，他反对功利主义的道德起源观。对于功利主义学家来说，不自私的行为，势必使人受惠，势必使人获利，势必受到这些受惠者和获利者的赞许，就此，这些受惠者将这种受惠行为，将不自私的行为称为"好"，但是，这种赞许的起源逐渐被遗忘了。"这些行为由于总是习惯地被当作好的来称赞，人们也就觉得这些行为是好的，——似乎它们就构成了好本身。"也就是说，这些"好"的行为经过了历史的颠簸，从一个历史性的行为变成了一个自然的行为，从特定的具体行为变成了普通的"成见"和"常识"，变成了一种固定观念。"好"起源于具体的功利，但后来则忘却了这种作为开端的具体功利，而变成了一种自然的

---

[1] *On the Genealogy of Morals*, p.56.

"好"。这是尼采所反对的功利主义的道德解释；还有另一种与此相对的对"好"与"坏"的解释，在这种解释里面，功利的起源并没有被忘记，它一直在活动，在运作，在施展。恰好是这种功利性的显著存在决定着"好"与"坏"的性质判断："好"是有益和实用的行为，反之，"坏"是有害和无用的行为。好"宣称是具有最高等级的价值的，是价值自身"[1]。在尼采看来，从功利出发的这两种解释都站不住脚，这是在错误的地方寻找"好"的根源。事实上，就第二种解释而言，有一些心理上的合理性，功利确实并没有被遗忘，但是，问题在于，根本就不应该从功利和效用的角度来解释好坏的起源。

那么，应该从什么角度来解释"好"与"坏"、"善"与"恶"这种道德起源？应该从道德的施动者的角度来解释。也就是说，道德的判断和起源都是由道德行为的施动者来决定的：什么样的人就会制造出什么样的道德标准，道德标准有赖于道德的行动者本人——这就对普遍主义的道德观提出了质疑：并没有一种超出具体语境的道德原则，道德并不能被自然化和普遍化。如果从道德的施动者而不是接受者的角度来论述道德，那么，尼采就从主人和奴隶的角度来解释道德的起源——

---

[1] *On the Genealogy of Morals*, p.27.

在尼采看来，人只有主人和奴隶这两种类型，一个人不是主人就是奴隶，不是奴隶就是主人。无论是主人道德还是奴隶道德，都植根于主人和奴隶的自身处境。就主人道德而言，在尼采看来，"好"根本就不是来自那些受惠者和行为的接受者的评价；相反，"好"是来自那些好人自己，是这些好人、这些主动行动的好人的自我肯定，是他们的自我断言。这些好人是谁？他们是那些"高贵的、有力的、上层的、高尚的人"[1]，是那些主人，他们自我判定为"好"，他们"感觉和判定他们自己和他们的行为是好的，也即是说是上等的，以此同低下的、卑贱的、平庸的和粗俗的对立起来"[2]。"好"就这样诞生于高尚者和平庸者之间"保持距离的激情"（pathos of distance）。"高尚和保持距离的激情，就是我们说过的上等的、统治阶层相对于低等和下等阶层的那种持久的、主导的基本总体感——这就是好和坏对立的起源。"[3]这就是高贵的道德，它是一种"凯旋式的自我肯定"[4]，"高贵的灵魂拥有的是某种基本的自我肯定，这是一种不能被追求、不能被发现、或许也无法被扔掉

1　*On the Genealogy of Morals*，p.28.
2　同上。
3　同上书，p.26.
4　同上书，p.36.

的东西。高贵的灵魂是自我尊重"[1]。

尼采怎样得出他的结论？他通过辞源学的考证，将"好"同"高贵的灵魂""贵族"联系起来，将"坏"同"平庸""简朴"和"普通"联系起来。比如说德文的"坏"（schlecht）同简朴（schlicht）就有词源学上的联系。这是尼采道德谱系学的重要线索。好和坏的区分是一个高、低等级的区分，是强和弱的区分，是高贵和平庸的距离区分。

这样，早先的骑士和贵族对于好的判断的前提是，"一个强有力的体魄，一种奔放的、丰富的，甚至是热情洋溢的健康，以及促成这种体魄和健康的条件——战争、冒险、狩猎、跳舞、竞赛等等——总之，所有严格的、自由的、愉快的行动"[2]。在此，好就是高贵，就是有力，就是美丽，就是幸福，就是上帝的宠儿。坏，则是所有这些的对立面。但是，这种好坏的价值标准并非一成不变，它们在历史中不断地发生颠倒和逆转，这种道德的颠倒始自犹太教士：教士无能，充满仇恨，阴险狡诈，充满着报复心理，为了获得补偿，充满诡计地颠倒了贵族设定的道德标准。在教士这里，贵族标准所设定

---

1 *Beyond Good and Evil*, pp.228–229.
2 *On the Genealogy of Morals*, p.33.

的坏人，即那些无能者、卑贱者、贫穷者、受苦者和弱者，现在则被看作好人。相反，那些冒险家、贵族、有力者和战斗者则被看作恶人、贪婪之人。这就是奴隶的道德标准。这种好坏的颠倒始自犹太人，尼采将这种犹太人的颠倒称为道德上的奴隶起义，这种起义成功地持续了约两千年。其颠倒的起源在充满着报复心理的犹太人那里，而将之发扬光大的则是耶稣。他们共同奠定了奴隶道德的标准。看起来，耶稣倡导的是爱，是对犹太人固有仇恨的否定。但实际上，这种爱恰好是从这种"仇恨的树干"上生长出来而变成仇恨的"树冠"。它并非抛弃了犹太价值和理想，而是对这种价值和理想的再造。"钉在十字架上的耶稣"这一残酷形象是一个精巧的诡计，它成为敌人的诱饵，以色列正是借此战胜了敌人，战胜了贵族的价值设定，战胜了所有高贵的理想。

这样，我们就看到了好与坏，高贵和低贱两种价值运作的方式。贵族的道德实践机制是：先肯定自己，再否定他人。奴隶的道德机制是：先否定他人，再肯定自己。贵族先用一种肯定的方式自我断言是好人，是有力者，是高贵的和美丽的；与之相反的那些品质，那些平庸、低贱和坏，则是这些高贵品质的附属品。在贵族这里，"坏"是他们所固有的"好"的延伸和补充，坏是好的附庸，好是坏的主宰。"所有贵族的一个基本信条是：

平民百姓撒谎成性……高贵型的人把自己视为价值的决定者，他不需要被认可，他断定，'凡是对我有害的东西，就是害自身。'他知道是他自己赋予对象以荣誉，他创造价值，他为自身的一切感到荣誉——他的道德是自我赞美。处于突出地位的乃是充实的感情、流溢而出的力量感、高度紧张的幸福感，希望给予和赠与的富裕意识。"[1]与贵族相反，无能的奴隶则用否定的方式对外界做出被动的反应，这就是他们特有的怨恨和报复。这种对外界的否定"就是奴隶道德的创造性行动"，奴隶不是自己确立价值，而是向外界寻求价值，是对外界的被动反应。就奴隶而言，"非我"是恶的，因此我是好的。贵族的力量、狂野和冒险是恶的，那么，我的忍耐、虚弱、苦行和苦难就是好的。奴隶正是这样先确立了恶，然后才有了善：你们是恶的，所以我们是善的。恶是善的根源和起点，善是恶的附庸。在奴隶这里，恶变成了起源，是原始的创造活动。他们充满了对贵族的怨恨，充满了盘算，他们不诚实也不真实，"他的心灵是斜的，他的精神喜欢隐蔽场所、秘密路径和后门，任何偷偷摸摸的事情都会构成他的世界、他的安全、他的爽快而诱惑他，他知道如何保持沉默，如何记忆，如何等待，如何暂时地

---

[1] *Beyond Good and Evil*, p.203.

卑躬屈膝"[1]。这样，我们看到，奴隶的"恶"人，就是他们的反面，就是那些冒险者、高贵者和好战者，就是贵族，就是贵族的"好"人。同样，贵族的坏人恰恰是奴隶的好人。

贵族和奴隶完全是两种类型的人，完全遵从两种道德观，其运用道德的机制也完全不同：一个是主动地立法和评估，一个是被动地适应和反应；一个勇猛有力，一个无能怨恨；一个无辜自信，一个狡黠盘算；一个骄傲冒险，一个谦卑胆怯；一个欢乐幸福，一个受苦压抑。那些贵族都是内心渴望胜利的金发猛兽，他们毫不犹豫，毫无羁绊，满不在乎，甩掉一切绳索，并表现出"对安全、身体、生命、舒适的蔑视，对所有破坏行为，对所有胜利和残酷的肉欲的那种令人毛骨悚然的热忱和深深的快乐"[2]。这些贵族是野蛮人的形象。他们施暴、征服、统治且寻求胜利，并充满无辜之欢乐，所有这些，都成为他们的好的价值设定。

那么，那些弱者是如何来设定自己的"好"的呢？弱本来是他们自己的本质，是他们的全部现实，是他们的存在性，但他们却欺骗性地将这种弱看成是一种自主

1　*On the Genealogy of Morals*，p.38.
2　同上书，p.42.

选择，弱所自然导致的不伤害、不进攻、不强暴，却被他们看作一种主动行动、自愿选择，一种故意有别于那些冒险者和强者征服行为的选择。弱者认为他们不愿变成强者而不是不能变为强者，是他们不愿冒险，而不是不能冒险。因此，他们的行动，即那些忍耐、恭顺和谦卑，他们的这些本质性行为，则被他们虚构为选择性行为。他们之所以选择这些行为，是因为这些行为"好"，而那些强者的冒险和进攻被他们看作"坏"，弱者的这种选择就是好，就是功绩和效用，就是价值标准。似乎"好""坏"是他们的选择性结果。事实上，强和弱根本就没法选择，"要求强者不表现为强者，要求它不是某种征服欲望、战胜欲望和做主人的欲望，要求他不树敌，不对抗，不去战胜，这就像要求弱者将自己表现为强者一样荒唐"[1]。将弱者说成是主动的选择，这样，他们就为自己披上了道德外衣。这些外衣掩盖了他们的实质：那些仇恨、胆怯和被压迫的弱者，恰恰就是因为弱，就是因为他们固有这些本性而将这些本性说成好的，并非他们自愿选择成为某一种类型的人进而将这一类型的人称为好人，好坏并非他们的主动选择。但是，他们却将这种源自本性的价值设定虚构成选择的结果，这就是奴隶道德的

---

[1] *On the Genealogy of Morals*, p.45.

诡计。

就此而言，善和恶在主人和奴隶这里的意义完全不同，其效果也不同："按照奴隶道德，'恶'人引起恐惧，按照主人道德，是'好'人引起并想要引起恐惧，而恶人则被视为卑鄙者。……在奴隶的道德中，好人是毫无危险的要素。"[1]事实上，这两种不同的道德价值不断地在历史的变动中发生转换，"所有好的事物以前都曾是坏的事物，每一种原罪都变成了一种原德（original virtue）"[2]。比如，在世界历史之前的时代，"苦难、残酷、伪装、报复、拒绝理性在各地总是被当作德性；反之，惬意、求知欲、和平、同情却总是被看作危险；被人同情和劳动被看作耻辱，疯狂被看作神圣，而变化则被看成是不道德的根本，是灾难的先兆"[3]。而在所谓的世界历史时代，一切都反过来了，"那些温柔的、友爱的、顺从的、富于同情心的情感——它们的价值如此之高估，致使它们几乎变成了永恒的价值"[4]。同样地，理性在今天则是令人骄傲的昂贵之物了。

不过，尼采的立场十分清晰：他特别强调贵族和

---

1 *Beyond Good and Evil*, p.206.
2 *On the Genealogy of Morals*, p.113.
3 同上书，p.114.
4 同上。

主人道德的积极意义。为什么强调主人道德？那些主人——尼采称他们为"全面的人"——具有自然本性，他们野蛮、残酷、施令并具有强大的控制欲。在尼采看来，正是他们对弱小而文明的种族的猛扑和消灭，一种更高级的文明才能产生。为什么这些主人受到尼采的推崇？尼采为什么要说，"自古以来，'人'的每一次提升，都是贵族社会的结果——而且会一直如此"[1]？在尼采这里，人的提升标准，就在于作为生命本能的权力意志是否能通畅无阻。主人道德不仅是提升人的方式，最重要的是，它表达了人的生命本能，是对生命本能的狂热激活，是对生命自然性的肯定。权力意志只能通过主人道德体现和勃发，主人的行动和价值评估，正是尼采视为生命本能的权力意志的运作方式。主人、权力意志、生命和生命本能存在着亲缘关系：他们在对弱者的征服和残忍中，在力的自我增强的意志下，在力的主动宣泄和立法的情况下，在生命的自我肯定和祝福的状态下，达成了共识。相反，奴隶道德，则是对生命的损毁，它的忍让、同情、无私、虚弱和怨恨，是生命衰弱的表现，是生病的标志，是权力意志的反面状态。尼采思想的一个核心即是，要肯定生命，要激发权力意志，一切要以

1　*Beyond Good and Evil*，p.199.

权力意志的勃发为要旨。尼采为什么将道德划分为两种类型？这种划分的基础是什么？正是权力意志。这两种道德正是围绕着权力意志的运转机制而得以划分的。一种道德是权力意志的实践和表达形式；一种道德是反权力意志的实践和表达形式。只有以权力意志为参照，道德类型才具有它的特定意义。就此而言，道德只有主人道德和奴隶道德两类，只有对权力意志的肯定和否定这两类，只有强化生命和诋毁生命这两类——因为生命就是权力意志。同样，对道德所作的价值评估也只能以权力意志为基础，对道德性质的区分同样也应该以它们的运作方式如何作用于权力意志为基础。这样，在权力意志的根基上，主人道德和奴隶道德，既是一种内容和实践技术的显豁区分，也是一种价值等级的显豁区分。

尼采为什么将这两种强弱对立的道德称为主人道德和奴隶道德？主人和奴隶是强者和弱者的一般指代吗？尼采在自己的文本中很少引用黑格尔，但这绝不意味着尼采同黑格尔无关。同康德不一样，黑格尔是以沉默的方式受到尼采的强烈注目的。尼采将道德进行主人和奴隶的区分，不可避免地令人想起了黑格尔著名的主奴辩证法。黑格尔将主人和奴隶置放在关系中来理解，同样地，尼采的主人和奴隶也总是处在争执和战争的状态下：没有主人，就无所谓奴隶；没有奴隶，就无所谓主人——

主人和奴隶是以战争的方式相互依存的，主人和奴隶是在彼此相关中才确立自己的身份的。另外，黑格尔所赋予的主人和奴隶的特性同尼采所定义的主人和奴隶的特性是相似的：主人是冒险的，奴隶是自我保存的。最后，主人和奴隶，无论是在黑格尔还是在尼采这里，都不是专指历史上的某种特定时期的主人和奴隶，而是对两类具有明确特性的人、具有社会连接性的人的命名。关于主人和奴隶的一般情况，尼采分享了黑格尔的论述，但是这二者的复杂关系，以及由这种复杂关系所引起的判断，尼采和黑格尔的论述则迥然不同。

我们看看黑格尔是怎样来论述主人和奴隶的。主奴关系的论述是从人和动物的关系开始的。在他这里，"人就是自我意识，他意识到了自己，意识到他的人性事实和他的尊严。正是据此，他同动物有着本质的区别"[1]。也就是说，作为主人和奴隶的人，首先都同动物区别开来。人，作为自我意识（self-consciousness），在什么意义上同动物进行区别？动物的本质是什么，以至于人同它是两种完全不同的东西？动物仅仅有生命，仅仅有自我感知（self-sentiment），仅仅是自我保存，是自我同一性的

---

[1] 亚历山大·柯耶夫：《黑格尔著作导论》，汪民安译，见《生产》第一辑，广西师范大学出版社，2004年，第411页。

保存，而"自我意识只有在一个别的自我意识里才获得它的满足"[1]。也就是说，一个自我意识（人），要使自身现实化，就必须要有另外一个自我意识，要同别的自我意识发生关系。我们更明确地说，人要使自己成为人，只有在和别的人发生关系时才有可能，人总是一种人际关系中的人，人类现实只能是社会现实。自我意识和自我意识到底发生什么关系？"自我意识是自在自为的，这由于、并且也就因为它是为另一个自在自为的自我意识而存在的；这就是说，它所以存在只是由于被对方承认。"[2]人处在人际关系中，他意识到了"我"，并且要求对方承认自己。这种要求被承认的欲望，就是人的欲望。也就是说，人的欲望针对的是另一个人的欲望，他将人的欲望作为自己的欲望对象，人的欲望被欲望着。而动物的欲望则全然不同，动物的欲望从功能上来说，是求生的欲望，它并不要求被承认。因此，动物欲望指向的是一个确定的既定客体（食物），而不是另一个欲望。

这就是人的欲望和动物欲望之间的差别。而人要成为人，就必须克服和摆脱这种动物欲望。也就是说，人

---

[1] 黑格尔：《精神现象学》（上卷），贺麟、王玖兴译，商务印书馆，1997年，第121页。
[2] 同上书，第122页。

如果要欲望另一个欲望，如果要求被承认，就必须摆脱掉自身的动物欲望。获取承认和根除动物欲望是人性显露这一件事情的两个方面。那么，如何摆脱动物欲望获取承认？人性如何显露？这就要求人将自己的生命作为赌注来进行冒险，人和人为了获得承认而要进行一场死亡战争。人一旦和人形成了关系，就势必要对方承认，这两种寻求承认的欲望彼此对质，"具有这种欲望的两个存在者在寻求欲望的满足方面完全一致，也就是说，都准备拿自己的生命冒险——结果就是置对方的生命于险境——以便被对方'承认'，并将自身作为最高价值强加于对方。这样，他们的相遇只能是一场死亡之战。仅仅经由这场战斗，人性现实才能产生、形成、实现，并向他人和自身显现"[1]。就此，"承认"总是和生命冒险相结合，要获得承认，就是要将动物的求生本能、求生欲望根除掉。人性事实，就在于要求承认，敢于战斗、冒险，敢于置生命于不顾。正是在这个意义上，黑格尔才论断，"精神的生活不是害怕死亡而幸免于蹂躏的生活，而是敢于承担死亡并在死亡中得以自存的生活"[2]。但是，倘若这两个对质的人，都拼死一战，那么，就必定会出现这

---

[1] 《黑格尔著作导论》，见《生产》第一辑，第416页。
[2] 《精神现象学》（上卷），第21页。

样一个结局：要么其中一人死亡，要么两人都死亡。无论哪种结局出现，"承认"的事实就不会出现，因为，一个人死了，剩下的获胜的那个人就找不到他的承认者了，承认必定是两个人之间的事情。要使承认发生，只能是让交战双方都活着，那么，交战双方就一定会有征服和获胜的一方，也就必定有恐惧和屈服的一方：后者必须承认前者而不要求前者承认自身，或者说，"要'承认'对方就是要将对方作为自己的主人来'承认'，而要承认自己就是使自己作为主人的奴隶而得到承认。换言之，在人诞生的时刻，他绝不单单是人。从本质上来说，他要么是主人要么就是奴隶，这点必定无疑"[1]。

这样，黑格尔就将人区分为主人和奴隶这两种完全不同类型的人——尼采也只看到了主人和奴隶这两种道德。粗看起来，尼采也是将两类人对立起来，也是两类人发生了战争关系——人和人总是处在战争关系中。可以说，他分享了黑格尔的前提。但是，他拒斥了黑格尔的主奴辩证法。黑格尔发现，尽管主人征服了奴隶，获得了自己的尊严和人性事实，但是主人一旦成为主人，由于奴隶在服侍自己，他什么也不用干，不用劳动，不用否定，他沉浸在自己的直接性中。这样，主人就固化

---

[1] 《黑格尔著作导论》，见《生产》第一辑，第417页。

起来，他不能超越自身，不能变化，不能发展和进步。相反，奴隶怀着恐惧之心服侍主人，在这个服侍和劳作过程中，他对自然进行了改造，同时也对自身进行了改造：劳动教育了他，克服了他的恐惧，压抑了他的本能。他因此就不再处在自身的"直接性"中，而变得具有否定性了，也因此有发展，有变化，有进步——从这个意义上来说，未来就不是属于沉迷在自身主宰性中的主人，而是属于被迫劳动的奴隶。主人是历史展开的前提，但真正的历史是奴隶劳动的历史。劳动使得奴隶获得了人性和自我意识。主人和奴隶就这样完全颠倒过来了，奴隶在主人中发现了自身，主人在奴隶中发现了自身——这就是黑格尔令人目炫的辩证法："实际上，原初的独立的、服务性的奴隶意识，最终实现和揭示了独立的自我意识的理想，它也是自我意识的'真理'。"[1]

奴隶才体现了真正的"人"的理想，历史是奴隶劳动的历史。这是黑格尔的结论。我们需要表明的是，在主人和奴隶的确定上，尼采和黑格尔有什么差别？同黑格尔一样，尼采的主人同样是那些强而有力的冒险者，是完全凭借力量和本能的主宰者，奴隶同样是那些弱者，是在战斗中缺乏勇气并深怀恐惧的人，也就是说，是力

---

[1] 《黑格尔著作导论》，见《生产》第一辑，第438页。

的无能者。但是，强者和弱者，主人和奴隶的交锋，在黑格尔那里和在尼采那里完全表现出不同的结果：对于尼采来说，描写主奴之间的战争，主要是为了描写两种力之间的战争——他就是要在这种战争中衡量力的表现，衡量力的性质，衡量力的后果。尼采试图用力来对人进行指认和描写，人是力的化身，而力只能和力产生关系，力也只有处在交战状态，也只是借助于这种交战状态，它才得以表达，人的性质，以及关于这种性质的描写才得以完成。交战是为了说明力的——对于尼采来说，世界是一个力的世界。世界的历史，是力和力之间的战争历史。其他的一切只能置放在这个历史构架中才能得到解释。如果历史是一个力的战争史，那么，这个历史就充满偶然性，它绝非存在任何目的论和终结论信仰——而这就同黑格尔区别开来。黑格尔同样认为强弱的战争是历史的起源，但是，历史会终结于奴隶的获胜之时，历史有一个最后的阶段。黑格尔讨论的主奴辩证法，最根本上就是为了说明历史的辩证运动——这种运动一定要被某种目的论所吞没。尼采尽管也看到了奴隶的获胜——但奴隶的获胜同黑格尔的获胜完全是在不同的意义上而言的。在黑格尔这里，奴隶获胜是可预期的，是一条铁律，但对于尼采来说，奴隶的获胜不是最后的事实，而是一种偶然的结果，主人完全可以再次取胜——

具有主人气质的超人在将来依旧会降临。如果说黑格尔的主奴战争总是会在一个更高的层次上得到最终的统一的话，那么，尼采的战争是绝对的战争，是没有妥协的战争，是无法在一个统一层面上得到归纳的战争，总之，是没有终点的战争。

同时，尼采不像黑格尔那样，赋予奴隶更高的价值——对他来说，奴隶就是虚弱之力的表达，就是因为这种虚弱之力而导致的怨恨道德的表达。奴隶并不是处在一个辩证运动的环节，进而能够翻身占据着主人的地位——对尼采而言，奴隶永远是奴隶，它不可能占据着主人的真理；主人也永远是主人，它不可能沦落到奴隶的自保状况。更为重要的是，黑格尔是借助于主奴战争来表达人性事实的出现：只有通过这场战争，人才能显现为人，人才能摆脱自身的动物性，人是自我意识这一结论才得以表达。但是，尼采的主奴战争，并不伴随着人性事实的显现。人性在尼采这里从来没有得到明确的界定，相反，"人性"的设定在尼采看来，只是一种固执偏见。这场主奴战争，在尼采这里就并没有像黑格尔那样，将固定的人性推论出来，它只是一场道德之战，是主人和奴隶所各自携带的道德之战。

尼采的人和动物的关系非常复杂，它并非黑格尔那样将人的"自我意识"同动物的直接性本能进行区分。

在黑格尔这里，人（包括主人和奴隶）和动物的界限得到了清晰的阐释：人是自我意识的动物，是被承认的动物；动物则没有自我意识，不要求承认。而在尼采这里，人和动物的界限被高度复杂化了：尼采不愿意从意识的角度去对人和动物进行区分——他从来不愿意将意识看作人的特有禀性。这是尼采同整个意识哲学传统的切割。尼采让自己偏离了这个传统，他更愿意将人看成是一个身体的存在物——如果是这样，如果人依据自己的身体而被定义，而身体，在尼采这里，就是权力意志，就是力的表达。如果是这样，如果人将自己限定在力这一领域，那么，人和动物有何差异？因为动物也可以从力的角度去描写。事实上，正是从权力意志的角度去描写人，在尼采这里，人和动物的差异被瓦解了。人和动物都可以分享权力意志这一共同的本质。如果是从权力意志的角度去描写人和动物，那么，人和动物的差异，有时候较之人和人的差异更小。比如，主人和狮子非常接近，他们的距离甚至比主人和奴隶的距离更小。同样，奴隶和家畜的距离非常接近，他们的差异较之奴隶和主人的差异更小。尼采更愿意将主奴之间的差异同猛兽和家畜之间的差异作类比。事实上，人性在尼采这里从来就没有一个固定而独一无二的本质。他拒绝稳定的人性概念，尼采不愿意讨论人性的本质，而更愿意讨论生命的本质。

如果从生命的角度出发的话,那么,动物和人的绝对差异就当取消,因为动物和人都分享了生命这一事实,兽性和人性都内在于生命。在尼采这里,只有生命的强弱之分,生命就是力本身,也就是说,只有力的强弱之分。只有两类生命,两类力,更准确地说,两类身体。从这个意义上来说,猛兽和主人归于一类,他们是强的力,强的生命,强的身体,尼采有时候将贵族比喻为金发猛兽;奴隶和家畜归于一类,他们是弱的生命,是弱的力,是弱的身体。强的生命,猛兽和主人都是敢于冒险的生命,是进攻性的生命;弱的生命,奴隶和家畜都是寻求安全的生命,是自保(self-preservation)本能所控制的生命。就此,从生命、身体和力出发的哲学,其分类范畴就是全新的:不是意识的范畴,不是人性和兽性的范畴,而是强健和虚弱的范畴,是生命的自保本能的范畴和权力意志本能的范畴。根据这样新的分类范畴,我们就会看到:查拉图斯特拉和鹰、狮子是一类,他们待在孤寂的高山之巅;而基督徒、末人和牛羊是一类,他们待在喧哗的市镇。前者为权力意志充斥,后者为虚无意志(will to nothingness)所控制。尼采将生命的本质视为积极的能动的自我强化的力,也即权力意志——正是在这个意义上,尼采断定,生命就是权力意志——那些冒险者,那些权力意志的充斥者,是他们表达了生命的本质。反过来，奴隶和家畜的自保本能是生命的反动，是反动的权力意志。

如果从生命和力这个角度出发，人和动物的区分就取消了（不过，从另外的角度来看，人和动物的基本区分还在，后面要讲到这点），与其说人和动物存在着根本差异，不如说，人和人存在着根本差异，动物和动物存在着根本差异。也正是在这个意义上，动物有两种基本类型，人也有两种类型：强的动物和弱的动物，强的人和弱的人。因此，在尼采这里，动物以及动物性也非固定不变的，它也应该区分出两种不同意义：有一种金发猛兽般的冒险性的动物，还有一种家畜和虫子一般的自保的动物。这样，我们能够理解，尼采在谈到动物的时候，看上去非常矛盾：他有时候高度评价动物和动物性，有时候又极力贬低动物和动物性，他有时候希望人靠近动物性，有时候希望人超越动物性，他对狮子和对骆驼的态度完全相反——这是两种截然不同的动物性，尼采对动物的态度，要看这种动物到底是进攻性的还是保存性的。在尼采这里，一定要区分出这是哪一种动物和动物性。同样，也要对两类人性进行区分：主人人性和奴隶人性，尼采一再地强调这两类人的距离感，他肯定主人而否定奴隶。尼采对动物性和人性的取舍，最根本的意义上，是看这种动物性和人性，是冒险的权力意志还是自保的虚无意志。尼采承认生命中同时存在着这两种特性，或者说，存在着这两种动物本能：但是，他认为进攻性的动物本能是生命最重要的本能，自保本能是生命的间接本能。"生命本身是权力意志；自我保存只是其最常见的间接结果之一。"[1]他将进攻性的生命本能看作基础性的，是自然的，因此，他的哲学努力就是要恢复这种自然本能，恢复这些被自保本能所压制的自然本能，为此，自保本能应该被清除——作为弱者的奴隶（动物），作为反动的权力意志的奴隶（动物），为自保本能所控制的奴隶（动物），正是在这个意义上令尼采无法忍受。

在这里，我们看到尼采暗中同霍布斯在较劲。在霍布斯看来，人首先要的是自保，自我保全才是生命的首要目的。但是，人如何进行自我保全？人总是处在和他人发生关系的人群中，但是他们彼此之间毫不信任，别人都可能变成他自身的威胁，这样，"自保之道最合理的就是先发制人"[2]，就是对埋伏着可能的危险的他人进行进攻，直到这种危险消失为止。这样，在霍布斯这里，先是有了自保本能，然后才有了进攻本能——自保本能是

---

[1] 尼采：《尼采论善恶》，朱泱译，团结出版社，2006年，第21页。引文略有改动。
[2] 霍布斯：《利维坦》，黎思复、黎廷弼译，商务印书馆，1997年，第93页。

进攻本能的基础。在霍布斯看来，由于没有一个充满绝对权力的权威出现，这些单独的个人因此总是处在战争状态，总是为了自保而彼此攻击，每个人都是每个人的敌人，这就是自然状态下的战争状态：每个人对每个人的战争。这样的自然状态，直到国家，一个巨大的利维坦的出现，才得以终结。

尼采反对霍布斯这样的自保本能观点。他恰好将霍布斯的观点颠倒过来——进攻本能先于自保本能。对霍布斯来说，战争状态需要借助国家来避免，这样自保本能才能更好地获得满足，才能更好地压制进攻本能——国家正是在这样的情况下通过契约的方式达成的。但是，对尼采来说，战争状态根本不需要回避，从某种意义上来说，恰好是通过战争，进攻本能才能得到恰当的表达。自保本能也只是在战争的状态下才得到遏制。同霍布斯完全相反，尼采不遗余力寻找任何机会攻击自保本能，攻击所有寻求安全的意志，正是这种自保本能在摧毁生命的生机。正是这种自保本能，才导致了奴隶和家畜在欧洲的大量兴盛。

这样，我们也能理解，尼采拒绝黑格尔这样的辩证转换：在黑格尔这里，奴隶的自保本能最后辩证地转化为"主人"本能（主人的真理在奴隶那里）。尼采则针锋相对，主人就是主人，奴隶就是奴隶，强者就是强者，弱者就是弱者。只有强弱之战，而绝无强弱的转化：强者只是追求更强，弱者只是追求更弱。弱者可以战胜强者，但他绝不能变成强者，强者可以输给弱者，但它绝不能变成弱者。辩证法，以及奠定在这种辩证法基础上的历史哲学就此被拒绝了。对于尼采而言，不是黑格尔式的否定之否定（主人先是否定了奴隶，后来奴隶对主人的否定又进行了否定），而是他自身的肯定之肯定（对肯定的权力意志进行再肯定）。如果是这样，如果主人道德只是权力意志的实践表达，如果奴隶道德只是对权力意志的否定表达，那么，我们能够理解尼采对主人和主人道德进行的断然呼求，对奴隶和奴隶道德进行的断然鄙弃。就此，我们也能够理解：欧洲主人道德两千年的逐渐沉默，为什么会相反地引发尼采的越来越高亢的喧哗？

二　道德战争

既然这两种道德如此之不同，那么，它们如何相处？它们只能处在交战和竞技状态。主奴之间如此具有对抗性，那么，这二者的道德关系，也只能是交战和对抗关系。这场主奴道德战争像一个波澜起伏的长篇戏剧在欧洲上演。在描述这个漫长的战争戏剧之前，我们先来看自我的立法者，是旧习俗的破坏者和新习俗的创造者。奴隶道德谴责的是征服、强暴和自我立法的主人。二者都是对不服从的自主个体的谴责，都是创造者和立法者的死硬对手。

事实上，习俗就是文明。文明的第一命题就是，"任何习俗都强于没有习俗"。而习俗道德则是对这样的习俗的神圣肯定。这样的习俗道德，一方面培养了驯化的人，培养了估算的人（它是奴隶道德的起源）；另一方面，也培养了它的反面——这是习俗这棵大树结出的最后的果实：自主的个体。尼采的意思是，作为习俗的文明创造出了个体类型。在习俗道德的尽头，总是会出现习俗的反对者，出现一些不顾习俗而自我做主的人，出现高贵的、杰出的、骄傲的和自我主宰式的个体。从习俗中脱颖而出，"那就是去做立法者、医士和某种神人：这也就是说，他必须自己动手创造习俗——一件可怕至极和危险至极的工作！"[1] 也可以反过来说，正是这些高贵者和习俗的反对者的出现，正是高贵者的自我肯定，习俗才步履蹒跚地走到了它的终点。这就像是一个悖论：习俗的最终果实恰好是对习俗的摆脱。这个新的自主者自我立法、自我主宰，充满自信、充满骄傲、充

---

[1] 尼采：《曙光》，田立年译，漓江出版社，2000年，第6页。

满责任。这种自我驾驭的责任,构成了主人的本能,尼采将这种本能称之为"良心"(conscience)(不过,这种"良心",后来被一再改造为奴隶道德的"内疚"〔bad conscience〕)。所有这些,一扫习俗暗淡、压抑而沉闷的天空。

这个自主者的行为方式是肯定自己,这正是尼采所说的主人道德的实践方式。它是近期的果实("这未熟透的酸涩果实当在树上挂悬多久啊!"[1])——尼采的意思是,主人道德(和奴隶道德)是在漫长的习俗社会结束后才出现的。也就是说,是在原始社会结束的时候才出现的。正是在这个时期,这个摆脱了习俗的自主者出现了,与之一同出现的是国家。现在,这个自主者不再依赖习俗而生活,而是进行主动的宰制性的征服和统治:"我使用了'国家'一词,其意义显而易见,有一些黄发的捕食猛兽,一个征服者和主人种族,他们为战争而组织起来,并极具组织能力,他们毫不犹豫地将其可怕魔爪伸向那些可能在数量上占优势但尚未成形的游牧人种。从根本上来说,国家就是这样在地球上出现的。"[2]这就是摆脱了习俗道德的主人的所作所为。主人和国家的起

1　*On the Genealogy of Morals*,p.60.
2　同上书,p.86.

看，道德是怎样出现的，支配性的主人道德和服从性的奴隶道德又是怎样出现的。

在《曙光》中，尼采简要地勾勒了人类生活的道德史。有了人类就有了道德——这种史前时期的道德被尼采称为习俗道德。尼采对此作了清晰的陈述：

> 道德不是别的，就是对习俗的服从，无论是哪种类型的习俗，都是传统的行为和估价方式。在没有传统的地方，就不会有道德。传统决定生活的程度越少，道德的领域就越小。自由的人总是不道德的，因为在任何情况下，他都是自我做主而不是依靠传统：在全部的人类原初状态下，恶的意思就是个体，自由，任意，反常，不可预料，不可估计。按照这个标准来看，如果一个行为不是遵循传统的要求，而是有别的动机（比如对个人有用的动机），甚至恰好是奠定这种传统的动机，那么，它应该被称为是不道德的。而这个行动者也是这么认为的：因为它不是对传统的服从。什么是传统？人们要服从的更高的权威。不是因为它命令说什么对我们有用，而是因为它的命令本身。怎样区分这种对于传统的感情和一般的恐惧感？对传统的感情是面对命令式的更高级智慧的恐惧，是对不可理解的、无限

权力的恐惧,是对某种超个人东西的恐惧。这种恐惧里包含迷信。从根源上来说,所有的教育,保健,疾病的治疗,农业,战争,言谈,沉默,人与人、神与神之间的交往,全都属于道德领域。它们要求服从指令而不将自己作为个体来考虑。[1]

这样的习俗道德,有自己的善恶标准。遵从习俗的就是善,反之就是恶。善和恶主要是就个体对待习俗的态度而言的。这样的道德参照系统,就不是主奴相互依赖关系的参照系统。事实上,这是原始状态下的初民社会的人类道德,是史前时期的道德。"那些处于'世界历史'(world history)之前的'习俗道德'的洪荒时代是决定人类性格的真正的和决定性的历史时代。"[2]在确定人类形象和性格这方面,这个时代在什么意义上是决定性的?史前时代的道德,要求个人必须绝对服从和牺牲,个人的所有选择都是为了验证传统和习俗的权威、永恒、神圣和力量,而不是为了一己之私利。从这个意义上而言,史前时代的道德,制造出的是一大批服从性的道德愚民,新的行动和新的想象遭到了阻遏。可以想见,在

1　*Daybreak*, pp.8–9.
2　同上书,p.18.

习俗的主宰下，那些出类拔萃的有创造力的人，不得不被暗淡的天空所笼罩。在这样的情况下，"在自由思想领域，在塑造个性领域，每个最细微的步骤都不得不付出精神和身体的磨难。不仅仅是向前的一步，不！步伐本身、运动、任何形式的变化，在其开辟道路和奠定基础的漫长历史过程中都需要无数牺牲"[1]。习俗道德意味着服从、僵化和新习俗诞生的绊脚石。个人牺牲，是习俗暴政的基本要求，与之相伴随的还有自我惩罚，自我折磨，自我战争。因为在面对最难服从的习俗时，自我折磨和惩罚，可以使自己成为习俗道德中最道德的人，成为可以被习俗、群体和神所认可的人。我们看到，这个时期，无条件的服从，自我牺牲，自我折磨，对变化和创造的拒绝，是最被推崇的价值准则——而这在今天并不陌生，我们在奴隶身上看到了它的后续身影：自我折磨、自我受难和自我克制。奴隶道德并没有摆脱习俗道德的阴影——尼采由此而发问：人类改变了它的特性吗？正是在这个意义上，这个时代，是奠定人的形象和性格——克制和服从的性格——的关键时代。

习俗道德是服从的道德，在这一点上，它接近奴隶道德，但是，它绝不能和奴隶道德混为一谈。奴隶道德

---

[1] *Daybreak*, p.18.

当然有服从的一面，但是，它是在奴隶和主人争执的过程中所产生的道德，是弱者在和强者的对抗中而产生的道德；而习俗道德则是个体在面对先前的强而有力的习俗和传统时所产生的道德：它们产生道德的动力机制不一样。习俗道德要求个人遵循全面的风俗，这里面的个人面对习俗时无所谓主奴之分；而奴隶道德则是对外界做出的否定性反应，尤其是针对强者的否定性反应。强者和主人是奴隶的针对对象；否定和反应是他心理机制的运作法则；怨恨和报复是他的心理机制的内容。习俗道德和奴隶道德极其相似的一点是：二者都要求自我克制，要求忍耐，要求受苦。但是，奴隶的自我克制、自我训练和自我折磨是为了自己，是为了自己的利益，此刻抑制自己是为了一个将来的幸福目标。而习俗道德的遵从者完全不考虑自己，它的受苦是绝对而永恒的牺牲，这种牺牲是为了证实外在的习俗自身的神圣权威，他的痛苦是为了让神目睹自身所遭受的暴行而产生欢乐，是为了让他所在的整个社团能享有习俗的福分。为了私利的道德，哪怕采纳的是自我折磨和自我受难的形式，在习俗道德的目光中，也是一种异端邪说。都是自我受苦，但是奴隶道德和习俗道德的目标迥异。不过，这二者确有共同点——我们从二者主要谴责的对象可以看出这一点：习俗道德谴责的是伤风败俗者，是自主的个体，是源密切相关。也就是说，在摆脱了习俗的自主者出现后，秩序的维护不再是靠古老而神圣的习俗权威，而是靠主人的武力征服。在这个意义上，原初的习俗社会让位于国家的暴力统治。这种国家的暴力统治，有赖于这个新主人的闯荡、勇敢、征服和冒险，有赖于这一系列的充满竞技感的主人道德。挣脱了习俗传统的骄傲主人自己在缔造国家了。而他的实践方式和心理机制的综合，就是尼采意义上的主人道德。

尼采的国家叙事显然同霍布斯开创的契约论传统迥然不同。在尼采这里，国家不是诞生于契约的缔造之中。而在霍布斯看来，国家是协约而成的，国家应该有这样一种目的：它对外是为了防范侵略，对内是为了防止相互伤害。在这样一个国家，权力从何而来？只有一个办法，将大家所有的力量托付给一个人，将大家的意志化为一个人的意志，或者一个集体的意志。每个人都承认这个人的意志代表他的意志，每个人都服从这个人，全体都统一在唯一的人格中，"这一人格是大家人人相互订立信约而形成的，其方式就好像是人人都向每一个其他的人说：我承认这个人或这个集体，并放弃我管理自己的权利，把它授予这人或这个集体，但条件是你也把自己的权利拿出来授予他，并以同样的方式承认他的一切行为。这一点办到之后，像这样统一在一个人格之中的一群人就称为国家"[1]。国家就是由这样一大群人订立的契约而形成的一个权力的代表性人格。显然,这样的"国家"概念同尼采的国家概念迥然不同,在尼采那里,国家的缔造不需要霍布斯的契约,而完全取决于主人的暴力征服。就此,在国家的起源方面,尼采放弃了整个契约论传统,"我想,我们已经克服了那种让国家起源于'契约'的幻想。谁能发号施令,谁就是天然的'主人'"[2]。

也正是在这个意义上,我们也可以说,主人道德和奴隶道德,是在习俗权威崩溃、武力国家诞生之后,才成为主导性的两种道德形式的。也可以反过来说,正是主人道德,才摧毁了习俗,建立了国家。与主人道德相互依存的是奴隶道德(有了主人就一定会有奴隶,有了主人道德,就一定会有奴隶道德),这两种道德形式,在欧洲展开了一场两千年的道德战争,这场战争进程锻造了欧洲的文化形式和政治形式,最终锻造了欧洲的命运和个人的命运。尼采不断地对这场道德战争史进行追溯,不断地对这场战争史进行叙事和再估价——这是他价值重估的历史基础。就此,尼采的工作,在某种意义上,就是要指明,这种主人道德是怎样消逝的,奴隶道德是

---

[1] 《利维坦》,第131—132页。
[2] 《论道德的谱系》,第65页。

怎样出现并占据着主导地位的，换一种说法就是，奴隶道德是怎样战胜主人道德的。

如果说，在希腊的悲剧时期，生活是以审美作为目标，是一个非道德化的时期（我们已经看到的狄奥尼索斯时期），在罗马时期，贵族和主人道德居于统治地位，那么，在这之后，则是主人道德的不断溃退，奴隶道德的不断凯旋——融柏拉图主义和基督教为一体的奴隶道德的一路凯旋。尼采对欧洲两千年的文化的不满，从某种意义上来说，就是对主人道德被奴隶道德所战胜的这一历史事实的不满。奴隶道德的获胜，以及它所尊重和推崇的一切，在尼采看来，都是人这一类型的缩小，是人"这个类型的最终平庸化"。这个过程，人们以为是从动物层面上升到神的超凡层面的过程，但实际上是人的不断下降的过程。奴隶道德的培育，"恰恰只是发展了人类中的群盲动物，而且也许借此把'人'这种动物固定起来了——因为迄今为止，人都是'未固定的动物'——；我认为，声势浩大的不断推进的、并且不可抑制的欧洲民主运动——它被称为'进步'——以及同样地，这种运动的准备及其道德征兆，即基督教——根本上仅仅意味着群盲巨大的本能上的总谋反"[1]。奴隶道德是如何形

---

[1]《权力意志》（上），商务印书馆，第82—83页。

成了自己的气质和特性，又是如何战胜主人道德的？奴隶道德的胜利过程，就是尼采的谱系学探究的任务。道德的谱系学，实际上是奴隶道德如何形成、获胜和取得主宰地位的谱系学。在我们看到奴隶道德是如何形成的，是如何战胜主人道德的这一原因之前，我们先来简单地看看奴隶道德战胜主人道德这一历史事实——这一"旷日持久的恶战"[1]的史实。

我们已经看到了，一开始，主人道德占据着统治地位，它的勇敢和冒险征服了弱者，缔造了国家。就此，先是有一个主人的道德立法——这个主人道德正是权力意志的化身。但是，奴隶并不甘于主人的统治，终于在两千年前发动了道德起义。奴隶和主人的纷争，最早是犹太人和罗马人的纷争，恰切地说，基督教——这一"民众的柏拉图主义"[2]——成功地征服了罗马帝国，受难、忍让、谦卑的奴隶的价值标准战胜了冒险、好战和征服的主人价值标准。这是罗马的主人道德第一次被颠覆，这也是奴隶的最初胜利，是民众道德的决定性胜利。这场胜利构成了欧洲衰退的起点。基督教道德开始统治欧洲，而基督教道德就是奴隶道德，它是对权力意志的抑

---

1 《论道德的谱系》，第34页。
2 《尼采论善恶》，前言，第3页。

制和否定,是对生命和生命本能的谴责,它把强者的本能定义为邪恶,将强者视为恶人,它居然站在弱者和衰败者的一边——这也是尼采反基督教的根本原因。尼采指出了基督教谴责和否定生命的诸多技术,这是尼采整个工作的重要一环,但是,就基督教而言,尼采特别提出了它所固有的同情的危害:基督教是同情的宗教。"还有什么东西比任何一种恶习更有害的呢?——有,这就是同情,就是对所有失败的人和虚弱的人的行为的同情——基督教……"[1] "世间还有什么愚蠢比同情者的愚蠢更愚蠢呢?世间还有什么东西比同情者的愚蠢更能招致痛苦呢?"[2] 但是,什么是同情? "——同情乃是某种与那些提高生命的活力而使人奋发的冲动相对立的东西;它的作用就是抑郁。当一个人在同情的时候,他就失去了力量。同情极大程度地削减了那种本身确实会给生命带来痛苦的力量……在某种情况下,它可能会导致生命与生命能量的完全丧失……同情乃是虚无主义的实践。"[3] 在基督教中,正是因为同情的广为存在,使得失败者苟延残喘,同情包围和保护着失败者,这些失败者如此之多,

---

[1] 尼采:《反基督》,陈君华译,河北教育出版社,2003年,第68页。
[2] 尼采:《查拉图斯特拉如是说》,黄明嘉译,漓江出版社,2000年,第93页。
[3] 《反基督》,第73页。

以至于人们认为生命本身是阴郁的和可疑的。这就进一步地为基督教提供了土壤。"同情允许沮丧者和虚弱者苟延残喘,并且繁衍后裔,那是自然的进化规律:它加速衰退,毁灭这个物种,——它否定生命。"[1]在这个意义上,同情,以及同情的宗教,都是同自然法则相反的,都是谴责生命的。

不过,基督教并非所向披靡,在文艺复兴时期,罗马的古典理想有一个短暂而光辉的重现,它们对主导性的基督教奴隶价值观是一个重大的颠倒。尼采之所以一再表明他对这个时代的垂青,是因为这是基督教时代之后的少见的主人道德获胜的时刻,这是欧洲文化曾经有过的伟大的文化果实。文艺复兴就是要将高贵的价值重新引向胜利,将高贵的价值"推上基督教原来占有的王座——这就是说,把高贵的价值直接带入本能之中,带入最底层的需要和欲望之中……"[2]正是在这个阶段,世俗性重新变得容光焕发,艺术和美在世俗的魔力中激动地发抖。生命获得了凯旋,高级的和美好的事物获得了颤栗般的肯定。文艺复兴堪称尼采的理想,它对基督教的攻击正是尼采的攻击方式:"根本就不存在什么比文艺

---

[1] 《权力意志》(下),商务印书馆,第863页。
[2] 《反基督》,第168页。

复兴的提问方式更根本、更直接、更严厉、更激烈、更击中要害的攻击方式了！"[1]基督教在这样的攻击面前，不可避免地退缩了。但是，文艺复兴的这种古典理想昙花一现，很快它又被宗教改革所再次颠覆，在文艺复兴凯旋的罗马，路德却相反地看到的是堕落。他攻击这些对生命进行肯定的一切行为，他全心全意地要让生命再次受苦受难，他恢复了奴隶的道德标准，宗教改革依然是奴隶的胜利，是奴隶价值标准的胜利，是民众怨恨运动的胜利。它又一次催生了欧洲的不可救药之病。

到了法国革命时期，平民再一次战胜了欧洲的政治贵族：人人平等，多数人享有特权，奴隶的道德理想再次胜出（基督教是这一运动的准备和先声）；不过，拿破仑又惊人地再次颠倒了这个情况。少数人统治出现了，高贵理想又开始重现了。但是，现代的民主终究要埋葬拿破仑这样的主人——在尼采这里，所谓现代思想中的主宰性道德，仍旧不过是卑贱的奴隶道德，是群居者的道德，也是群盲的道德。现代社会藐视高傲和冒险的个体，却去尊重庸碌群盲。"群盲是手段，仅此而已！然而现在，人们试图把群盲当作个体来理解，而且赋予他们一种比个人更高的地位，——其深无比的误解

---

1 《反基督》，第168页。

啊！！！把造就群盲的同情刻画为我们本性中更有价值的方面，也是如此！"[1]在尼采看来，现代社会——无论是自由主义还是社会主义——的道德观都是奴隶的道德观。从这一点而言，基督教同18、19世纪欧洲民主思潮并没有区别。尽管民主启蒙运动不断地对基督教进行攻击，但从尼采的视角来看，这二者在一些关键方面是一致的：都是奴隶道德作为主宰，都是强调平等——基督教那里是上帝面前人人平等，启蒙民主则要求法律面前人人平等——都反对等级制，都没有人和人之间的距离感，都反对高贵和主人，反对暴力、冒险和剥削，都强调同情、爱和利他主义，总之，都是力的衰退，都是颓废当道，都是对权力意志的损耗，都是对主人道德的抑制。现代社会，由幸福的自我满足的舒适"末人"所主导，是自我保存的本能占据主导地位。而这都同尼采的贵族要求，同尼采的价值标准背道而驰。基督教道德是奴隶道德，同样，"民主的欧洲只不过是导致了一种对奴隶制的高雅培育"[2]。现代的欧洲，同样伸展在基督教的欧洲所铺设的奴隶道德轨道上。

---

1 《权力意志》（上），商务印书馆，第267页。
2 同上书，第183页。

奴隶道德在现代性中大获全胜，与之一道，现代哲学同样没有摆脱柏拉图主义的魔咒。现代性宣布上帝死了，但还是没有走出上帝的阴影，还是在柏拉图主义-基督教的幽灵中徘徊，现代性重新勾兑的启蒙新酒还是置放在接近两千年历史的柏拉图主义-基督教的旧瓶当中。康德在上帝曾经占据的哲学位置上重新置放了物自体这个晦暗的理念。不仅如此，现代科学，看上去同基督教的禁欲主义是对立的，但实际上它们出自同一片土壤，它们在推崇真理方面是天然的盟友。它们都是对激情的冷却，都使生命陷入贫困和艰苦的状态。科学的骄傲，它清心寡欲的形态，无非是让人达到彻底的自我蔑视，并将这种自我蔑视看作人的最后自尊。在科学主宰的民主启蒙时期，人的虚弱和虚无较之基督教时期更甚："人的自我贬低、人的自我贬低意志，难道不正是自哥白尼以来不断加剧的吗？呵！对人的尊严的信仰、对人的特性的信仰、对人在生物序列中的不可替代性的信仰消失了：人变成了动物，无可比拟、不折不扣、没有保留地变成了动物。……自哥白尼以后，人似乎被置于一个斜坡上，他已经越来越快地滚离了中心地位——滚向何方？滚向虚无？滚向'他那虚无的穿透性的感觉'？"[1]

---

[1] 《论道德的谱系》，第129页。

历史就这样一幕幕地上演着主奴交战的道德悲喜剧。这就是尼采所勾勒出来的一部简明的欧洲道德战争史。

这整个战争史是弱者和奴隶的胜利史，因此，这也是一部价值和种族的退化史，颓废者在这场战争中占了上风，而强者则不断地遭到损毁。而这则足以表明"现代思想"进步观的破产。比如，19世纪的人的价值肯定比不上文艺复兴的欧洲人的价值，这是尼采的发现："'发展过程'绝不意味着提升、增强和增加力量。"[1]这一观念，也表明了达尔文主义的破产，它恰好证实了物竞天择的反面，"因为所到之处，占上风的和留存下来的，往往是那些使生命、生命的价值大出洋相的人"[2]。尼采由此得出的结论是："某个物种的权力的增长，与其说是由其幸运儿、强者的优势来保证的，也许还不如说是由中等和低等类型的优势来保证的……后者肥沃多产，具有持久性；而与前者相伴生的却是危险、快速毁灭、数目锐减。"[3] "较为相同的、较为普通的人，一向总是占优势；较为杰出的、较为高雅的、较为独特的和难于理解的人，则往往

---

[1] Nietzsche, *The Antichrist*, *the Complete Works of Nietzsche*, Volume Sixteen, translated by Anthony M.Ludovici, The Edinburgh Press, p.129.
[2] 《权力意志》（下），商务印书馆，第1035页。
[3] 同上书，第1036页。

孑然独立；他们常常在孤独中死于偶然事件，很少能繁衍生存下去。必须借助于相反的巨大力量，才能阻止这种自然的、太自然的使人人相同的进程，在这一进程中，人会演化成千人一面的、普通的、平庸的、喜欢群居的人——演化成卑贱的人！"[1]但是，为什么这种平庸而卑贱的群居者的道德会战胜高贵者的道德？或者说，主人道德为什么战胜不了奴隶道德？强人为什么战胜不了弱者？尼采对多数人的道德进行了分析，群居者在相同的条件下生活，总是有他们的共同语言、共同体验，总是会产生一个能够"自我理解"的实体，即一个民族。这也意味着，群居者能够相互理解，相互支撑，相互需要，"假如由于命运的安排，一切时代所聚拢的只是能用相同符号表达相同需要和相同体验的人，那么，总的结果就是，人们的需要很容易传播开来，这最终意味着人们只具有普通的和共同的体验，在迄今作用于人类的一切力量当中，这肯定是最强大的一种力量。"[2]因此，"强者的灾难并非来源于最强者，而是来源于最弱者"[3]。

---

1 《尼采论善恶》，第311页。
2 同上。
3 《论道德的谱系》，第98页。

三　负债、记忆和惩罚

主人道德和奴隶道德的恶战,结局尚未确定。主人道德是习俗道德的最后果实,那么,奴隶道德来自哪里?我们已经看到了,奴隶道德和习俗道德有相似之处。它的忍让、牺牲和谦卑同习俗道德的要求是一致的,尽管二者的目标不一样。实际上,在尼采看来,奴隶道德在习俗社会已经埋下了它的种子并且发芽了,是犹太人和基督教决定性地催其快速地生长的。尼采的道德谱系学,实际上主要指的是奴隶道德的谱系学:它的种子,发芽和长成一棵参天大树的这一整个过程。奴隶道德的同情、忍让、牺牲,而且最重要的,它所特有的内疚和负罪感,这一系列的心理机制是怎样产生的?这是尼采最为困难、最为复杂和最有意义的研究工作。尼采必须穿越从习俗主宰的原始社会时期,摆脱习俗社会之后的希腊时期,一直到基督教时期这一漫长的历史和劳动过程,因为奴隶道德的演变和成熟贯穿这一整个过程。这个过程的终点是:人变成了一种道德动物,更准确地说,人变成了一种奴隶道德的动物——他的道德的心理标记是内疚和负罪。不过,尼采区分了负罪和内疚,它们本是两种不同的东西,有各自不同的起源,只不过是在这个历史的最后的基督教阶段，它们交织和结合在一起，奠定了现代欧洲人的基本气质，也构成了尼采所说的人的疾病——内疚和负罪的结合。奴隶道德的胜利，让整个欧洲变成了一个巨大的疯人院。内疚和负罪，这是现代人最重要的疾病，尼采就是要挖掘这种疾病的起源：这是道德的谱系学的内容，也是尼采的历史人类学探究。

我们顺着尼采的思路，来看看奴隶道德中的负罪感是怎样在人身上逐渐出现的。尼采的谱系学所采纳的探究方式，是回溯的方式：实际上，有两种探讨历史起源的方式，一种是通过起源来发现各种各样的事后结局，根据这种方式，起源对事后结局有着决定性的有规律的影响，结局是起源的目标和逻辑后果；另一种方式，则是通过事后结局来探讨起源，这种起源并不是对事后结局有着唯一的决定性影响。尼采道德的谱系学采用的是后一种方式："道德是一个结果，从这个结果中我认识到它的生长基础。"[1]

这样，尼采的提问方式就是：今天的欧洲人（基督徒）都有道德上的负罪感，那么，负罪感是怎么来的？负罪感是因为责任而来的。责任是怎样来的？责任是因为承诺而来的。承诺是怎么来的？承诺是因为契约而来

---

1 《权力意志》（下），商务印书馆，第980页。

的。而契约又是怎么来的？契约是人们有了计算理性，人们能够估算而达成的。那理性是怎么来的？理性是因为人们有了记忆而达成的。而记忆又是怎么来的？记忆是通过惩罚而来的。惩罚又是怎样来的？惩罚则是人在漫长的习俗和劳动中培育而成的。——这就是尼采的谱系学所遵循的逆推方式。因此，要追溯负罪感，一直要追溯到惩罚的出现，追溯到人的理性和记忆的出现。而由记忆理性到负罪，这其中的重要纽带，就是契约和承诺。因此，尼采首先着重讨论的是契约和承诺——契约和承诺连接了道德的最初的和最后的局面。

尼采相信，承诺首先来自经济上的物质关系达成的契约，也即"债权人和债务人的契约关系，它和权利主体的概念一样古老，而且可以追溯到买、卖、交易、商业和交通的基本形式"[1]。这种契约关系是最原始的人际关系。在尼采看来，这也是最基本的文明形式。这种原始的交换关系和估价关系，是尼采探讨文明和道德的起点，它具有无可比拟的重要性："买和卖，连同他们的心理属性，甚至比任何一种最初的社会组织形式和社会联合还要古老：在人们最原始的表示权利的方式中，恰恰是那些关于交换、契约、罪孽、权利、义务、协调等等的萌

---

[1] *On the Genealogy of Morals*，p.63.

芽意识首先转化出最粗放、最原始的公共群体（和其他类似的群体比较而言），与此同时还形成了比较、计量和估价权力的习惯。"[1]这是习俗社会形成的人的特点，尼采将人和动物的关键性差异确定为人是一种能估价的动物：人能估价，而动物则不能。一旦根据这种估价达成了契约，就会出现债权人和债务人的关系，也就出现了最初的社会关系和公共关系。也是在这个估价和测算的意义上，人形成了自己的权利和义务，"我们的义务即是其他人对于我们的权利。他们是如何获得这份权利的？通过把我们当作能够立约和回报的存在，通过把我们置于一个与他们平等的地位和因而在某些方面信任我们、教育我们、谴责我们和支持我们。我们履行我们的义务——这也就是说，对于其他人所给予我们的这一切，我们表明我们自己的力量，按照他们给予我们的多少做出相应的回报。因此，促使我们履行我们的义务的是我们的自负；当我们为了回报其他人为我们所做的事情而为其他人做某些事情时，我们是在修复我们的自尊，因为通过为我们做某些事情，这些其他人已经侵入了我们的权力范围，而如果我们没有通过履行我们的'义务'对他们有所回报，也就是侵入他们的权力范围，他们就会在我

---

[1] 《论道德的谱系》，第50页。

们的权力范围长驻下去。"[1]这就是权利和义务的平衡关系,它以计算和估价为基础。它奠定了这样一种道德根基:"'任何事物都有它的价格','所有的东西都是可以清偿的':这是正义的最古老和最天真的道德戒律,是地球上一切'善行''公允''好意'以及'客观性'的开端。"[2]

但是,权利和义务的平衡一旦被打破,或者违背了这种契约和承诺,将会出现什么样的情况?这就是负债,而负罪感就来源于这种负债感。也就是说,一旦负债了就可能会出现负罪。尼采继续运用他的辞源学:"'负罪'(Schuld)这个主要的道德概念来源于'欠债'(Schulden)这个非常物质化的概念"[3]。就此,负罪这种道德心理,起源于基本人际关系中的物质事实和经济事实,起源于权利和义务的基本关系事实。违背了承诺和契约,既是一种心理上的负罪,同时也是一种道德上的不正义。我们可以看到,负罪有一个漫长而隐秘的文明起源。

不过,人类总是要保证最根本的正义,契约和承诺的实现就是正义的实现。为此,人们必须记住诺言。没

---

[1] 《曙光》,第84页。
[2] 《论道德的谱系》,第50页。
[3] 同上书,第43页。

有记忆就无法想象承诺、契约和义务。唯有记住，才能承诺。在一个社会性的契约关系中，记忆至关重要。因此，在做出承诺后，必须锻造出一种记忆技术和能力。

事实上，人是有记忆的——这正是人和动物的区分之一。动物生活在遗忘的状态，它是非历史地生活着的，它总是达成自身的即时满足，它不会去记忆，也不会通过记忆去期待，动物不是依靠记忆的权衡而生活，也因此，动物没有痛苦、忧郁和厌倦，它总是有一种幸福的自在满足感。"兽类总是立刻忘记，并看着每一时刻真正逝去，沉入到夜晚和薄雾之中，永远消失。"[1]相反，人总是不能忘记过去，过去编织的锁链总是紧紧地套着他，变成人的重负，这重负像幽灵一样，在某些关键时刻总是袭到了人的心头，打扰人现在的平静时光。"人所以成为人，就在于他首先在其思考、比较、区分和结论之中压抑了非历史的因素，并以凭借古为今用的能力让一种清晰而突然的光亮射穿这些迷雾。"[2]

但人为什么会充满记忆？在尼采看来，从动物变为人的过程，实际上也就是赋予动物以记忆的过程，是动

---

[1] 尼采：《历史的用途与滥用》，陈涛、周辉荣译，上海人民出版社，2005年，第1—2页。
[2] 《历史的用途与滥用》，第5页。

物记忆化的过程:"如何赋予人这种动物以记忆?这种半是愚钝、半是轻率的粗疏心灵,这种与生俱来的遗忘性,如何记住某些东西,并保留至今?"[1]事实上,正是因为有了记忆,才能权衡,才会承诺,才形成了理性,从根本的意义上,才形成了人性,才形成了人类社会。记忆在人的形成过程中如此之重要,那么,它到底是怎样锻造而成的?

显然,这存在着一种历史人类学的答案。要记住,就必须同遗忘作斗争。那么,什么是遗忘?这种源自动物的遗忘,表现为一种主动的压制力,遗忘表现为积极的力量,它是体魄强健的形式,是动物式的健康本能。它像一个主动的守卫,使意识的大门暂时关闭,使意识留有余地和空白,使意识能够接受更多更高级的东西。作为一种主动的障碍,遗忘挡住了一些低级的东西。没有遗忘就没有幸福、快乐、期望和骄傲。就尼采而言,遗忘行为对人来说甚至更为基本、更为重要:"一个人若是不能在此刻的门槛之上将自己遗忘并忘记过去,不能像个胜利女神一样立于一个单一点而不感到恐惧和眩晕,他就永远不会知道幸福为何物;更糟的是,他也永远不

---

[1] *On the Genealogy of Morals*, p.39.

会使别人快乐。"[1]但是现在，人要记住，人要成为一种记忆的动物，就是要同这种主动的遗忘作斗争。记忆，从根本上来说，就是要克服这种动物的遗忘本性，要培养出与遗忘相反的技术：主动的记忆技术。这种主动的记忆也是积极性的，是肯定性的记忆：记忆不是无法摆脱某种东西和某种印象的被动记忆，不是对难以清除的东西的被迫记忆，而是要主动地记忆，"是持续不断地渴求曾经一度渴求的东西"[2]。这种克服遗忘的主动记忆技术又是怎样被锻造而成的？

正是在这里，尼采发现了历史的残酷一面。尼采相信，记忆术的形成阴森可怖。它是通过血浇灌而成的。"人烙刻了某种东西，使之停留在记忆里：只有不断引起疼痛的东西才不会被忘记。……每当人们认为有必要留下记忆的时候，就会发生流血、酷刑和牺牲……它揭示了疼痛是维持记忆力的最强有力的手段。"[3]惩罚越强，痛苦越甚，记忆的能力就越强。恐怖和流血是维持记忆的最好办法。惩罚，其实际效果是：让人记住；让人克服健忘；让人许下诺言"我不要"；让人控制感情，摆脱欲望，

---

1 《历史的用途与滥用》，第3页。
2 《论道德的谱系》，第39页。
3 同上书，第41—42页。

抛弃粗俗和野蛮，从而培养计算能力，形成理性，最终分享公共生活。而所有这些，所有这些现在被看作人类的"特权和珍品"的东西，其背后都流淌着惩罚之血和恐怖暴力。就此，记忆的历史，乃是惩罚的历史。

这就是尼采的推论：先是恐怖和流血锻造了记忆，而记忆是为了实现诺言，实现诺言是为了满足最初的契约性的估价，从而实现了权利和义务的平衡，进而维持了正义。我们可以将这个故事颠倒过来讲：人的原初关系是估价关系，有了估价就有了契约，有了契约就有了承诺，一旦做出承诺就要保证这种承诺的践行，就要记住这种承诺，要记住承诺就必须克服遗忘本性，要克服遗忘本性就要培养记忆技术，要维持记忆就要实施血的恐怖和惩罚，惩罚越是恐怖，记忆就越是能够得到强化。这个过程，几乎是个同时性的过程，它们并不存在一个前后的时间序列。这是人类道德的开端过程。我们在这里看到了，社会和习俗的强制和惩罚，在人及其理性珍品的锻造过程中，起到了巨大的作用。就此，尼采相信，人不是出自自己的自由意愿生长而成，人并不能自我掌控，相反，人是被锻造的动物，是经由历史的残酷惩罚打造而成的动物。动物人化的过程，是一个使动物记忆化的过程，是一个对动物进行惩罚的过程，这种惩罚的过程，实际上也就是文化的过程，"所有文化的意义就是将人这个野兽驯化为一种温顺的、有教养的动物，即一种家畜"[1]。这种家畜不同于猛兽，就是因为它们被记忆所掌控，从而变得温驯和节制。这样，惩罚和残酷在尼采的历史人类学中扮演了至关重要的角色——它们是塑造人的重要道具。这样看来，在尼采这里，人，并无所谓一成不变的天性和本质，人，并不是被他的一个强大本质所统辖和主宰，相反，人，连同今天被公认的卓越的理性品质，都是外力的塑形，都是社会历史实践的产物。人的谱系学，就是一部惩罚的谱系学。

而惩罚的谱系学就是道德的谱系学；因为，随着惩罚而锻造的人的理性的出现，基本的道德概念也出现了——动物并没有穿上道德的外套。正是在这里，我们看到了，人和道德是共生的。从负债而来的，负罪这样的道德概念只有在理性的人身上才能显身。这样，对负罪感的起源探讨，就直接戳穿了人在驯化过程中的历史暴力。

但是，还有另一种类型的惩罚暴力。这种惩罚不是将野兽驯化为人，不是将野兽驯化为记忆的动物。这是对罪犯的惩罚。如果说，驯化野兽是人的开端暴力的话，尼采相信，"罪犯应受刑罚"是人类历史上晚近的事情，

---

[1] *On the Genealogy of Morals*, p.42.

是人类出现契约关系、出现承诺之后的事情。最早的人是没有犯罪惩罚概念的，在人类漫长的历史时期里，肇事者并不会因为犯罪而受到惩罚，最多只是像孩子的肇事引起父母的气愤一样。肇事和犯罪的直接效果就是引起了他人的损失。怎样补偿这种损失？一旦有了承诺，一旦债权人和债务人订立了契约关系，就可能出现用肇事者的疼痛来补偿损失的观念，这种观念"产生于债权人和债务人之间的契约关系中"[1]，产生于"权利主体"的观念中。这种契约关系要求，一当债务人还不清债务的时候，债权人就能够享有债务人的其余东西，他的其余财产、他的自由、他的生命甚至于他的后世幸福。这就是他的补偿逻辑。这种补偿后来发展到了极致：债权人的损失不是通过实际利益而获得补偿，而是通过对债务人施加痛苦从而为债权人带来快感而得到补偿，债权人正是在惩罚中分享了主人的权利，"这种快感来自于能够放肆地向没有权力的人行使权力，这种淫欲是'为了从作恶中得到满足而作恶'"[2]。就此，"制造痛苦本来是一种庆贺"[3]，这种庆贺式的快感，抵消了因为损失而带来的不快。"通过让其他人受苦，他意识到自己仍然拥有权力，

---

1 《论道德的谱系》，第44页。
2 同上书，第45页。
3 同上。

从而得到了安慰。"[1]债权人就是这样通过给债务人施加惩罚而得到满足从而最终得到补偿的。越是地位等级低下的人，就越是重视这种补偿的快感，就越是狂热地享有这份做主人的快感："看别人受苦使人快乐，给别人制造痛苦使人更加快乐"[2]。惩罚的补偿"包含了人对他人实施残酷折磨的权利"[3]。折磨的残酷就这样同快感和庆贺结合起来而剔除了任何的羞耻感。对古代人而言，残酷天真无邪，并充满快乐。"没有残酷性就没有节日……就是在惩罚方面也有如此之多的喜庆。"[4]"什么是最大的欢乐？暴行的欢乐：因为在这些状态下，对于残暴行为的欲望和才能被视为一种美德。在暴行中，群体获得了新的生命，日常生活的提心吊胆和战战兢兢一扫而空。暴行是人类最古老的节日欢乐之一。"[5]

在此，尼采实际上指出了惩罚本身的复杂性：有不同类型的惩罚；人因为惩罚而开始获得理性和记忆，开始获得人性；人也因为犯罪而受到惩罚。人一直处在惩罚之中，人的历史就是惩罚的历史。人既可能是被惩罚

---

1 《曙光》，第12页。
2 《论道德的谱系》，第46页。
3 同上书，第45页。
4 *On the Genealogy of Morals*, p.45.
5 《曙光》，第13页。

者，也可能是惩罚者：惩罚者在实践过程中还可以产生快感。这是尼采对惩罚的惊人洞见：社会的运作不得不借助于惩罚来完成，在某种意义上，社会实践就是惩罚实践。这正是福柯的出发点。在《规训与惩罚》中，福柯宣称，惩罚权力必然更深地嵌入社会本身。《规训与惩罚》本身就是一部惩罚的谱系学，福柯将尼采的一般惩罚概念具体化了。在尼采那里，惩罚是作为锻造人的基本原则而被界定的，但是，在福柯那里，惩罚不仅被历史化了——惩罚在不同的时期有不同的运作实践——而且，惩罚的技术得到了细腻的表达。福柯详细地讨论了各种惩罚技术对主体性的塑造：在不同的时代会有不同的惩罚观念，同一种惩罚的观念也会产生不同的惩罚技术，惩罚在历史中展现出了多样的结构和实践。但是，无论是哪一种惩罚观念、形式和实践，惩罚都以锻造人的主体性为宗旨。就此，福柯将尼采的惩罚概念推到了一个无以复加的境地：现代社会从根本上就是一个惩罚社会。

而巴塔耶则是从另一方面来激活尼采的惩罚概念的——惩罚携带的残酷性导致了巨大快感的诞生。无论是对惩罚者还是被惩罚者，在经历惩罚瞬间时，都会有一种复杂的矛盾心理事实发生。尼采已经指出了惩罚的快感，但是，这种快感同痛苦并非截然两分。事实上，痛苦和快感在惩罚中熔于一炉。这实际上也是尼采所发现的狄奥尼索斯的秘密。狄奥尼索斯具有双重性:"既是残暴野蛮的恶魔,又是温和仁慈的明君。"[1]惩罚过程中的快感和痛苦相交织,正是巴塔耶所说的矛盾情感。巴塔耶将尼采的这一论断融入萨德的色情活动中,在萨德那里,巴塔耶发现,"性的残酷暴力中却植入了反常的快感,折磨的痛苦如影随形地反向生产了欢乐的高潮"[2]。事实上,巴塔耶借此考察了一系列类似的情绪反应:"他分析了虐待狂式的满足感,这种满足感通过突然的、毁坏的、闯入的和暴力干涉的效果发泄出来,在这种爆炸式的刺激中,渴求倾向和向呆若木鸡式的迷恋的恐吓的后退倾向相互抵消。憎恨、厌恶、恐怖同贪欲、渴求、诱惑混为一体。这种分裂的、矛盾的意识进入了一个难以理解的领域。"[3]这正是巴塔耶的核心之一,色情行为中的虐待和被虐待的非凡感受,由此进入了一个极端的巅峰状态中,并且毫不奇怪。这个状态,令人遗憾地被道德概念所歪曲,由此,巴塔耶向一切道德概念发起了攻击——

---

1 《悲剧的诞生》,第65页。
2 汪民安:《巴塔耶的神圣世界(编者前言)》,见汪民安编《色情、耗费与普遍经济:乔治巴塔耶文选》,吉林人民出版社,2003年,第17页。
3 尤尔根·哈贝马斯《后现代性的开端:作为转折点的尼采》,汪民安译,见汪民安、陈永国编《尼采的幽灵:西方后现代语境中的尼采》,社会科学文献出版社,2000年,第290—291页。

这正是尼采的思路。

就最初的社会关系而言，人和人形成债权和债务关系。在同样的意义上，单独的个体和这个个体所属的基本社群（community）也形成这种债权人和债务人关系。在社群内部，人人都将危险、伤害和敌意抵押给了社群，社群对成员提供了保障、优惠和安逸，就此，社群变成了债权人，社群内部成员在社群的保护下则享有和平和信任，他从社群那里受惠。在此，社群和成员构成了一种债权人和债务人的关系。一旦社群个别成员成为肇事者，对社群进行挑衅、违约和毁誓，作为债权人的社群就要对他进行报复。社群这个债权人就要对他进行惩罚，就要剥夺他从社群那里获得的优惠，就要将他从社群这里驱逐出去，使他陷入不受法律保护的蛮荒状态。当然，一旦社群的实力增加，个人的违法和肇事行为就不会受到严厉的谴责，因为，他造成的损失不足以对强而有力的社群构成颠覆性的危险。社群实力越是增加，它的刑法就越是温和："随着'债权人'的财富增长，它也越来越人性化了；最终，它能够承受伤害而无痛苦。……它可以放过那些伤害它的人。"[1]这，就是所谓的宽恕，"它

1　*On the Genealogy of Morals*, p.80.

是最强而有力者的特权"[1]。

负债和负罪,债务人和债权人的关系,是尼采探究道德的一个决定性的起点。因此,尼采将债权人和债务人、负罪和负债的关系推及各个方面。各种各样的道德现象可以在这里发现其原初起源。负债关系,在尼采这里涉及三个层面:个体和个体之间的负债关系,个体和社群之间的负债关系,后人和先人之间的负债关系。个体之间的负债关系导致了基本的人反对人和人惩罚人的现象;个体和社群之间的负债关系导致了后来的个体和国家之间的政治关系;而后人对先人的负债关系导致了最初神灵的诞生。尼采相信,从历史的角度看,人还同其祖先构成一种负债关系。在原初时代,"活着的一辈总是意识到他们对祖先,尤其是对最早的奠定部族的祖先负有法律义务……人们相信只有通过祖先的牺牲和功绩,部族才得以存在,因此人们应当用牺牲和功绩对祖先进行回报。就此,人们意识到债务在不断地增长,因为这些祖先作为强有力的精神,绵延不绝,他们的预支源源不断地提供部族新的益处和新的力量。"[2]因此,人们必须回报和偿还,于是各种各样的供奉、庆贺、礼拜、服从

---

1 *On the Genealogy of Morals*, pp.72–73.
2 同上书,p.89.

出现了，这都是回报和偿还债务的手段。事实上，部落越是强大、越是独立、越是胜利频繁，它感受到的祖先的债务就越是深重，它受到祖先的支付就越是庞大，它的负债意识就越是增长，它对祖先的恐惧也越是与日俱增——它的一切成就都是祖先预支的。反过来，当部落越来越衰弱、失败、涣散，它对祖先的畏惧感就会削弱。这样，"最强大的部落的祖先必终被不断增长着的恐惧想象成一个巨人，最后被推回到一种阴森可怖、不可思议的神的阴影中去：祖先最后不可避免地变成一个神。也许这就是神们的起源，也就是说源于恐惧！"[1]

这是远古部落的债务意识，但它并没有随着部落组织形式的衰落而衰落，相反，"这种拖欠神灵债务的负罪感数千年来一直在持续不断地增长，而且总是随着地球上关于神的概念和神灵的感知的增长而增长"[2]。正是在这个时候，我们发现了尼采对基督教上帝的起源的解释："基督教的上帝是迄今为止业已达到的最高神灵，他的出现当然也使负债感情之最出现在地球上。"[3] 基督教的上帝就是在这样一个背景下出台的。在基督教这里，人甚至

---

1 《论道德的谱系》，第 68 页。
2 *On the Genealogy of Morals*, p.90.
3 同上。

觉得他对上帝的负债无法偿还。就此，上帝，是人的负债感所发明和想象而成。

但是，这种负债意识是怎样具体地同基督教的上帝连接在一起的？或者说，基督教的上帝为什么令人产生如此之深的负债和负罪感？人为什么觉得他难以还清他对上帝的债务？而这，难道同人的内疚没有关联？尼采相信，如果将负债的概念推入良心领域的话，就会使"内疚的概念和上帝的概念纠缠在一起"[1]，内疚恰好是负罪、负债和上帝之间的催化剂，因为内疚，负罪感越来越强，因为内疚的人，才强烈地感受到他拖欠了上帝的债务，内疚和负罪感密切交织。充满负债和负罪感的人会想象神灵，而内疚的人则会进一步地将对神的负债变成自身的刑具，在债务人身上，"内疚像水螅虫一样在他体内植根、扩散和吞噬，直至最后他明白债务是无法偿清的，因而罪过也是无法赎清的，从而形成了无以赎罪的思想（'永恒惩罚'）"[2]。这样的内疚之人就中了基督教上帝的"绝招"，上帝就是针对内疚之人而能够发挥最大功能。但是，内疚是怎样一回事？为什么内疚之人"对上

---

1 *On the Genealogy of Morals*, p.91.
2 同上。

帝负债的观念成为他的刑具"[1]？

这样，我们就当追溯内疚的起源。

四　内疚和禁欲主义

内疚不是惩罚的产物。尼采将内疚归结为人对自身的反动，对自身本能的反动。这是人后来患上的一种疾病。人本来处在一种自由的野蛮状态，但是，他们却突然遭到了一种深刻变迁带来的压力，这种变迁是一种猛然的断裂，一种强制，一种难以抗拒的灾难。它"将人永远地锁入了社会和太平的囹圄"[2]。人本来是靠本能和无意识来行动，但是，他们遭到了毫无顾忌、毫无责任、毫无罪恶感的强悍的金发猛兽般的人们"铁锤的打击"，他们被后者"那可怕的爪子"所抓住，并被关进一个紧促的模子里。这些猛兽般的人，这些征服性的种族，通过自己的强力，通过自己的战争本能，到处征服、到处施暴、到处推行形式和造就形式，这就是最早的"国家"的形成。正是他们，对没有组织的、四处漫游的民众进行揉捏、进行驯服，后者就是被他

---

[1] *On the Genealogy of Morals*, p.92.
[2] 《论道德的谱系》，第62页。

们所塑造定形的。在这些猛兽般的人的身上并没有出现内疚，但是他们制造和滋生了内疚，他们阻断了他们所抓住的人的自由本能，使那些被抓住的人的自由本能被迫潜藏着，这些本能无法向外发泄，它们只好向内转，这些本能只好向自身发泄，这就是人的"内在化"，这也是"后来被称之为人的'灵魂'的那种东西"[1]。"整个的内在世界本来是像夹在两层皮中间那么薄，而现在，当人的外向发泄受到了限制的时候，那个内在世界就相应地向所有的方向发展，从而有了深度、宽度和高度。那个被国家组织用来保护自己免受古老的自由本能侵害的可怕的屏障（惩罚是这个屏障中最主要的部分），使得野蛮的、自由的、漫游着的人的所有那些本能都转而反对人自己。仇恨、残暴、迫害欲、突袭欲、猎奇欲、破坏欲，所有这一切都反过来对准这些本能的拥有者自己：这就是'内疚'的起源。由于缺少外在的敌人和对抗，由于被禁锢在一种压抑的狭窄天地和道德规范中，人开始不耐烦地蹂躏自己，迫害自己，啃咬自己，吓唬自己，虐待自己，就像一只要被人'驯服'的野兽，在它的牢笼里用它的身体猛撞栏杆。这个为了怀念荒漠而憔悴的动物必须为自己创造一种冒险生活，一个刑房，

---

[1] 《论道德的谱系》，第63页。

一种不安定的、危险的野蛮状态，——这个傻瓜，这个渴望而又绝望的囚徒变成了'内疚'的发明者。"[1]

人就这样脱离了他的动物状态，脱离了他的本能，更准确地说，人现在是向他的本能、向他的动物性宣战，他转向了他的灵魂，他患上了病："人为了人而痛苦，为了自身而受苦"[2]。人就这样开始了自我折磨，内疚就是人针对自己的战争。内疚，就呈现出这样的病症和表现形式。权力意志使其被征服的对象创造了内疚，"建立了否定的理想"[3]。或者说，内疚是权力意志的反面形式，力无法向外流泻，只好反过来流向自身，针对自身，折磨自身。这是颠倒和否定的权力意志。

那么，什么是权力意志？"我在哪里发现生物，就在哪里发现权力意志。"[4] "只是，哪里有生命，哪里便有意志，但不是生存意志，而是——正如我教导你们的——权力意志！"[5]这讲明了权力意志和生命的关系。权力意

---

[1] 《论道德的谱系》，第63页。原书将 bad conscience 译作"良心谴责"，本书引文里改为"内疚"。下同。
[2] 《论道德的谱系》，第63页。
[3] 同上书，第66页。
[4] 《查拉图斯特拉如是说》，第123页。为使全书统一，对部分引文的个别词语译法做了调整，如"强力"改为"权力"，不一一注明。
[5] 同上书，第124页。

志即是生命的本质:"生命的本质,它的权力意志"[1]。"你们自身就是权力意志——此外一切皆无!"[2]权力意志是生命的定义,而且是唯一的定义。海德格尔对此讲得十分清楚:"'权力意志'这个表达命名着存在者的基本特征;任何一个存在者,就其存在着而言,都是权力意志。这个表达道出了存在者之为存在者具有何种特征。"[3]但是,权力意志本身又是什么?它有什么内容?权力意志从自身内部怎样被定义?显然,作为生命的权力意志有一个基本的方向,即权力意志不是去"适应",不是去被动地适应外部和外部环境,也就是说,生命不是去适应外部环境——这是求生意志的法则。与此法则相对,权力意志是主动地去立法和创造。这是尼采对权力意志的内容本身的进一步说明:"生命的本质——它的权力意志","从本质上来说是一种富于优越性的自发的、攻击性的、扩张的、塑型的力量,它可以进行新解释,赋予新方向"[4]。权力意志,在此,就是力去战胜、侵略、征服和立法。权力意志是外溢的、冲撞的、攀升的主动之力。

就此而言,内疚是权力意志的反面形式。在尼采这

---

[1] *On the Genealogy of Morals*, p.79.
[2] 《尼采遗稿选》,第118页。
[3] 海德格尔:《尼采》,孙周兴译,商务印书馆,2002年,第18页。
[4] *On the Genealogy of Morals*, p.79.

里，生命必定充满着力（生命就是权力意志），只不过是，这种力存在着两种完全相反的方向，力一定有其方向和性质。要对力进行区分，要区分它的性质，它的功能，它的方向。在这里，作为生命本质的力面临着两种抉择：要么主动地向身外外部式地发泄、战胜和征服，要么被迫地向身内回返式地发泄，去自我折磨、自我征服。在尼采这里，内疚正是身内之力向身内伸展的结果。如果说，权力意志是生命外向的征服和战争的话，内疚就是反动的权力意志；如果说权力意志完全是身体本能的直接驱动的话，作为反动的权力意志的内疚则倒转了这种驱动，并在内部开拓了人的深度，在人身上开拓了意识这"可怜的、易犯错误的器官"，也即"思维、推理、计算和因果联系"[1]。外向的权力意志毫不痛苦，毫无责任，欢快流畅，它自我放纵，优哉游哉，它立法、解释、支配和指派；内向的反动的权力意志则发明了灵魂，它充满着痛苦，它自我征服，自我折磨，自我禁闭，自我撕裂。内疚，就是本能的自我捶打。

但是，这样一个痛苦缠身、自我折磨的充满内疚之人，如何面对自己的痛苦？他是否能找到一种宽慰自己的方法？他如何承受这种没完没了的自我撕裂？作为一

---

[1] *On the Genealogy of Morals*, p.84.

种解救办法,"内疚的人紧紧抓住了宗教的假定"[1]。内疚者的痛苦来自它那难以克服的本能冲动,正是他的向内转的动物性、本能冲动,他的反动的内在化的权力意志在折磨自己,成为自己的负担,成为难以摆脱的压力。这种负担和压力,其感受,就类似于自己承担的一笔难以偿还的巨大债务。"一个多么可怕的重量压到了他们身上"。[2]他没法摆脱这种压力、负担和债务。这种债务是谁施加于自己的?他欠下了谁的债?他该怎么办?由于力无法向外发泄而内在地施加于自己的负担,这种本来是生物性的负担,这种源自动物本能的负担,在这里却同宗教假说结合在一起,变成了对上帝的欠债,尼采特别提到了"曲解"(re-interpret),内疚,这种动物本能给人自身造成的负担被"曲解"为人拖欠上帝的债务:这些负担,这些压力,都是亏欠上帝的债务——我们在前面已经看到了,负债感是如何催生了神的出现的。内疚的人欠下了上帝的债务,他的动物本能正是他对上帝债务的证据,因此这些本能是犯罪。"他在上帝身上领会到了与他自身不可消除的动物本能根本对立的东西,他将这些动物本能曲解为是在上帝面前的犯罪(是对'主'、

---

[1] *On the Genealogy of Morals*, p.92.
[2] 《论道德的谱系》,第63页。

'父'、始祖和世界本源的敌对、背叛和反抗），他使自己夹在上帝和恶魔的矛盾之中，他对自身内部的一切都进行否定：否定他的本性，他的自然，他的实在性。"[1]这样，上帝就变成了内疚之人的债权人。内疚之人就将解脱和宽慰的理想寄托于上帝这个债权人身上。唯有上帝才能解脱他的负担和债务，因为，这个上帝如此地充满了爱，"上帝为了人的罪恶而牺牲自己，上帝偿还自己的债务，唯独上帝能够偿还人所无法偿还的债务——债权人为了债务人而牺牲自己，这是出于爱，还是出于对欠债人的爱？"[2]——这就是上帝的"绝招"：他被负债的人发明出来，反过来抓住了内疚的人。基督教正是在这一点上获得了完满的成就。

我们已经看到了，内疚是反动的权力意志。惩罚同样也是一种力的否定形式和反对形式。内疚和惩罚都是对人的折磨。那么，内疚和惩罚有什么样的相关性？反动的权力意志和否定的惩罚是什么关系？尼采断定，国家将惩罚作为屏障，来对付那些古老的本能，"使得野蛮的、自由的、漫游着的人的所有那些本能都转而反对人自己"，那么，是不是惩罚就导致了内疚？

---

1 *On the Genealogy of Morals*, p.92.
2 同上。

内疚是人对人自身的反对，是自我折磨，自我受苦。从这个意义上来说，内疚是自我的主动行为，是自我在给自己施加力。而惩罚，则是他人对自己的惩罚，是外在于自身的力对自身的残暴施加。这是惩罚之力和内疚之力的最大区别。实际上，尼采要驳斥的是惩罚导致了内疚这一"臆想"，似乎是惩罚导致了人的内疚的出现，"惩罚据说是具有价值的，为的是要在犯人心中唤起一种负罪感，人们在惩罚中寻找那种能引起灵魂反馈的真实功能，他们把这种灵魂反馈称为'内疚'。但是这种臆测即使用于今天也是曲解现实、歪曲心理的，如果应用于人类最漫长的历史、应用于人的史前时期，那就更要差之千里了！"[1]尼采提到了各种各样的惩罚形式和目的，在他看来，惩罚的意义多种多样，它并不受制于单一的目标起源。

对尼采来说，惩罚与其说是导致了负罪感，不如说是阻止了负罪感的发展。被惩罚者在面对惩罚的时候，目睹了法律施加于自己的手段同自己的行为别无二致，法律的惩罚手段同样是试探、欺骗、狡诈和设置陷阱，惩罚过程中出现的那些"劫掠、强暴、咒骂、监禁、拷打、

---

[1] 《论道德的谱系》，第60页。

谋杀，所有这些行动都不受法官的斥责和判决"[1]。法律干着这些同被惩罚者一样的勾当，只不过它们是以好的名义和良心的名义行事。在这个意义上，无论是法官还是受罚者，都忘却了犯罪这一事实，忘却了犯罪所导致的道德心理这一事实，他们不过是在比试智慧，在较量，在同一件意外、灾祸和不幸事件打交道。惩罚者忘却了是在惩罚"罪犯"，受罚者丝毫没有因为做了什么事而感到内心痛苦，受罚对他来说是一种不幸，是因为自己出错，是因为出了意外，不是因为做了不该做的事情而受罚，而是因为做事情的过程中出现了失误而受罚。受罚，是人生的惨烈命运，而非一种道德报应。受罚，并不会导致受罚者出现"我不该这么做"的念头。惩罚绝不会导致负罪感和内疚感，相反，"恰恰是惩罚最有效地阻止了负罪感的发展，至少是从惩罚机器的牺牲者的角度看是这样的"[2]。而"负疚"这种"最神秘最有趣的植物"也不是从惩罚这块土地上生长出来的。惩罚，只能使人变得更加审慎，更加明智，更加多疑，对自我有更多的认知。"无论是人还是野兽，他们通过惩罚所能达到的都无非是恐惧的增加、才智的增加，以及对于欲望的控制。

---

[1]《论道德的谱系》，第60—61页。
[2] 同上书，第60页。

惩罚就这样是驯化了人,而非让人变得更好。"[1]

事实上,负罪、惩罚、内疚和基督教的运作机制的复杂关系是道德的谱系中最令人困惑的问题。我们看到,负罪和内疚有不同的起源。我们必须区分这两种心理事实,但是,它们在基督教中却具有亲和力地结合在一起,是基督教让它们之间的亲近感达到了高潮。在尼采的道德谱系中,负罪之人和内疚之人最终结合起来,这样一个既充满内疚又充满负罪感的人,用尼采的说法就是一个有了"深度、高度和宽度"[2]的人。这,正是尼采要克服的人的标准形象,这也是基督徒的形象。内疚的人和负罪的人是怎样结合在一起的?

事实上,在同内疚结合起来之前,罪恶并不是一个道德概念,或者说,罪恶并不是带有道德审判性质的罪恶,罪恶并非基督教意义上的罪恶。这个罪恶没有负疚感充塞其中。罪恶只是同债务相关,这种罪恶的起源是欠债,它和本能没有关系,和自然没有关系,也就是说,没有所谓的原罪。在希腊时代,债务和罪恶都是单纯的债务和罪恶,因为债务和罪恶遭受的责罚也是来自债权人的责罚,而不是债务人内在的自我责罚,因此,罪恶

---

[1] 《论道德的谱系》,第62页。
[2] 同上书,第63页。

并不会导致自我痛苦和自我折磨，不会和内疚结合在一起。"希腊人在漫长的时间里侍奉他们自己的上帝们，正是为了使自己的身躯离开'内疚'，正是为了能够让自己的自由心灵快乐下去；也就是说，用与基督教相反的方式去利用神。"[1]希腊时期的人和神的关系并不存在着后来基督教那样的神与人之间的负罪关系。希腊人并没有基督教的"罪"的概念。

但是，在基督教这里，原初的罪恶感发生了转向，被"推入内疚领域"，从而产生了基督教特有的原罪。一种本来是单纯的负债之罪如何和内疚结合在一起而变成了基督教意义上的"原罪"呢？

内疚的人自我折磨，痛苦异常，但是他还不明白为什么要折磨自己，"他饥饿地寻找原因，还饥饿地寻找工具和麻醉剂，最后他终于和一个知情人见面了，他从禁欲主义教士这里获得了一个暗示：第一个暗示跟他的苦难'原因'有关：他应当在他自己身上寻找原因，应当在一种罪过中，在一段过去的经历中寻找原因；他应当把他的苦难理解为一种受到的惩罚。他听到了、理解了这样的不幸。……病人就这样被弄成了'罪人'，现在，我们已经被宣判为是这类新病人，这种罪人已经长达两

---

[1] *On the Genealogy of Morals*, pp.93–94.

千年了，我们还会一直如此吗？"[1]内疚的人得到了禁欲主义教士的暗示，他听从了教士的教唆。通常，一个受苦的内疚的怨恨者是要找到他的怨恨对象的，但是，教士告诉他，受苦和怨恨的原因，正是他本人。怨恨者要怨恨自身——正是教士使内疚者改变了怨恨方向，使他充满了自责。为什么要怨恨自己呢？因为他欠了上帝的债务，他欠下上帝的债务的证据就是他的自我折磨，就是源自本能的自我折磨。他自我痛苦的内疚就这样和充满债务意识的负罪结合在一起——原先的罪是债权人指派给他的，它并无内疚之感；而现在的罪是他自我肯认和自我指责的，他就是他的罪的起源，他因为自己有罪而内疚，他痛苦的内疚也是他应得之罪。内疚和负罪感彼此强化，"到处都将苦难误解为生命的内容，将苦难重新解释为犯罪感、恐怖感和惩罚感"[2]。现在，到处都充斥着这类苦苦折磨自己的病人，以至于"地球很久以来就已经是一座疯人院了"[3]。罪恶和内疚在此结合在一起，一个单纯受别人惩罚的罪，还添加了一个自我折磨的罪，一个经济和契约性的负债之罪变成了一个道德上和宗教

---

[1] *On the Genealogy of Morals*, pp.140–141.
[2] 同上书，p.141.
[3] 《论道德的谱系》，第71页。

上的内疚之罪。

但罪到底是什么呢？"人用'罪恶的目光'在他的自然倾向中搜寻了太长的时间，结果这些自然倾向终于和'内疚'密切地联系在一起了。"[1]也就是说，人们将自己的自然本能看作内疚和罪恶的原因了。本能既是债务的源泉，因而也是罪恶的源泉；同时是内疚的源泉，因而也是痛苦的源泉。对基督教而言，"那些最有力的生命本能不再被感受为快乐的，而倒是被感受为痛苦的原因"[2]。基督教就是要泯灭权力意志和动物本能。只有这样才能同时性地解脱痛苦和罪恶。这就是基督教的诡计："一旦'自然'的概念被捏造为'上帝'的对立概念，那么，'自然的'就必须变为'不可宽恕的'同义语，——那整个的虚构世界，它的根只是在于对自然事物的憎恨"[3]。

受本能的自我折磨，并充满罪恶感，这就是基督徒的形象——一个病人形象。尼采的道德谱系的探究，就是要昭示出基督教道德的漫长形成过程。基督教这一道德形象，正如尼采一再表明的，是对生命、本能、自然和权力意志的抑制。在犹太人那里，奴隶的价值观战胜

---

[1] 《论道德的谱系》，第73页。
[2] 《权力意志》（下），商务印书馆，第868页。
[3] 《反基督》，第84页。

了主人的价值观。在随后的基督教那里，奴隶的价值观达到了它的高潮。也就是说，反动的权力意志在基督教这里终于大获全胜。将奴隶道德战胜主人道德、反动的权力意志战胜肯定的权力意志、弱者价值战胜强者价值、奴隶的"善"战胜主人的"善"这一整个过程进行披露，就是尼采的道德谱系学工作。这项工作实际上要做的是，将道德置于一种历史情景中。这样一种道德形象和观念，并非先天的和一成不变的，它们一直处在斗争的动荡状态中，处在无休止的纷争中。因此，根除这一道德观念，根除任何的负罪感和内疚感，同样也会是一种历史命运，同样也会是一种新的道德可能性的来源。尼采不满的是，"人们把这些道德价值的价值看作现成的、事实存在的和不容置疑的，人们也从未对'善人'比'恶人'价值高这一命题产生过丝毫怀疑和动摇"[1]。但是，如果这样的道德，这样的道德价值是历史性地形成的呢？如果它是一个历史的争斗结果呢？如果"善"的概念和内容一直摇摆不定呢？谱系学的目标正是要对此提出质疑，要对道德产生的条件和环境提出质疑，要对道德价值本身的价值提出质疑。这样，只有将道德本身历史化，将道德价值标准历史化，将整个道德领域历史化，尤其是将道德

---

[1] 《论道德的谱系》，第6—7页。

置于一种纷争的历史化语境中,才能发现道德价值的不稳定性,才有可能重估一切道德价值,这,正是谱系学家的工作和使命。这一使命正是要通过历史的纷争,将现代社会的(奴隶的)善和恶的观念翻卷过来,阻止奴隶道德的凯旋脚步,这当然首先意味着,"罪恶感和内疚应当铲除!"[1]

一旦这种基督教道德主宰了欧洲,一旦人的自然本能被看作罪孽,而内疚和负罪感占据了人们的心灵的话,那么,对于基督徒而言,禁欲主义就是唯一的解脱之路。何谓禁欲主义?

禁欲主义意味如此之多(每个人的禁欲主义都意味不同),很难找出有什么明确的共同的一般意味,或者更恰当地说,它什么也不意味。既然这样,我们就不要去找禁欲主义的意味本身了,也就是说,不要去找禁欲主义道德到底意味着"什么"这样一个所指了。我们只是能够确信,禁欲主义是一种虚无意志,是追求无的意志,从这个意义上来说,禁欲主义还意味着意志的存在,它表明了人的意志本身:人不能没有意志,人不能空虚,禁欲主义表明了人对空虚心存恐惧,"人需要一个目标,

---

[1] 《查拉图斯特拉如是说》,第92页。

人宁可追求虚无也不能无所追求"[1]。正是在这个意义上，禁欲主义才没有舍弃意志，它不过是追求无的意志，这个虚无意志（will to nothingness）正好是权力意志（will to power）的反面：有一种求权力的意志，还有一种求虚无的意志。也就是说，有一种肯定生命的意志，还有一种否定生命的意志。无论这种意志是肯定的还是否定的，无论是激发生命还是让生命变得颓废，这二者仍旧都属于意志的范畴。就此，禁欲主义首先作为一种意志而存在。只不过这种意志的存在就是为了反对生命意志的。

而这则让禁欲主义自身充满着悖论：一种反对意志的意志，一种要消灭意志的意志。也就是说，存在着一种意志，这种意志的内容，就是意愿消灭自身。如果说，生命就是权力意志的话，那么，在禁欲主义的意志里，就是"生命在反对自己，否定自己：在这种情况下，在一种禁欲主义生命中，生命被当作通向那另一种存在的桥梁。禁欲主义者把获得生命当作误入歧途……当作一种迷误"[2]。因此，禁欲主义内含着某种自相矛盾的东西，具体地说，就是"一种利用精力来堵塞精力的源泉

---

[1] 《论道德的谱系》，第76页。
[2] 同上书，第94页。

的尝试"[1]。这种禁欲主义看不惯任何的生命繁荣和蓬勃朝气，它全力以赴地、充满力量地要将生命本能扑灭，它调动生命来反对生命，任何生命的衰败和失误都是它的目的。这种意志对意志的扑灭，生命对生命的摧残，或者说，在对生命的摧残和损毁中获得胜利感和满足感，在垂死的过程中赢得胜利，构成了禁欲主义的矛盾和分裂，禁欲主义迷恋这种分裂："把分裂痛苦当享乐，他甚至可以在分裂中获得自信和成功。'胜利孕育在垂死的挣扎中'"[2]。"他们尽可能多地给生命制造痛苦，为的是从中得到享乐——这也许就是他们唯一的享乐了。"[3]

不过，这种禁欲主义是怎样出现的？为什么意志要去消灭意志？为什么生命会反对自身？也就是说，禁欲主义的起源是什么？我们已经看到了，在教士的引导下，内疚感和负罪感相结合，使这种新的"病人"在欧洲大规模地盛行。而病人要救治自己的病，为了让自己"快乐"，摆脱磨难，他必须采取禁欲主义的方式——按照教士的说法，只有禁欲主义才能治好他的病，只有消除自己的生命感，消除自己的权力意志，消除自己的本能

---

[1] 《论道德的谱系》，第94页。
[2] 同上书，第95页。
[3] 同上书，第94页。

和欲望，这种病才能痊愈。内疚和负罪感是病的征兆，本能和欲望是病的根源，禁欲主义是驱除这种病因的手段，是救助和治疗。从这个意义上来说，内疚、负罪和禁欲主义是一体的，它们作为一个密切关联的系统内在于基督教中，这整个患病以及对患病的救助的系统，符合基督教对生命的基本理解：否定生命，或者说，肯定一种反动的生命。虚无主义正是对反动生命的救助和肯定，对生命衰败的肯定，对否定生命的肯定。禁欲主义体现了基督教的实质：基督教是救助性的，但恰好是通过救赎来损毁生命。或者说，它是对生命的损毁，但是却表现为对生命的救赎；它是让生命更为病态，却表现为对病态的驱除；它是在否定生命，却表现为肯定生命。基督教虚无主义的这一整个过程就是这样运行的：本来是无辜的生命，被人为地添加了罪恶感，被人为地弄成了病人（内疚和负罪的结合），禁欲主义就是要消除这个病态，是治疗这个病的工具，从这个意义上来说，它是对生命的肯定，但是这个肯定最终是对生命的更大的否定——因为它肯定的是一个病态的生命，是对病人进行肯定，是对奴隶道德进行肯定。因此，这种禁欲主义救助和治疗是变本加厉地摧毁健康的生命。这就是禁欲主义的实质："禁欲主义理想起源于一种业已败落，但仍在为其生存而殊死搏斗的生命的自我保护和自我拯救的本能。它表明发生了部分生理障碍和心理枯竭。为了反抗这种状况，尚未被触及的最深层的生病本能不断地启用新的工具和新的发明，禁欲主义理想就是这样一种新工具。……在禁欲主义教士身上体现了渴求别样的存在、别处存在的愿望……禁欲主义教士看上去是生命的敌人，这个生命的否定者其实恰恰是生命的伟大的保护威力和创造肯定的答案的威力的一部分。"[1]在禁欲主义这里，否定之力以肯定之名出现，或者说，肯定之力掩盖的却是否定的事实，在禁欲主义者那里是这样，在教士那里是这样，在某些哲学家那里又何尝不是这样？

"如果一位哲学家尊崇禁欲主义理想，那意味着什么？"[2]尼采的第一个答案是（也是从叔本华这里而来），他要摆脱苦难。第二个答案，哲学家充满着对性的过敏和仇恨，哲学家并不以禁欲主义来否定生存，而恰恰以禁欲主义来肯定生存，因为性和婚姻是他的通向最佳道路上的障碍，他们要约束傲慢、淫荡、奢侈和挥霍。这样的哲学家要避免自我感受和自我意识。"禁欲主义的三个理想的重要的光辉口号是贫穷、谦卑和贞操。"[3]这样推

---

[1] 《论道德的谱系》，第97页。
[2] 同上书，第83页。
[3] 同上书，第86页。

崇禁欲主义的哲学家,就是将否定之力转换为肯定之力。因此,"禁欲主义理想是哲学家笑对高尚果敢的精神的最佳条件"[1]。对于哲学家来说,"一种特定的禁欲主义,一种出于美好意愿的坚定而又积极的弃绝,是高级精神活动的必要条件之一"[2]。这就是哲学家选择禁欲主义的原因。他的遁世态度就是"讨厌尘世、敌视生命、怀疑感官、摒弃情欲"[3]。而这一切,这种否定生命的禁欲主义,不无悖论地成为对生命和生存的肯定。就此而言,禁欲主义理想和哲学之间的关系非常紧密,"哲学是拉着禁欲主义的绊带才开始在地上蹒跚学步的"[4]。我们看到,教士正好脱胎于这样的禁欲主义哲学家。在此,没有人比尼采更加敏锐地洞穿了这一禁欲主义的骗局:那些否定生命的实践和理论,不仅仅是教士,还包括各种各样的哲学家,他们正是以肯定生命的面孔出现的。不过,他们是对否定和反动的生命进行肯定。从根本上来说,这不过还是否定生命。我们接下来看看这些禁欲主义哲学是如何运转的。

---

1 《论道德的谱系》,第85页。
2 同上书,第89页。
3 同上书,第92页。
4 同上书,第89页。

第三章

权力意志

一 柏拉图主义

《论道德的谱系》历史性地为我们勾勒了欧洲的怨恨、负疚、禁欲主义的起源。这种起源是历史人类学式的,尼采将它的形成置放于社会-历史机制的锻造之中。道德是在具体的历史中形成的——《论道德的谱系》基本上是一种历史主义的叙事。但是,在另一个方面,这种道德实践的形成和哲学构型密不可分。尼采试图考察和推翻希腊之后的道德法则,他就务必要考察这个时期的哲学——因为,哲学和道德相互交织在一起。事实上,尼采一直将哲学动机归功于道德动机:哲学是按照特定道德目的出发的。因此,探讨道德的谱系,从历史人类学的角度着手只是一方面,尼采还试图从哲学的角度着手。这样,对欧洲哲学,尤其是对柏拉图主义的考察成为尼采的另一个重要思路。也就是说,道德有其历史人类学根据,但同样还有其哲学根据。这样,围绕着道德的构成,尼采展开了两方面的叙事。他的哲学叙事围绕着柏拉图主义展开。哲学和历史人类学的结合,在某种意义上,就能将欧洲一个时期的道德观念史完整地揭露出来。

尼采是怎样展开他的哲学叙事的？这种哲学叙事在什么意义上和它的道德法则合谋？也就是说，道德是怎样通过哲学来自我建构的？在尼采这里，这一整个哲学史实际上形成了自己的"偏见"。它压制了尼采意义上的"权力意志"。

尼采的权力意志是他最核心的哲学概念。我们可以将权力意志看作一系列的对传统哲学和哲学家的颠倒，只不过颠倒的角度不同：它是对柏拉图的颠倒、基督教的颠倒、霍布斯的颠倒、卢梭的颠倒、康德的颠倒、黑格尔的颠倒、叔本华的颠倒、达尔文的颠倒。尼采将权力意志看作自然法则和生命本能。他的整个哲学正是要激发这种作为自然法则和生命本能的权力意志。而西方哲学史的"偏见"，在某种意义上，正是对这种生命本能和权力意志所形成的"偏见"，正是从各种角度对权力意志的颠倒和否弃。

在《善恶的彼岸》中，尼采简明扼要地勾勒了西方的哲学传统。柏拉图是这个传统的奠基人，同时，他也犯了一个有史以来"最恶劣、最遭人讨厌且最为危险的错误，就是独断论错误——柏拉图所发明的纯粹精神和善自身"[1]。这个错误在尼采看来是个噩梦。在欧洲，对柏

---

1 *Beyond Good and Evil*, XII.

拉图和基督教（民众的柏拉图主义）的反对持续地存在，这构成了欧洲哲学的内部紧张。欧洲曾经尝试用弓箭来瞄准和射击柏拉图这个遥远的目标来克服这种内在紧张，耶稣会教义和民主启蒙运动都是这样的尝试。但是，尼采认为只有自己（既非耶稣会士，也非民主主义者）的箭，只有自由心灵之弓拉开的箭，才能射中柏拉图和独断论。

什么是独断论？康德以前的哲学都被称为独断论，康德只是被休谟所唤醒才走出独断论的阴影。按照黑格尔的解释，"独断论的对立面是怀疑论。古代的怀疑论者，对于只要持有特定学说的任何哲学，都概称为独断论。在这样的广义下，怀疑论者对于真正的思辨哲学，也可加以独断论的徽号。至于狭义的独断论，则仅在于坚执片面的知性规定，而排斥其反面。独断论坚执着严格的非此必彼的方式。譬如说，世界不是有限的，则必是无限的，两者之中，只有一种说法是真的。殊不知，具体的玄思的真理恰好不是这样，恰好没有这种片面的坚执，因此也非片面的规定所能穷尽。玄思的真理包含有这些片面的规定自身联合起来的全体，而独断论则坚持各分离的规定，当作固定的真理"[1]。那么，柏拉图的噩梦般的

---

[1] 黑格尔：《小逻辑》，贺麟译，商务印书馆，1980年，第101页。

独断论是什么？整个哲学史怎样基于这种独断论铸造了自己的偏见？对柏拉图而言，"具有最高价值的事物肯定有不同的起源，有其自己的起源"[1]，它们的起源不是在这个变幻莫测、充满幻觉和贪婪的世界上，相反，"这个起源在存在的环抱中，在永恒中，在隐蔽的上帝中，在物自体中，起源就在这里，而不在别处"[2]。也就是说，事物的起源有一个较之表面而言更为隐蔽的场所（上帝、物自体和存在）。同时，价值是截然对立的，比如，真理和错误相对，真理意志和欺骗意志相对，慷慨和自私相对——这对立的二者绝无起源上的联系，并且，前者总是高于后者。这就是尼采所说的最典型的哲学偏见，这个偏见实际上包含了两方面：不同等级的价值的互相对立（它们没有起源上的关联）；高价值的事物的起源在另一种隐蔽之物中。前者表明了价值的二元性（高和低）；后者表明了层级的二元性（表面和本质）。它们的共同特点就是二元论。这就是尼采所说的独断论偏见。根据这样一种源自柏拉图的推理方式的哲学偏见，可以辨认出一切时代的形而上学家，他们的基本信念就是"价值的对立"，借助于这种信念，他们去探究他们的"知识"和

---

1 *Beyond Good and Evil*, p.2.
2 同上。

他们的"真理"。

柏拉图的二元论来自毕达哥拉斯学派,他的理念论——这是他的哲学核心——则是苏格拉底、毕达哥拉斯学派以及巴门尼德的一个全新的独一无二的创造性综合。赫拉克利特同样出现在柏拉图的视野中,但恰恰是作为一个反面形象出现的(就此我们也能明白,要拉弓射柏拉图的尼采,为什么一再将赫拉克利特视为同道)。巴门尼德提出了一与多的问题,在他这里,存在就是一,它自我等同,静止不动,无始无终,不可分割,它是唯一显示给我们的知觉对象。与之相反的则是多样性,也就是非存在,它们千变万化,莫衷一是,充满谬误,它们是显示给感觉的现象。对柏拉图而言,只有巴门尼德式的"存在",因为它的永恒性和不变性,才有确定的知识。那些变化的非存在,那些现象和感觉,因为充满着差异,充满着独特性,充满着可变性,它们不可能有知识——只有共性的东西才称得上是知识,才称得上是理念。这样一个理念是自在的,不可被感觉到,只能被思想到。现象是多样性的变幻,理念则是单一的存在。事物正是因为有了理念,才有各种各样的形式和多种多样的现象。

这就是现象和理念的关系,也是多与一的关系:"相应于上述每一组多个的东西,我们又都假定了一个单一的理念，假定它是一个统一者，而称它为每一个体的实在。……作为多个的东西，是看见的对象，不是思想的对象，理念则是思想的对象，不是看见的对象。"[1] 理念就此有本体论的意义。现象之所以是现象，正是因为它的深处存在着一个理念，正是因为它分享了事物的理念本身，它分享了本体，它是从这个作为本体的自在理念本身那里派生出来的偶然之物。由于这个现象是理念的派生之物，现象无论如何千变万化，总是脱离不开它内在的理念，这个现象总是对理念的具有欺骗性的模仿，它远离理念固有的真实，但同时它也必须以理念为目标和根据——各种各样的艺术创造无疑都是这样的对理念的表面显现，是理念的模仿之物，它们的价值因此远远逊色于理念本身。就此，理念和现象，一和多，这样一种本体关系，同时也是一种二元关系：它们处在两个不同层面，具有两种截然不同的价值，前者是后者的本体、目的和逻辑起源——借助于理念，才能去区分和辨认各种不同现象的相似性和差异性。理念论和二元论就此合为一体。

不过，就柏拉图而言，在所有的理念中，善的理念

---

[1] 柏拉图：《理想国》，郭斌和、张竹明译，商务印书馆，1986年，第264页。

最为重要，因为善的理念是知识的起因。知识的诞生，既需要认知对象所固有的真理本身，也需要认知主体固有的认知能力，只有这二者结合起来，才会出现知识本身。那么，这种认知能力来自何处？认知对象的真理来自何处？它们来自善的理念。"给予知识的对象以真理给予知识的主体以认识能力的东西，就是善的理念，它乃是知识和认识中的真理的原因。真理和知识都是美的，但善的理念比这两者更美……在这里我们也可以把真理和知识看成好像善，但是却不能把它们看成就是善。善是更可敬得多的。……知识的对象不仅从善得到它们的可知性，而且从善得到它们自己的存在和实在，虽然善本身不是实在，而是在地位和能力上都高于实在的东西。"[1]善的理念是知识和真理的绝对起源。

这就是柏拉图的"善"，也是尼采所说的最大的独断论。各种各样的现象都从善这一终极价值和理念这里派生而出，并受它的压制。从发生学的角度而言，理念派生了现象，派生了多样性，派生了偶然性，派生了感官，派生了艺术，派生了身体。柏拉图几乎将后者看作一连串的换喻，它们一起构成了隐蔽理念的被扭曲过的充满幻觉的表面形象。这些表面形象总是有它的确定的对立面，它总是

---

[1] 《理想国》，第267页。

和它的深层面形成了二元关系：灵魂和身体；精神与物质；上帝和世界；一与多。这也是两个世界：永恒世界和变幻世界；真实世界和假象世界；精神世界和物质世界。前一个世界是后一个世界的基础，并保有对后一个世界的优越性；后一个世界是对前一个世界的歪曲和掩饰，因此应该遭受责难式的穿透——柏拉图崇尚灵魂，轻视身体；崇尚理念，轻视模仿；崇尚真实，轻视艺术；崇尚思想，轻视感觉。在他这里，善的理念则是将终极本体和最高价值结为一体。离善的理念越远，价值就越低。这就是柏拉图的形而上学：两个世界具有等级关联的形而上学。

在此，身体和灵魂的关系可以作为物质世界和精神世界、现象和理念的关系的一般论述。灵魂构成了理念形态，身体成为灵魂理念的反面对象。灵魂不朽，身体短暂，"灵魂很像那神圣的、不朽的、智慧的、一致的、不可分解的，而且永不改变的。肉体呢，正相反，很像那凡人的、现世的、多种多样的、不明智的、可以分解的，而且变化无定的"[1]。"我们得承认，和肉体同类的东西是烦人的、沉重的、尘俗的、也看得见的。"[2]因此，如果要去探讨真理和知识的话，只有单独的灵魂才可行，灵魂

---

1 柏拉图：《斐多》，杨绛译，辽宁人民出版社，2000年，第42页。
2 同上书，第45页。

必须抛开整个肉体,"因为他觉得灵魂有肉体陪伴,肉体就扰乱了灵魂,阻碍灵魂去寻求真实的智慧了……肉体就吵吵闹闹地打扰我们思考,阻碍我们见到真理"[1]。身体贪婪、肮脏、恶劣、愚昧,柏拉图抓住一切机会对它谴责:"因此总的说,保证身体需要的那一类事物是不如保证心灵需要的那一类事物真实和实在的。"[2]

正是在这个意义上,"柏拉图式的思维方式是贵族式的,其魅力恰恰在于同明显的感官证据相对抗"[3]。这种纯精神的理念论在西方哲学史上以各种方式表现出来。所有这些,在尼采的意义上,就是谴责生命。因为生命分享了身体的一切特征:感官、欲望、可变性、生成和变幻。事实上,在尼采这里,"身体之力,也即生命之力"[4]。"我完全是肉体,不再是别的什么。"[5]肉体就是尘世,就是生命,就是权力意志。"在你的思想和感觉后面站着一个强有力的统治者……他住在你的体内,他就是你的肉体。"[6]肉体的蔑视者,就自然地会"愤恨生命和尘世"[7],因此,柏拉

---

1 柏拉图:《斐多》,杨绛译,辽宁人民出版社,2000年,第16—17页。
2 《理想国》,第375页。
3 《尼采论善恶》,第22页。
4 *Ecce Homo*, p.292.
5 《查拉图斯特拉如是说》,第28页。
6 同上书,第29页。
7 同上。

图的哲学根本上充满着对生命的谴责——这样的哲学总是保有道德意图。事实上，与其说哲学为求知冲动所主宰，不如说它们都带有哲学家的人格，尤其是哲学家的道德观，哲学家的道德观是整个哲学的胚胎。柏拉图哲学的道德目的就是对生命和感官进行谴责和拒斥。他的理念，正是作为生命的对立面出现的，正是对生命感官进行谴责的根本因素。这些欺骗性的生命感官，"它们一向也是如此不道德，正是它们向我们隐瞒了真正的世界。道德便是：摆脱感官的欺骗，摆脱生成，摆脱历史，摆脱谎言，——历史无非是对感官的信仰，对谎言的信仰。道德便是：否定对感官的一切信仰，否定人性的全部残余"[1]。这是哲学对于生命的"剿灭"。而尼采对于柏拉图哲学的拒斥，从根本的意义上，是对于这种哲学观的道德目的的拒斥，是对这种谴责生命的哲学的拒斥。反柏拉图主义，正是基于柏拉图主义谴责生命的品质。

二 "真正的世界"

这样一种哲学对生命的"剿灭"，在西方哲学史上从未中断。柏拉图如此，基督教如此，康德如此，实证主

---

[1] 《偶像的黄昏》，第 20—21 页。

义也是如此。所有这些哲学，都强调一个"真正的世界"，这个真正的世界隐而不现，并埋藏着最高的价值。尽管这些哲学在表面上有这样那样的变化，但它们在结构上却没有区别，它们的哲学偏见始终如一，它们对生命的贬低始终如一。这种源自柏拉图的哲学模型，不可能改变。它们"属于一个体系"[1]，这些迥然不同的哲学家，总是不断地"填写可能有的哲学所具有的一个明确的基本表格"[2]。哲学史，实际上就是对固有的哲学思想的回忆史，"作哲学思考只不过是一种最高级的返祖现象"[3]。哲学为什么总在重复自身？总在返回和追忆自身？是因为它们有共同的语法规则。这些相同的语法规则在无意识地支配着哲学体系，"某些语法功能的符咒，最终也是哲学评价和种族气质的符咒"[4]。基督教、康德和实证主义都被这样的符咒所决定。这样的符咒就是一个真正的世界和一个表面世界的分离。生命就因为置身于这个表面世界而遭到了谴责。

在《偶像的黄昏》的"'真正的世界'如何终于变成

---

[1] Beyond Good and Evil, p.22.
[2] 同上。
[3] 尼采：《天才的激情与感悟》，文良文化编译，华文出版社，2004年，第18页。
[4] 《尼采论善恶》，第32页。

了寓言"一节[1]中，尼采提纲挈领地描写了这个对柏拉图主义进行自我回忆的欧洲哲学史。这个历史对于尼采来说，是"一个错误的历史"。这个错误的核心就是将理念和真正的世界结合在一起。理念只是埋藏在真正的世界中，并享有对于感性世界的巨大优越性。尼采将它表述为六个阶段。

第一个阶段指的是："真正的世界是智者、虔信者、有德者可以达到的，——他生活在其中，他就是它。"尼采将这点称为理念最古老的形式。真正的世界在此虽然没有得到明确描述，但是它已经显露出非同寻常的一面：它只是少数人（智者、虔信者和有德者）才可以达到的，它为自己设定了前提和条件，这意味着它开始和感性世界有了沟壑和距离——感性世界是人人都可以达到的。只有有德者才可以达到这个真实世界——这个超感性世界，相对于无德者和愚者置身于其中的感性世界而言，这个超感性的真实世界有了优越感。但是，这个真正的世界（超感性世界）毕竟是人（即便是少数人）可以抵达的，人可以无障碍地生活在其中，也就是说，它还是在此岸，它还不是一个遥不可及的理想，它尚未完全同

---

[1] 见《偶像的黄昏》，第26—27页。下文关于尼采论述"真正的世界"各个阶段的引文皆出自此节。

感性世界决裂。从这个意义上说,感性世界和真实世界(超感性世界)有了分离的趋势,但还没有完全隔绝,还没有划分为截然两分的世界,它们同处于现世之中。显然,这是柏拉图的观点:有德者和智者享有真正的世界,无德者和愚者享有感性世界。但这两个世界都是此岸世界,都可以抵达,只不过其空间被不一样的人所占据。但是到了第二个阶段,也就是基督教阶段,"真正的世界是现在不可达到的,但许诺给智者、虔信者、有德者('忏悔过的罪人')",同第一阶段相比,这个真正的世界就不是一个现实,而是一个理想了,它是"许诺"给将来的。无论是谁,在此时和此世并不能进入其中。它只是为有德者预备的一个未来世界。这样,真实世界和感性世界进一步分离了:前者在彼岸,后者在此岸;前者在来世,后者在现世;在此,同柏拉图一样,真正的世界同样是属于智者的,但同柏拉图不一样的是,它只是许诺的,不是在现世和此岸中就可以进入的。从这个意义上说,感性世界和真实世界的距离越来越大了。它们不仅仅是两种不同的人(智者和愚者)所占据的空间,而且还是两种处在不同时间段内的不同空间(此世和来世,此岸和彼岸)。正是在这个意义上,较之柏拉图本人而言,尼采说,这个理念"更精巧、更难懂、更不可捉摸,——它变成女人,它变成基督教式的"。

第三个阶段就是康德的阶段，同第二个阶段的"真正的世界"的许诺相比，这接下来的第三个阶段的"真正的世界不可达到、不可证明、不可许诺，但被看作一个安慰、一个义务、一个命令"。这个真正的世界看上去同基督教的真实世界有了进一步的区分：它甚至没有获得抵达的许诺。有这样一个真正的世界，它将所有的人拒之门外，没有人能够抵达其中，窥见它的奥秘（这就同柏拉图和基督教的真实世界区分开来）。虽然不能抵达其中，不能证明，但这也绝不意味着这个世界不存在。这个真正的世界就是康德的物自体。它存在着，只是不能被认识。康德虽然认为没法认识物自体，但是，这个超感性领域还是被设想为有知识的，虽然物自体本身并不可认识，但不意味着物自体本身的知识不存在，只是因为理性自身的限度，这样的知识无法获取。尽管是在经验和证明范围之外，"它也被要求为必然持存着的东西，旨在挽救理性合法性，为之提供一个充分的根据"[1]。显然，这个不可知的真实世界和可知的经验世界仍旧是一种二分状态，仍旧是柏拉图主义的理念世界和感性世界的二分状态的最新形式。由于这个超感性世界是不可认识的，那么，按照海德格尔的说法，"超感性领域并不

---

1 《尼采》，第 226 页。

是根据哲学上的认识原理而进入康德哲学中的,而是依照未曾动摇过的基督教神学的那些预设而进入康德哲学中的"[1]。康德哲学并没有逃脱基督教的阴影,它和基督教所构想的两个世界的模型是一样的,他们的差异只是程度上的差异,而非本质的差异。在这个意义上,康德的物自体,"本质上仍是旧的太阳,但被雾霭和怀疑论笼罩着;理念变得崇高、苍白、北方味儿、哥尼斯堡味儿"。

尼采将第四个决定性阶段称为实证主义的鸡鸣。这个阶段是对康德的克服。既然这个真实的世界不能被抵达,不能被认知,那么,为什么还要将它看作一个安慰,一个义务和拯救呢?"真正的世界——不可达到吗?反正未达到。未达到也就未知道。所以也就不能安慰、拯救、赋予义务:未知的东西怎么能让我们承担义务呢?……"这个超感性的真实世界既然不可抵达,我们对它一无所知,那么,面对这样一个一无所知的世界,我们也就谈不上应该对它有什么态度和义务了。为什么要对一个一无所知的世界有所承诺?这就是19世纪中叶之后德国唯心主义结束之后的新阶段,我们看到,这个新阶段则是对这个超感性世界的拒斥。对于真实世界的理念而言,对于柏拉图主义的统治而言,这个拒斥实际

---

1 《尼采》,第228页。

上是一种破晓,是"理性的第一个呵欠。实证主义的鸡鸣"。它是一个转折点——真实世界开始遭到了怀疑和拒斥,现在不一定要将真实世界作为安慰了。这自然就成为尼采工作的出发点——进入了第五个阶段,即尼采的哲学早期阶段:干脆废除真正的世界!它"是一个不再有任何用处的理念,也不再使人承担义务,——是一个已经变得无用、多余的理念,所以是一个已被驳倒的理念,让我们废除它!"将无用的理念废除掉,随之而来的是天亮、喜悦和愉快。尼采的一系列书名正好表达了这种感觉:《人性的,太人性的》《曙光》《快乐的知识》。"尽管已经消除了作为真实世界的超感性世界,但还是留下了这个高层的空位,以及一个高层和低层的结构裂口——那其实还是柏拉图主义。"[1]所以,在第六个阶段,当我们废除了真正的世界,尼采接着就问:"剩下的是什么世界?也许是假象的世界?……但不!随同真正的世界一起,我们也废除了假象的世界!"尼采不满足于假象世界和真实世界的对立形式,只有两个世界同时被废除了,那个深度的二元哲学模型才能被废除,柏拉图主义才真正被克服。这种真实世界和假象世界同时被废除,所有的阴影便一扫而空,这就到了正午(我们看到哲学

---

[1] 《尼采》,第229页。

史是如何从破晓到天明到正午这一完整的过程），最光明的时刻，人类最久远的错误——柏拉图主义——得以终结，人类走到了它的顶峰。

我们看到了一个完整的柏拉图主义的诞生和终结史。在此，真实世界和假象世界的分隔与对立成为这部哲学史的核心。对这个真实世界的废除；对真实世界和假象世界的同时废除——这最后两个阶段是尼采的工作。为什么要废除这个假象世界？尼采不是一再肯定那个假象世界吗？在《悲剧的诞生》中，在《善恶的彼岸》中，在尼采对各种假象和幻觉的论述中，他都对假象世界维持着肯定。在《悲剧的诞生》中，较之真理而言，尼采赋予了假象以更高的价值；较之稳定的理念而言，尼采赋予了变幻的艺术（酒神悲剧）以更高的价值；较之知识（美德）而言，尼采赋予了审美以更高的价值；较之精神而言，尼采赋予了（酒神）身体以更高的价值。捣毁界限，在混沌的总体性中舞蹈的狄奥尼索斯，实际上就是对截然划分的两个世界等级的挑战。希腊悲剧的意义就在于，它以一种幻象的方式让人得以生存下去。生存之所以是有意义的，就是因为悲剧让人们忘却了现实的残酷真理。从这个意义上而言，欺骗意志相对于真理意志和善的意志而言，具有更高的价值。尼采的这句话是如此明显地抬高了假象世界："尽管所有的价值可通过真实、真理和无私来确定，但是一个较高的价值还是有可能归功于表象、欺骗意志、自私和贪婪——这个较高的价值同生命密切相关。"[1]也就是说，假象世界和感官世界对于生命而言更有价值。但是，在《偶像的黄昏》这一节中，尼采为什么要说同时废除假象世界和真实世界？"随同真正的世界一起，我们也废除了假象世界。"为什么要把这两个世界的废除说成是最没有阴影的正午时刻？对假象世界的废除，这不是和尼采一再肯定的假象世界自相矛盾吗？

事实上，这两个假象世界并不完全等同。在柏拉图主义这里，假象世界和真实世界不可分离，假象世界和真实世界彼此为对方而存在。假象世界之所以是假象世界，仅仅因为它是相对于那个真实世界而言的；同样，真实世界之所以是真实世界，就是因为它是相对于假象世界而言的。这两个世界如此之不可分，以至于它们的对立构成了柏拉图主义所固有的内在性，没有这一二元对抗性，没有真实世界和假象世界的对立，就没有柏拉图主义。要废除柏拉图主义，必须废除这个对立本身，必须废除这一二元结构本身。我们看到，尼采说真实世界和假象世界是一起被废除的——这说明了二者的密切

---

[1] *Beyond Good and Evil*, pp.2–3.

关联性，与其说是单独地废除了真实世界，不如说是废除了真实世界和假象世界这一对立的关系本身，废除了真假关系本身，因而也废除了围绕着这一关系而形成的具有等级关系的价值成见本身，最终也就是废除了柏拉图主义本身。在此，假象世界更多是作为柏拉图主义的一个内在结构项出现的。

而尼采肯定的假象世界，却并不参与到这个结构关系中来。事实上，假象世界在柏拉图主义中有双重意义：一重意义是就其结构位置关系而言的，尼采废除的是这样一个假象世界。但假象世界还有另一重意义：假象世界有其具体内容，它指的是听命感官主宰的感觉世界。尼采有时候遵循柏拉图主义将感官世界说成是假象世界，但是却赋予这样一个假象世界（感官世界）更高的价值——这样，我们就能明白为什么尼采一再肯定假象世界——肯定假象世界并非因为它是虚假的世界，而是因为它是个感官世界。同样，我们也能够理解，在《偶像的黄昏》中，"'真正的世界'如何终于变成了寓言"之前的"哲学中的'理性'"一节中，尼采的说法看上去和下一节的说法（真假世界同时被废除了）完全相反：真实世界被废除了，而假象世界则得以保留。事实上，这两种看上去对立的说法，只是对假象世界的理解角度不一样：一个是从关系的角度来理解的，一个是从内容本身来理解的。当尼采说要同时废除真假世界的时候,他是从二者的关系来谈论这个真假世界的;当他要保留假象世界而废除真实世界的时候,他是从感官内容来理解假象世界的。也就是说,他要将两者同时废除,是要废除柏拉图主义;只废除真实世界,保留假象世界,是要肯定感官世界。

在此,假象世界在尼采这里,并不是在真假的范畴中得以着重强调,而是在感性和理性的范畴中得以强调。就这个假象世界而言,如果说,柏拉图主义着重强调它的对立面是真实世界的话,那么,在尼采这里,假象世界的对立面更主要的是理性世界。尼采强调的是假象世界的感官面。尼采之所以肯定假象世界,是因为他要肯定这个感官世界。这个感官世界,是尼采的立足点:"的确,我们要感谢我们的感官,为着它们的精细、丰富和力量,而且要把我们所拥有的精神中最好的东西回赠给它们。"[1]我们看到,这同一个感官世界,在尼采和柏拉图主义那里,其命运、价值和意义各自不同:柏拉图主义将这个假象世界看作非实在的,尼采则将这个假象世界看作实在的。"将'此岸'世界说成假象世界的那些理由,毋宁说证明了'此岸'世界的实在性,——另一种实在

---

1 《尼采》,第231页。

性是绝对不可证明的。"[1]这就颠倒了此岸世界和彼岸世界的位置,虚假的感官世界有实在性,而彼岸世界的实在性则不可证明。柏拉图谴责感官世界,尼采则肯定感官世界。柏拉图肯定灵魂,尼采则谴责灵魂:"灵魂曾轻蔑地注视肉体:当时这轻蔑是高尚无比的——它希望肉体孱弱、丑陋、衰迈,企图以此逃脱肉体和尘世。噢,这灵魂本身才是孱弱、丑陋和衰迈呢,这灵魂的极乐便是残酷啊!"[2]在柏拉图那里,之所以谴责感官世界,是因为感官世界是虚假的世界,它是对永恒理念的背离,它妨碍了真理的出现。"一般来说,人们把转化、变化、生成看作假象的证明,看作必定有某种引我们入迷途的东西存在的标记。"[3]但是,在尼采那里,情况刚好相反,引我们犯错误的不是感官世界,而是柏拉图主义作为真实世界的理性世界:"今天,我们反过来看,恰好至于理性的偏见驱使我们设置统一、同一、持续、实体、始因、物性、存在的地步,在一定程度上把我们卷入错误,强制我们发生错误"[4]。柏拉图主义所谓的真实世界,"纯属

---

1 《偶像的黄昏》,第24页。
2 《查拉图斯特拉如是说》,第6页。
3 《偶像的黄昏》,第23页。
4 同上。

道德光学的幻觉，它事实上就是虚假的世界"[1]。

这个世界同时还是所谓的彼岸世界，这个彼岸世界不仅毫无意义，而且其实在性是绝对不可证明的。这样，柏拉图主义的理性世界、彼岸世界和真实世界，在尼采这里都被看作虚假世界，它们充斥着的只是可怜巴巴的惬意感。正如柏拉图主义将尼采所肯定的感性世界看作虚假世界一样。这样，假象和假象世界，在尼采这里就有其特定的语境，当尼采肯定假象世界的时候，这个假象世界实际上指的是感官世界，是柏拉图主义视野中的假象世界（希腊悲剧、艺术、酒神、身体以及各种偶然性和变化）。当尼采谴责假象世界的时候，这个假象世界指的是柏拉图主义的真实世界、彼岸世界和理念世界。假象和假象世界（同样地，真实和真实世界）的语义在尼采这里不断地变化，就像尼采对道德的概念的使用一样："我们已经把'真实的世界'认作一个'虚构的世界'，把道德认作一种非道德形式。我们没有说：'强者非法'……"[2]

这样，我们有时候看到尼采肯定假象，有时候看到尼采否定假象；有时候看到尼采肯定真理，有时候看到

---

[1] 《偶像的黄昏》，第24页。
[2] 《权力意志》（下），商务印书馆，第1054页。

尼采否定真理；所有这些，都是因为真理和假象的所指在柏拉图主义和尼采这里完全不同："一个神学家视为真实的东西，必定是虚假的，这几乎塑造了真理的标准……凡神学家们的影响延伸之处，那里的价值判断就会头脚颠倒。相应地，'真实的'和'虚假的'这些概念也必定会换位；凡是对生命最有害的东西在此却被称为'真实的'，而凡是强化生命、提高生命、肯定生命、为生命而辩护并使生命获胜的东西都被称为'虚假的'。"[1] 我们也因此能理解这样看上去完全是悖论的断言："'假象'的世界是唯一的世界"[2]。我们也可以将这句话理解为：感官的世界是唯一的世界。

尼采坚持不变的只是对感官世界的肯定，对理性世界的否定。尼采也只相信一种真理观和一种假象观：肯定生命的就是真实，否定生命的就是虚假。真理的标准就在于权力意志的提高，就在于激发生命。因此，只有从感官世界和理性世界的区分出发，只有从对生命的肯定和否定出发，我们才能理解尼采的真理和假象概念。

那么，对理性世界的否定，意味着什么？同样地，对感性世界的肯定，意味着什么？感性世界本身——尽

---

1 *The Antichrist*, p.135.
2 《偶像的黄昏》，第21页。

管赫拉克利特和柏拉图赋予它的价值完全相反,但是,他们赋予感性世界的特性则是一样的:它属于生成、变幻和偶然,也属于身体、欲望和快感。也就是说,感性世界实际上由两个层面构成,尽管这两个层面不可分割:一方面是内容和要素的层面,一方面是认知和推理的层面。就前者而言,感性世界是欲望的、官能性的、身体性的;就后者而言,感性世界是偶然的、变幻的、非知识的、直觉的,也就是说,(按柏拉图的说法)是"虚假的"。正是因为感性世界是一个身体世界,感性世界具有这样一个感官内容,所以,它才充满变幻、错觉和偶然性。身体是偶然性和变幻的原因,偶然性和变幻是身体的结果特征。感性世界的这两个层面不可分割。这,才是一个感性世界的整体。同样,理性世界的特征也包含着两个方面:一方面,它的内容和要素指的是理念、存在和精神;另一方面,它的思维方式和推理方式指的是逻辑和因果关系。理念世界这一内容决定了理性世界必须采纳计算、推理和目的论的思维方式。理念世界必须是计算和逻辑世界——这两者同样不可分离地内在于理性世界。如果说,理念对感性构成了压力和否定的话,尼采同样不会忘记推理和因果关系的荒谬处:"因果性概念毫无用处——从一种必然的事态秩序中并不能得出它们的因果关系……因果性阐释乃一种错觉……"[1]正是在这个意义上,尼采要重新恢复差异性和偶然性的声誉。如果说,尼采的核心思想是要讨论生命的话,那么,这样一个感性世界和理性世界在什么意义上和生命发生关系?或者说,如果尼采要肯定这个感性世界的话,他到底要肯定什么?他要否定理性世界的话,他到底要否定什么?这个感性世界同尼采一再声明的权力意志是什么关系?

在《论道德的谱系》中,尼采出色地描述了自然本能是如何在基督教那里被看作一种道德上的罪恶的。这种论述是从历史人类学的角度出发的。在另一方面,尤其是在《偶像的黄昏》中,我们看到了感性世界同样遭到了(奴隶)道德的斥责——只不过这种斥责是从哲学的角度做出的,这种哲学斥责的根源是柏拉图主义。也就是说,尼采分别从两个方面论述了感性世界和自然本能被道德化——同时也是罪恶化——的过程。这两个过程,同时对生命和权力意志构成了否定。这也就是尼采所说的批判工作,是他"使命的否定部分"[2]。尼采揭露了将感性生命进行道德化和罪恶化的过程,他要重新将

---

[1] 《权力意志》(下),商务印书馆,第1003页。
[2] *Ecce Homo*, p.310.

这个过程颠倒过来。他的一系列的伟大颠倒，构成了他的使命的肯定部分。他所提出的"权力意志"是他的立足点。权力意志，将从肯定的角度出发，同否定生命的各种要素相抗衡。它不仅要同历史人类学的要求相抗衡，也要同整个柏拉图主义相抗衡。

三　权力意志

什么是权力意志？我们必须从两个方面来讨论权力意志。一个是权力意志的内容本身。这个问题包括：权力意志到底意味着什么？它是怎样一种意志？力和权力意志是什么关系？它是怎样的一种生命形式？它对生命有怎样的要求？这个问题主要涉及权力意志和身体、生命的关系。另外一个方面，我们要从哲学形而上学的模型来讨论权力意志。即，权力意志是否占据着哲学上的一个本体论位置？它是否占据了理念本身曾经在柏拉图主义的哲学模型中所占据的位置？也就是说，它是否如海德格尔所讲的是形而上学的最后一次完成？这个问题主要涉及的是权力意志和哲学的关系。不过，这两个问题密切相关。也可以说，第一个问题的确定决定了第二个问题的答案。

我们已经涉及了权力意志的问题。事实上，尼采多次将生命本能和权力意志并置起来,并且多次将权力意志和生命结合起来谈,显然,生命本能、权力意志和生命有一种亲近的关系。我们先来看看生命本能的特点。什么是生命本能?"生命本能……是被感受为痛苦的原因……只要这些本能诱发敌意和冲突"[1]。也就是说,人们去敌视他人,同他人产生矛盾是由于生命本能在起作用。这样一个本能就同自我保存的本能完全相反——后者是奴隶的本能,它激发了禁欲主义的诞生。禁欲主义起源于生命的自我保存本能。自保本能是回避斗争和对抗,它是被动和适应性的,它的原则是安全。与这种本能相反,生命本能是要求去战斗和对抗,也就是说,生命本能的具体实践内容是引发冲突、战胜、对抗和斗争,因为它要敌视他人和引起矛盾,它是主动性的,并置安全于不顾,它处于冒险状态。生命本能也构成了生命本质:"生命自身的本质就是去占有、伤害、去对弱者和他人进行征服,是镇压、严酷、强制和收编,用最为温和的说法,是剥削。"[2]在此,尼采讲的是生命本能,也就是说,生命的最为核心的要素和特征,生命的内驱力,生命最为内在的东西,就是去敌视、引发冲突,进而战胜对手

---

1 《权力意志》(下),商务印书馆,第868页。
2 《尼采论善恶》,第289页。

并剥削对手。这样的生命，由于这样的本能，一定会处在斗争和对抗中，一定是要同别的生命展开竞技。事实上，这样的生命，就是身体。"身体之力，也就是生命之力"。[1]而权力意志同样如此，权力意志是去战胜，征服，"从本质上来说是一种富于优越性的、自发的、攻击性的、扩张的、塑型的力量，它可以进行新解释，赋予新方向"[2]。这样，本能和权力意志都是一种生命的内在行为，它们的特征是去主动地战斗和对抗，它们必须去扩张，"每个原子都力求向外影响到整个存在，——如果人们对权力意志的这种辐射视而不见，那么，人们也就无视了原子的作用。因此，我把它称为'权力意志'的一种量"[3]。同样，力也必须与其他的力发生竞技关系，力也要对抗，"力之量，其本质在于：对所有其他力之量施加权力"[4]。力也总是处在关系之中，处在针对他力的关系之中，而且，这种关系是一种征服、对抗、斗争和获胜的关系。

就此，生命本能、权力意志和力这三者都必须同别的生命本能、权力意志和力发生关系，而且只有在发生

---

1 *Ecce Homo*, p.292.
2 *On the Genealogy of Morals*, p.79.
3 《权力意志》（下），商务印书馆，第983页。
4 同上书，第987页。

这种对抗关系的过程中，只有处在和他者的冲突关系中，它们才能显身，也才能证实它们自身（这是它们的本能决定的）。生命本能、权力意志和力必须处在波澜、动荡和敌对的关系中。在这个意义上，我们会理解尼采对"灵魂的宁静"的嘲笑。在尼采这里，动荡的敌人是必要的，"需要敌人甚于需要朋友：在对立中它才感到自己是必要的，在对立中它才感到自己是必要的……一个人只有充满矛盾才会多产，只有灵魂不疲沓，不贪图安逸，才能永葆青春"[1]。冲突和对立，是权力意志得以"永葆青春"的原因。本能、权力意志和力就性质而言，是一致的，它们的特质，它们的实践表现都是针对他者的主动的对抗和征服，它们必须要找到对手和敌人，并战而胜之。世界"需要有矛盾、有抵抗，也就是说，相对地，需要有支配性的单子……确定位置"[2]。

尼采并没有对本能做出具体的界定，他甚至提出了各种各样的本能，除了扩张、战斗和征服的本能外，还有相反的自我保存的本能。但是，扩张、战斗、征服和战胜的本能是基本的本能，这样的本能才是尼采意义上的生命本能。本能，是事物固有的自然现象，事物正是

---

[1] 《偶像的黄昏》，第30页。
[2] 《权力意志》（下），商务印书馆，第985页。

凭借着本能在工作，就这点而言，生命本能事实上就是生命的本质，是生命的定义。既然扩张和战斗性的本能是生命的基本驱力，那么，生命正是凭借着这些本能展开了自己的自然态势，生命和其本能必须统一在一起，也只有统一在一起，生命才成其为生命自身：扩张、征服、战斗和自我强化的生命——这是生命固有的自然事实，绝不能违逆。这对于尼采来说是决定性的。尼采正是在这里划定了自己的哲学根基，然后，一切都围绕着这一根基而展开，一切都要放在这一个根基上得到检验。道德，如果说是对生命起着作用的话，那么，凡是违逆这一根基的道德就是不道德的，支撑这一根基的道德就是尼采所肯定的道德，健康的道德。"我制定一个原则。道德中的每一种自然主义，也就是每一种健康的道德，都是受生命本能支配的"。[1]违反生命本能的，就是不健康的道德。生命的这种扩张本能，用另一种说法，就是权力意志。如果说，生命本能是生命据以成为生命的根据的话，那么同样地，权力意志也是生命的根据。

尼采不断地变换使用他的概念。权力意志这个概念，轮番地同其他一些概念互换："存在的最内在的本质就是

---

[1] 《偶像的黄昏》，第31页。

权力意志"[1]，而生命，则是"作为我们最熟悉的存在形式"[2]，甚至有时候，存在就等同于生命，"生命就是存在：此外没有什么存在"[3]。因此，换一种说法就是，"生命就是权力意志"[4]。尼采有时候也用生命意志（will to life）来指代权力意志。在这个意义上，我们应该将尼采的基本的生命本能理解为权力意志，权力意志就是对生命本能的命名。如果说，生命本能是一种抽象的概括，是生命本质的另一种说法的话，那么，权力意志则揭示了这种本能的内容，是这种本能的命名。尼采就此断言道："在我看来，生命本身仅仅是本能，就是增长本能，延续本能，力的累积本能和追求权力的本能。只要缺乏权力意志，没落就会出现。"[5]尼采所讲的"生命就是权力意志"，在这个意义上，就是"生命本质就是权力意志"[6]。生命之所以为生命，就是因为这个权力意志。权力意志就是生命之为生命的基本凭借。在此，生命本能、生命本质、存在本质是同一的，它们的内容就是权力意志——

---

1 《权力意志》（下），商务印书馆，第985页。
2 同上书，第987页。
3 《权力意志》（上），商务印书馆，第11页。
4 同上书，第190页。
5 *The Antichrist*, p.131.
6 *On the Genealogy of Morals*, p.79.

权力意志作为本质，内在地规定着生命必须去对抗、战斗、征服和战胜。

但是，为什么要征服和战斗？因为这是自然本能，是无法解释的本能。我们看到，尼采一再将权力意志看作生命本能，因此这是自然主义的，是生物学现象。尼采还是回到了一个起点，一个生物学的自然起点，一切都应该奠基在这样一个自然起点之上，因为，权力意志可以"作为'自然法则'"[1]而出现。无法为权力意志寻找一个起因，相反，它本身就是一切行动和变化的基本起因，"一切推动力都是权力意志，此外没有任何身体的、动力的或者心灵的力量了"[2]。"我从权力意志中复又认识到一切变化的终极原因和特征。这种权力意志为我们提供了手段，去说明为什么恰恰没有出现有利于特立独行者和幸运者的选择。"[3] "我需要以'权力意志'这个起点作为运动的本原，因此，运动不可能是受外部制约的——不是被引发的……"[4]同时，这个权力意志作为最后的根源，它又不是固定的，不是一种物质化的形态，不是类似于一个原初基石那样的统一体，不是一个具有自我同

---

1 《权力意志》（下），商务印书馆，第977页。
2 同上书，第1032页。
3 同上书，第1034—1035页。
4 同上书，第1001页。

一性的稳固本体。"权力意志是我们能够回溯到的最后一个瞬间",它位居于最后,但也只是一个瞬间而已,它本身处在过渡和流逝状态。

权力意志是生命的本质,同时,"生命,作为一个个案:由之出发把假设扩展到此在的总体特征"[1]。因而,权力意志也是存在的本质。当尼采说,生命本能和权力意志促使生命去对抗、征服和战胜时,它会发生什么?也就是说,这种权力意志的对抗和战胜要达到什么目标?这是权力意志的另外一方面。如果说对抗、斗争和激发矛盾是权力意志的气质,也是权力意志的表达形式,那么,权力意志的这种气质最终会导致一个什么结果?或者说这种对抗性的权力意志到底在什么意义上有益于生命?

就权力意志的对抗和斗争而言,它一定是在同别的权力意志发生关系的过程中出现的,我们可以这样说,斗争总是多种权力意志的斗争。权力意志要去同别的权力意志斗争,但斗争本身不是目的,战胜和积累才是目的。权力意志就是要扩大自身,强化自身,它为这一本能式的目标所统摄。不过,权力意志在什么意义上才称得上是战胜和积累?战胜和积累需要量化,需要对强度和力量关系进行确定:"一切事件、一切运动、一切

---

[1] 《权力意志》(下),商务印书馆,第987页。

生成，都是一种对强度和力量关系的确定，都是一种斗争……"[1]

在讨论权力意志的斗争之前，我们先看看权力意志本身到底是什么。尼采多次将作为生命本质的权力意志描写为自身的强化和增强，是自身的强势作用。权力意志就是力强化自身的意志，就是增加自身的力量的意志，就是在自身内部的增加和提高，它并没有什么外在于自身的目标，它要不断地向自身返回，但是是强化和提高式的返回。正是在这个意义上，海德格尔说，"意志，就像我们通常所理解的那样，根本上就是权力意志，而且仅仅是权力意志。"[2] "严格地从尼采的意志概念意义上来看，权力决不能事先被确立为意志的目标，仿佛权力是某种首先可以在意志之外被设定起来的东西似的。因为意志作为超出自身的驾驭乃是朝向自身的展开状态，因为意志乃是一种超出自身的意愿，所以，意志就是能够赋予自身以权力的强大权能。"[3] 德勒兹也表述了同样的看法："'权力意志'意味着什么？首先，它并不意味着意志想要权力，渴望权力，或把权力作为目标，而权力也不

---

[1] 《权力意志》（上），商务印书馆，第 441—442 页。
[2] 《尼采》，第 43 页。
[3] 同上书，第 44 页。

是意志的动力。"[1]怎样理解这样的论述？意志并不是要获取一个外在的权力目标，权力并不是作为一个意志的外在的目标等待着意志去攫取。既然如此，那么，意志和权力到底是什么样的关系？权力不是意志，意志也不是权力，这二者并不等同，但是它们都表达了同一个意义。权力和意志，这两个词都意味着，权力的本质是权力自我强大的意志，意志的本质也是权力自我强大的意志。也就是说，无论是权力还是意志，都意味着权力要求自我增强。就此，"权力意志"这一词组浑然不可分离。它意味着：作为一种律令，力必须在内部自我强化，自我提高——这既是意志的本质，也是权力的本质："只有权力能够主宰已经达到的各个权力等级时，权力才会发挥力量。惟当而且只要权力是权力之提高，并且令自己赢得权力的增长，权力才成其为权力。在权力之提高方面，甚至一种单纯的中止，在某个权力等级上止步不前，就已经是昏聩无能的开始了。权力的本质包含着对它自身的强势作用。"[2]尼采对此表述得非常清楚："从任何一种力量中心而来，要变得强大的意愿就是唯一的现实

---

1 吉尔·德勒兹：《尼采与哲学》，周颖、刘玉宇译，社会科学文献出版社，2001年，第116页。
2 《尼采》，第897—898页。

性，——不是自我保存，而是侵占，是要成为主人，要变得更丰富、变得更强大的意愿。"[1] "追求无非是对权力的追求，最根本的和最内在的东西始终是这种意志：机械学只不过是一种关于结果的符号学。"[2]

同样，我们也一定不要将权力意志和生命分离开来。只有从生命的角度去理解权力意志，才能为权力意志找到一个合适的形象根基。如果说权力意志是溢出自身和强化自身的意志，那么，生命作为权力意志，因此也就是自身积累力量和增多力量的意志。如同权力就是要强化权力，就是权力的提高一样，生命就是要强化生命，就是让生命变得越来越健康有力："作为我们最熟悉的存在形式，生命尤其是一种力求积蓄力量的意志：所有的生命过程都在此有杠杆，无物意愿保持自己，一切都应当得到增加和积累。"[3] 生命就是要不停地超越生命，强化生命。这是生命和权力意志的运作法则。万物之所以追求积累和增多，正是因为权力意志在起作用，权力意志是生命与存在的积累和增多的内在要求，是内在命令。权力意志作为一种生命本质，发出了这样的指令，"追求

---

[1] 《权力意志》（下），商务印书馆，第986页。
[2] 同上书，第988页。
[3] 同上书，第987页。

一种最大权力感，本质上是一种对权力增殖的追求"[1]。在权力意志的主导下，生命就是去追求，但不是追求一个外在于生命的东西，不是追求一个外在于自身的目的，不是追求生命之外的一个客体对象，权力意志不是将目标之手抓到一个有形之物上。权力意志，"它要勉力增长，勉力发展，勉力获取优势"[2]。

在这个意义上，作为生命的本质的权力意志就是让自身、让生命（"生命就是权力意志"）变得更加强大，就是生命之力的自我增加。"要取代任何生命体都会追求的个体'幸福'而设定权力：'生命体追求权力，追求权力的增加'"。[3]不过，权力意志对力的增强的追求（力作为其目的）是一回事，而如何去追求则是另一回事。如何去追求？如何让生命自身积累和增多？如何让权力意志增加力量？这，就是尼采所说的权力意志的斗争和对抗气质。只有通过斗争和征服，只有同其他力展开竞技，强化自身的目的才能达到。"大大小小的斗争全是围绕着获胜、增长和扩张而展开，围绕着权力而展开，并且都

---

[1] 《权力意志》（下），商务印书馆，第988页。
[2] *Beyond Good and Evil*, p.202.
[3] 《权力意志》（下），商务印书馆，第1032页。

同权力意志,也即是生命意志相一致的。"[1]尼采既将生命本能看作斗争和征服(生命本能促使人们去敌视他人和引起矛盾冲突),也将生命本能看作积累和提高,这样,斗争和征服就是为了积累和提高,或者说,积累和提高是通过斗争、对抗进而征服来完成的,权力意志的目的和手段合二为一。这一过程,用尼采的另一说法,是剥削,权力意志内在地要求去剥削对方。"剥削是生命的本性,它是基本的有机功能,它是固有的权力意志的结果,权力意志恰恰就是生命意志。"[2]

实际上,这个问题还可以这样表述:权力意志是要去对抗,但是,为什么要对抗?为什么要去征服?为什么要去战斗?这是生命的本能,这种生命的本能,这种对抗、征服和战斗要达到什么效果?或者说,权力意志这种本能,最终想构成什么效应?事实上,对抗、冲突和征服同它的效应不可分离,它们是权力意志运作过程的两个阶段:对抗、冲突和征服的效应势必就是要强化自身,就是为了让权力意志更加强大,就是力的增加,就是生命的强化和高涨。实际上,没有对抗和战斗,权

---

[1] Nietzsche, *The Gay Science*, translated by Josefine Nauckhoff, Cambridge University Press, 2001, p.208.

[2] *The Gay Science*, p.202.

力意志和生命就不能强化自身，也就是说，权力意志要强化，就必须去同别的权力意志竞争，就是在竞争中自我强大，就是通过竞争和战斗使自己居于统治和获胜的状况，权力意志就是通过战斗和征服来强化自身，通过对障碍的克服来强化自身。权力意志在自我强化的同时，一定要经由一种对他力的否定和克服过程。这样也就意味着，权力意志的力的增长是在生命内部，但是，这种内部的增长必须通过与外部的力的较量得以实现，也就是说，力的增长不是自足自在地在自身内部增长的，而必须在关系中增长，必须在同另外的权力意志的较量中增长，必须在力场中对别的力进行克服来增长。它要改进自身，它就必须在一个力场中竞技，必须在一个充满紧张关系的力场中竞技："'意志'自然只会对'意志'起作用——而不会对'物质'起作用。"[1] 在此，追求力的增强同与他力的较量过程密切相关，力要获得自我增长，就必须去征服他力，就是要对他力进行"剥削"。力是在力场的斗争中施展自身和表现自身的。作为权力意志的生命就必定以这两个不可分割的行动过程来表达：竞技、战斗进而战胜和征服对方。生命和力就此获得了自己的增强和提高。

---

[1] 《尼采论善恶》，第60页。

不过，权力意志如何去竞技、战斗、征服和较量？权力意志如何去战胜另一种权力意志？尼采将权力意志同别的权力意志的较量，权力意志对另一种权力意志产生的作用，权力意志的征服和战斗，视作力的释放。力去较量，就是要主动释放。或者说，力去战胜他力，就是要将自己的力释放出来。换一种角度说，去主动地战斗，也意味着力本身的饱满、丰盈。虚弱和衰败的力不会释放，也不会去主动地激发矛盾，不会去挑衅，不会主动地去对抗。只有饱满之力，只有力积累到了丰盈、满足和欢快的境地，才会释放，才会主动而积极地外溢而出，才会去较量和斗争。也就是说，力的释放，意味着力去同他力较量，在这个意义上，我们才能将尼采的两种不同的对生命的论述融为一体，即，生命既是力的累积，也是力的释放："首先，生命力求释放自身的能量——生命本身就是权力意志；自我保存只是其最为常见的间接结果之一。"[1]也是在这个意义上，我们能够理解，尼采为什么一方面强调力的积累和增强，一方面强调力的释放。积累和释放，力看上去完全相反的这两种运转形式，怎样能够在权力意志中获得统一？

实际上，这是权力意志不可分开的两个阶段，这

---

1 *Beyond Good and Evil*, p.15.

两个阶段正是在同他力的竞技中分头完成的。释放是力的战斗形式，积累是力的战斗后的收获。而且，这两个阶段处于一种不间断的轮回形式：力经过了饱满的积累，它如此之丰盈、充沛，以至于自然地要释放，要消耗，也就是要通过战斗去消耗；这种消耗势必要掏空自己，势必会腾出能够进一步积累的空间。经由战争的胜利和剥削之后，力又会在新腾出的空间中进一步积累；进一步积累后又要释放，又要消耗，又要战斗，又要剥削，又要积累，如此循环，无休无止。正是在这个意义上，尼采既将生命说成是力的积累，也将生命说成是力的释放。生命就是积累和释放的轮回过程，而且，最主要的是个肯定过程——之所以生命是积累和释放的过程，就是因为唯有积累和释放，生命才能得到肯定，也只有这个积累和释放过程才能肯定生命，才能感受生命，才能诞生生命，只有这个过程才能证实力和生命的存在。在这个意义上，永恒轮回就是对生命的肯定。由于生命的诞生所必需的性爱，也是权力意志的显现——"性爱意愿征服、占有，并且显现为献身……"[1]——因此，一个婴儿的诞生过程，就是力的轮回肯定过程，一个力的积累和释放的过程：先是充分地积累，到达饱满状态后自

---

1 《权力意志》（上），商务印书馆，第481页。

然地流溢而出，自然地释放——一个新的生命得到了肯定。我们看到，整个生命的诞生（肯定）过程，恰好是一个权力意志的轮回——积累和释放——过程。

在生命的这个过程中，我们看到，无论是积累还是释放，都被肯定性和主动性所标志：释放是力的主动释放，是充盈和饱满之后的主动释放，是能动之力（active force）积累到了某种状态之后的能动释放。在此，释放是肯定性的主动释放；同样，积累是肯定性的主动积累。——权力意志是命令，是主动的要求，是肯定式的"我要"，就此而言，在积累和释放这个循环中，贯穿始终的是肯定的机制，肯定存在在这整个过程中，肯定主宰着这整个轮回过程；反过来，积累和释放的循环过程促发了肯定，维持了肯定，生命正是在这个积累和释放中以肯定的形式展现出来的。在此，生命最重要的部分不是积累和释放这两个系列组成的轮回过程，而是这个过程中所表达出来的肯定性和主动性。正是轮回带出了肯定性。生命为一种肯定所标志。

那么，权力意志的肯定性的最初形象在哪里？显然，它绝不在基督教传统那里，也不在民主启蒙的现代性传统中——这两个历史阶段差不多都是在诋毁权力意志，都在谴责生命和高贵，都是奴隶道德占主导地位，都是以否定性作为它对权力意志的态度。在尼采这里，这样肯定的典范形象是狄奥尼索斯——一个积累和释放循环的典范,"我是第一个人,为了理解古老的、仍然丰盈乃至满溢的希腊本能,而认真对待那名为酒神的奇妙现象,它唯有从力的过剩得到说明"[1]。什么是力的过剩?就是力积累到了充沛的阶段,而要主动地释放,这个过程同时意味着生命的不可穷竭:"肯定生命,哪怕是在它最异样最艰难的问题上;生命意志在其最高类型的牺牲中,为自身的不可穷竭而欢欣鼓舞——我称这为酒神精神"[2]。在狄奥尼索斯那里,积累和释放,表现为创造和毁灭的反复进行,狄奥尼索斯就是一个不断地自我孕育和自我毁灭的世界。不过,孕育和毁灭都贯穿着肯定性和主动性。正是在这个肯定的意义上,尽管是悲剧,但只要是肯定性的悲剧,仍旧是对生命的肯定。在此,我们初步地接近了永恒轮回:肯定的轮回和轮回的肯定。

但是,积累和释放为什么要循环?权力意志为什么是这样一个积累和释放的过程?事实上,没有释放的积累是不可想象的,同样,没有积累的释放也是不可想象的。也就是说,积累和释放,作为一个单一的进程都不能是无休无止的,为什么这样?"世界作为力是不允

---

[1] 《偶像的黄昏》,第99页。
[2] 同上书,第101页。

被设想为无限定的,因为它不可能这样被思考——我们不许把无限的力这个概念当作与'力'概念不相容的。也就是说——世界也缺乏永恒更新的能力。"[1]从这个意义上来说,无限的积累,无限的增长,无限的强化,——这样的力是不存在的,因为力是有限的。同样,尼采还相信能量守恒定律。"能量守恒定律要求永恒轮回"[2],这样,与积累相对应的释放就是必需的,力释放到一定程度就要积累,积累到一定程度就要释放,如此反复,无休无止,这就构成了轮回。这是力的运作原则,也是尼采关于世界的基本原则:

> 这个世界是:一个力的怪物,无始无终,一个钢铁般坚实的力,它不变大,不变小,不消耗自身,而只是改变面目;作为总体大小不变,它是没有支出,也没有损失的家计,但同样也无增长,无收入,它被"虚无"所缠绕,就像被自己的界限所缠绕一样,不是任何模糊的东西,不是任何挥霍的东西,不是无限扩张的东西,而是置入有限空间的某种力,那种所谓"空虚"的空间不是任何地方都有的,毋宁说,作为

---

1 《尼采》,第917页。
2 《权力意志》(上),商务印书馆,第240页。

力无处不在,是力和力浪的嬉戏,同时是一和"众",在此处聚积,同时在彼处削减,就像翻腾和涨潮的大海,永恒变幻不息,永恒复归,以千万年为期的轮回,其形有潮有汐,由最简单到最复杂,由最静、最僵、最冷变成最炽热、最野蛮、最自相矛盾,然而又从充盈状态复归简单状态,从矛盾嬉戏回到和谐的快乐,在其轨道和年月的吻合中自我肯定,作为必然永恒回归的东西,作为生成的东西,不知更替、不知厌烦、不知疲倦,自我祝福——:这就是我的永恒自我创造、永恒自我毁灭的狄奥尼索斯的世界,这个双料快乐的神秘世界,它就是我的善与恶的彼岸,没有目的,假如目的不在圆周运动的幸福中的话,没有意志,假如不是一个圆圈对自身有着善良的意志的话,——你们想给这个世界起个名字吗?你们想为它的所有谜团寻找答案吗?这不也是对你们这些最隐秘的人、最强壮的人、最无所畏惧的人、最子夜的人投射的一束灵光吗?——这是权力意志的世界——此外一切皆无!你们自身也就是权力意志——此外一切皆无![1]

世界是力的世界,也就是说,尼采将世界抽象为力。

---

[1] 《尼采遗稿选》,第117—118页。

而且，事实上也只能抽象为力，只能是力的世界（"此外一切皆无"），所有的现象，都是力的竞技和嬉戏。但是，这个世界——这个力的世界——总量不变，空间不变，也就是说，作为力的世界，有一个固定的界限。不过，这个空间不是人们通常看成的那样是个空洞的空间，似乎力填充在这个空间之内，恰恰相反，正是力本身，力和力的关系本身构成一个空间，一个固定的空间。空间不过是力的效应。力只是在这个固定的空间范围内千变万化。也可以反过来说，在这个固定的空间范围内，也只有力和力浪在翻腾、聚积、削减和永恒变易。满目之内，唯有力在嬉戏。如果尼采说权力意志是一个争斗和累积的过程的话，那么，这个力的嬉戏和变易的过程，也就是一个争斗、累积和释放的循环过程，也是在一个固定空间内的循环轮回过程。由于力的总量的限制，由于固定空间的限制，力积累到一定的时候，就必须释放。积累和释放的过程，实际上也意味着力和力的世界的形态、面孔和特性的变化过程。就此，这个空间内固定总量的权力意志是在永不停息的生成过程中，而这种生成过程，就是被肯定性所铭写，这种肯定性受到了祝福。这种轮回和变易的肯定伴随着欢快、欣喜和幸福。这样，我们看到这个力的世界的几个面相：就其实质内容而言，是力的竞技和斗争，是力的积累和释放；就其运作规律而言，是无休止的变易，是千变万化，是永恒轮回；就其性质而言，是主动，是积极，是肯定；就其携带的情绪而言，是喜悦，是幸福，是欢乐，是自信，是大笑；就其形象寓言而言，是陶醉和狂喜的狄奥尼索斯；就其哲学根源而言，是看到了永恒生成和斗争的赫拉克利特（在这个世界上，赫拉克利特看到了什么？"除了生成，我别无所见"）。所有这些都意味着什么？这些变易、增长、欢欣、轮回和肯定的力的世界意味着什么？这不是生命又是什么？——生命就是权力意志。这个世界，既是权力意志的世界，尼采隐含着的说法，这也是一个生命的世界，一个身体世界（醉饮的狄奥尼索斯的舞蹈全然摧毁了意识和理性，它只能是身体性的）——"此外一切皆无"。在此，我们看到了生命和轮回的关系：正是通过轮回，生命得以自我肯定；反过来，生命是轮回过程中的肯定。

四 力、权力意志及其表达

如果说这个世界是一个力的世界、一个永恒轮回的权力意志的世界的话，那么，这个力是被什么推动的，它是否有它特殊的运动根源？是不是存在着一种东西，像力学所解释的那样，推动着这种运动——而权力意志则是这种动源的所属物？或者说，权力意志是生命或者主体的所属物，它的启动、斗争都是由生命或者主体去推动的，或者是某个抽象的原子去推动的？同样，另外一个问题是，如果说权力意志是对世界的一个抽象的话，那么，可见的现实世界是否是它的表象？也就是说，权力意志是否存在着一个外物在帮它显身？也就是说，是不是还存在着一个隐秘的权力意志，有一个表象在反映和再现这个权力意志？我们唯有通过这个表象才能"看到""权力意志"？

所有这些想象，都是尼采一再批评的力学。实际上，权力意志就是表象，而且也只是表象，这是唯一的表象，没有什么外在于权力意志的东西，权力意志并非是什么隐藏在事物之后的东西，它不需要一个可见的运动和可见的世界来表达；同样地，权力意志也并非某物的权力意志，并非一个从属性的权力意志，权力意志不从属于任何物和主体。权力意志就是现实，唯一的现实。也可以反过来说，现实就是权力意志，"不存在一定量的现实，因为所有现实已经是一定量的力"[1]。"数字概念、主体概念与运动概念……如果我们除去这些附加品：那就不会剩下任何事物了，而只有些动力学的量，它们与所有其他

---

1 《尼采与哲学》，第59页。

动力学的量处于一种张力关系中：它们的本质就在于它们与所有其他量的关系当中，就在于它们对所有其他量的'作用'当中。"[1]但是，人们并没有看到这一点，而发明了机械论和力学。人们要么认为，现实再现了权力意志，运动是权力意志的表象，权力意志是某种深藏在表象之后的东西；要么认为，权力意志是机械作用的结果，力是某一物发起的结果，是由于某一个原因、某一个推动、某一个主体而导致了力的作用。也就是说，有一个权力意志的主体，它是权力意志的根源、动力和发起者。这两种认知使权力意志陷入了两层迷雾：一个是深度迷雾（隐藏着的权力意志被表达），一个是因果迷雾（权力意志被推动和发起）。实际上，执迷于这两种迷雾的人，"并没有摆脱掉感官和语言诱使我们形成的习惯。主体、客体，一个行为者之于行为，行为与行为之所为，是分离开来的：我们不要忘了，这仅仅表示一种单纯的符号学，而并不表示任何实在"[2]。也就是说，权力意志并非是一个行动者发起的，相反，"一定量的力相当于同等量的驱力、意志和施力，或者，更恰当地说，力不是别的，正是这种驱力、意志、施力本身，只是因为语言的诱惑，力才

---

1 《权力意志》（下），商务印书馆，第984页。
2 同上书，第983页。

会显示为其他的东西，因为这种语言把所有的行为都设想和错误地设想为是施动者，即'主体'的控制，……可事实上并没有这样的基础；在作为、行动、生成背后并没有一个'存在者'，'行动者'只是被附加给行动的一个虚构——行动就是一切"[1]。权力意志这样的概念，就此抛弃了主体概念，抛弃了力的再现概念，抛弃了力学概念，也抛弃了物质概念，"机械论世界是如此这般被想象出来的……数字概念、事物概念（主体概念）、行动概念（原因与作用的分离）、运动（视觉和触觉）"[2]。权力意志，是唯一的现实，现实就是无条件的力和行动，以及力和力的关系，而不是力的运动表象。让我们再强调一遍：现实就是力，而非力的表象。

从这个意义而言，尼采的权力意志概念对整个主体哲学和理性哲学进行了攻击，尤其是攻击了哲学的主谓语模型：似乎有一个主体在发起一个行动，而权力意志正是这个行动谓语，它有一个主语施动者。尼采的权力意志恰恰不是这个主谓模型中的谓语，它没有施动主语；或者说，权力意志既是主语又是谓语。它同时是原因、过程和结果。权力意志的概念，消除了海德格尔的主谓

---

1 *On the Genealogy of Morals*, p.45.
2 《权力意志》（下），商务印书馆，第 984 页。

结构(存在者存在着),它运动不息。在尼采这里,没有单纯的存在者,没有单纯的主体,没有单纯的同谓语分离的主语。人们总是设想存在着一个主体(主语),这个主体是某个行动(谓语)的原因。主语和谓语,原因(意图)和行动,它们的因果关系,构成了人们的信仰。"人们在所有发生事件中都见出了意图,所有发生事件都是行动。这乃是我们最古老的习惯。"[1]换句话说,这是这样的因果性信仰:"一切发生事件都是一种行动,一切行动都是以一个行动者为前提的。这就是对'主语'的信仰。难道这样一种对主语和谓语概念的信仰不是一种愚蠢吗?"[2]在尼采看来,意图就是这个发生事件本身。作用和作用者是一体的,并不能分开,而传统的主体概念,恰好遵循着这样一种分离主客体的因果模式,将主体当作行动的根源。"这背后隐藏着对行为者的信仰:仿佛哪怕去掉了'行为者'身上的一切行为,行为者本身也还剩了下来。这里的潜台词始终是这样一种'自我观':一切发生事件都被解释为行为,带着一种神话,一个与自我相适应的本质……"[3]

---

1 《权力意志》(上),商务印书馆,第121页。
2 同上。
3 同上书,第290页。

为此，尼采抛弃了主体/主语概念，他用生命概念取而代之，作为生命的权力意志，是运动着和生成着的生命，这个生命同时包含着行动和行动者。或者说，在生命和权力意志这个概念中，作用和作用者是一体的，行为和行为者是一体的，原因和过程是一体的，存在和存在者是一体的，主语和谓语也是一体的。具体地说，权力意志内在地在生成，它并不是生成的一个起源和主体，不是一个生成者，同时它也不是一个单纯的生成、单纯的谓语；权力意志和生命，同时是生成者和生成。或者说，生命一直在不停息地生成着，生命从来就不是存在。同样，反过来，生成从来就是生命和权力意志的生成，没有生命就没有生成，在这个意义上，生成就带有存在的特性，存在带有生成的特性。权力意志（生命）和生成不能分开，就像尼采所说的闪电和闪电的光不能分开那样。尼采反对将主体和主体的行为分开，他因此反复而激烈地批判了先前的主体思想，在他看来，主体应该用身体取而代之，因为，"身体，这个事物，这个由眼睛构造起来的'整体'，唤起那种关于某个行为与某个行为者的区分；行为者，越来越精细地被把握为行为的原因，最后就剩下了'主体'"[1]。

---

[1] 《权力意志》（上），商务印书馆，第168页。

事实上,我们在尼采的著作中,很少看到他使用主体概念。哲学中的这个主体概念,从笛卡尔一直到黑格尔,都是一个稳定的主体,是作为行动者的主体,是意识和理性占据绝对主宰内容的主体。但是,尼采抛弃了这样的主体哲学。主体不是存在,不是一个牢靠的主体,不是一个整体同一性的主体。主体永远是变动的,是生成的主体,用克罗索夫斯基的说法,是四分五裂的主体。向他者生成和分化的主体就是一个去主体化的过程。这就是克罗索夫斯基讲的永恒轮回带给他的启示。永恒轮回意味着主体的分裂,意味着它的同一性(identity)被打破,这个主体的自我同一性,被轮回中的生成循环过程所一再摧毁。"将永恒轮回之必然性作为一种普遍法则来信奉,我就将现在的自我非确定化了,目的是在所有其他的自我中来意志我自身,这所有其他的自我构成的系列都应当被经历一遍。这样,依照这种循环运动,我再一次变成了在我发现永恒轮回法则的那一时刻的我之所是。在永恒轮回被启示给我的时刻,我当时当地就不再是我自身,而可能成为无数个他者。"[1] 尼采对主体的批判是他最重要的哲学启示之一,他对主体的批判也意

---

1 Pierre Klossowski, *Nietzsche and the Vicious Circle*, translated by Daniel W.Smith, The Athlone Press, 1997, pp.57–58.

味着他对整个哲学传统的批判。德勒兹正是在这个意义上接受了尼采的生成概念。对德勒兹而言，也没有一个确定的主体，只有一个永恒的流变的充满强度的无器官身体，这个无器官身体是一个力和力的争斗过程。如果说克罗索夫斯基强调向他者分化来反驳同一性主体的话，德勒兹则用力和力的对抗来反对这种稳定的主体——这是他们从尼采那里受到的启示。

在笛卡尔的理性主义传统中，主体意味着什么？主体实际上就是意识。主体意味着理性，意味着意识富于逻辑的推理、计算和规划，意味着对身体的绝对排斥。但是，我们早就看到了，混乱的、消除了一切界限的狄奥尼索斯一开始就冲破了条分缕析的因果主体。万事万物不是根据因果关系来测量，而是在力的爆发中融于一种整体性的混沌中。尼采用生成来描写存在，或者说，他也用存在来描写生成。这就是他的独特性之所在。这也是他和柏拉图主义的差异之所在——后者正是要用一个存在来限制生成和谴责生成，它的基本原则是："存在者不生成，生成者不存在。"[1]在尼采这里，我们可以将这个句子颠倒过来说：存在者生成，生成者存在。"给生成打上存在之特征的烙印——这是最高的权力意志。一切

---

[1] 《偶像的黄昏》，第20页。

皆轮回，这是一个生成世界向存在世界的极度接近。"[1]也就是说，生成已经被赋予了存在的特征，存在已经被赋予了生成的特征，这是最高的权力意志，是观察的巅峰。从这个角度理解，主语（存在者）和谓语（生成）的界限正在趋于消失，行为者和行为的界限在消失。最终，是主体这个哲学概念的瓦解。

这样，我们看到，权力意志从两个方面反对形而上学：就横向而言，它反对主体和主体的行动这一主谓划分；从纵向的角度而言，它反对表象和理念的深层和表层的表象性划分，因为，权力意志就是唯一的现实。显然，权力意志对这两种形而上学信仰都发起了攻击，而且，这两种攻击密切相关。因为，如果消除对主体的信仰，如果认为"自在主体"是一种虚构，那么，对自在之物的信仰也就消除了，一旦没有自在之物，那么，自在之物和现象的对立也就消除了。就这样，"'本质'付诸阙如：'生成之物'、'现象'乃是唯一的存在种类"[2]。显然，尼采一并抛弃了主体和表象的思想。

如果权力意志既不能被外物所表象，也没有主体的属性限制，不为主体所派生，那么，如何来衡量这种

---

1 《权力意志》（上），商务印书馆，第360页。
2 同上书，第289页。

唯一的现实？或者说，如何对权力意志这种唯一的现实进行描写和界定（而不是再现）？我们已经看到了，权力意志永远处在关系中，处在同别的权力意志的较量关系中。因此，权力意志的界定，如果无法通过自身得以描写的话，它可以在它和别的权力意志的关系中得到描写——权力意志只和权力意志相关，没有自成一体的完全不受污染的权力意志，没有安静而孤独的权力意志，因此，它也只能在力的关系中得到描写，只能在力群中得到描写。而权力意志彼此之间一旦处在关系中（也必须处在关系中——哪怕这是征服和抵抗的关系），它就势必要产生量和量差。力和力之间的相互作用，一定会产生量和量差，什么是量？"一种权力量是通过它所施加和抵抗的作用来表示的。"[1]这个处在关系中的量正是对权力意志的界定，量差能够体现出权力意志间的关系。因此，量既是对具体权力意志的描写，也是对权力意志之间的关系的描写："数字概念、主体概念、运动概念的干预……如果我们除去这些附加品：那就不会剩下任何事物了，而只有些动力学的量，它们与所有其他动力学的量处于一种张力关系中：它们的本质就在于它们与所有其他量的关系当中，就在于它们对所有其他量的'作用'

---

1 《权力意志》（下），商务印书馆，第983页。

当中。"[1]

这样看来,权力意志应该区分为量和质两个方面,它既可能以量的形式显身,也可能以质的形式显身。就量的形式而言,权力意志因为处在和另外的权力意志的对抗中,因此,量总是衡量双方对抗的程度和结果的东西。量,是处在对抗关系中的一种强度的表现形式。量也只是在量和量的关系中得到体现,但是,这种量和量发生作用就一定会出现差异,一定会出现量差关系,而这种量差是怎么出现的?量差正好同力的本质密切相关,"量的差异是力的本质,也是力与力之间的关系的本质。梦想有两种等量的力——即使这种力被认为具有截然相反的含义——它也只是一种粗糙的、近似的、统计性的、生命沉溺其中的梦想"[2]。这也就是说,权力意志是以量的方式得以界定的,量是权力意志的描写形式。但是,这里的量不是单纯的静止的量,并不存在着一种既定的安静的量数,并不是说权力意志被一个固定的量数所牢牢地限定,而是说权力意志的量是在同别的权力意志的量所发生的关系中得以界定的,这个量从来不会是一成不变的。而且,更重要的是,量和量之间总是有差异关系,

---

[1] 《权力意志》(下),商务印书馆,第984页。
[2] 《尼采与哲学》,第65页。

从来没有同等的完全一样的两种量。"力的世界绝不会进入平衡状态"[1]。量差一定会出现在权力意志的较量中,这种量差正是力的本质。"质与量的不同之处仅在于质是量不可等值的那一面,是量与量之间的差异不可消除的那一面"[2]。量差,"是不可化简为量的质"[3]。就此,量不仅描写了权力意志,量和量之间的差异还描写了权力意志的质。因此,权力意志既要通过量得以描写,也要通过量差所体现的质得以描写。

一旦出现了量差,就意味着有不同性质的权力意志。而"权力意志是力的系谱学因素,它既是区分性的又是起源性的。权力意志是这样一种因素,它不仅衍生彼此关联的力的量差,而且产生由此转移到每一种力中的性质。权力意志在此揭示出它作为力的综合原则的本质"[4]。因此,有不同性质的权力意志就有不同性质的力。也就是说,力的量、力的性质和力的方向都是权力意志所确定的。在这个意义上,权力意志非常具体,它不是叔本华式的普遍意志。因此,我们要问,这是"哪一个"权力意志?是哪一种力?

---

1 《尼采遗稿选》,第63页。
2 《尼采与哲学》,第65页。
3 同上。
4 同上书,第74页。

但到底有哪些不同性质的权力意志和力呢?"力就其本质而言是有关胜利的概念,因为力与力的关系从概念上理解是支配与被支配的关系:两种力互相关联时,其中一种是支配力,另一种是受支配力。然而,力的胜利概念需要一种补充,而这种补充是内在的,是一种内在意志。没有这一补充,就谈不上力的胜利。……权力意志被添加到力中,却是作为区分性和起源性的因素、作为产生力的内在因素被添加到力中,它丝毫没有人的特性。……力正是凭借权力意志才得以战胜、支配或指挥其他的力。并且,也正是权力意志使力在关系中屈服,它只通过权力意志才屈服。"[1]

也就是说,力在同别的力的竞技中的胜利或者屈服,取决于内在于其中的权力意志。在这个意义上,权力意志成为力的起源。权力意志也有质的不同,它被划分为两种类型:肯定的和否定的权力意志;前者力图促使力获胜,后者促使力屈服。力也被划分为两种类型:能动力和反动力:"能动和反动指向力的本源性质,肯定和否定则指向权力意志的本源性质(肯定的权力意志和否定的权力意志)。"[2]

所有这些复杂的性质确定(能动力和反动力,肯定

---

[1] 《尼采与哲学》,第75—76页。
[2] 同上书,第79页。

的权力意志和否定的权力意志）都是为了解释尼采的力的吊诡：有些力是反动的，但其内在的权力意志又是肯定的；同样，有些力是能动的，但其内在权力意志却是否定的。通常，能动力与肯定的权力意志，反动力与否定的权力意志有亲和关系，但是这二者也绝不能自然地连接在一起。这是德勒兹解读尼采的精彩绝伦之处。他在尼采那里发现，能动力常常与其所能分离（它被否定的权力意志转化为反动力），反动力常常与其不能分离（它被肯定的权力意志转化为能动力）。能动力有时候变成否定，反动力有时候变为肯定；能动力在肯定的时候就是永恒轮回，反动力在否定的时候就是虚无主义。不过，在尼采那里，最重要的不是能动力和反动力的问题，而是权力意志的问题，是权力意志的肯定和否定的问题。他的评判标准不是置放在力这一方面，而是置放在权力意志这一方面：只要权力意志是肯定的，就是有价值的，就是促进和繁殖生命的——"更深刻的是，肯定和否定之所以能超越能动与反动，是因为它们直接体现了生成本身的性质。肯定不是能动，而是趋向能动的权力，它体现的是反动趋向能动。否定也不是简单的反动，而是趋向反动。"[1] 尼采通常将肯定（权力意志）和反动

---

1 《尼采与哲学》，第80页。

（力）相结合；也将否定（权力意志）同能动（力）相结合。否定的权力意志和能动力相结合，是禁欲主义的方式。禁欲主义是能动力的表达：它要能动地去禁欲，但是这种能动性是为了否定生命（禁欲），是主动地反对生命，也就是说是生命在反对生命，意志在反对意志。禁欲主义是一种反对意志的意志，是一种要消灭意志的意志，是一种求无的意志。能动力在此表现为意志，但是否定的权力意志在此则表现为对意志的消灭，因此，尽管在这里出现了能动力（意志），但是它被否定的权力意志（虚无意志）所控制和主宰——能动力最终还是变成了否定生命的反动力。这是否定的权力意志将能动力改造为反动力的表现。

反过来，肯定的权力意志也和反动力相结合。这就将反动力变成了能动力，最终变成了对生命的肯定。在尼采这里，狄奥尼索斯表达得非常充分，他遭受着毁灭（反动力），但是这种毁灭却是和肯定的权力意志相结合的，正是权力意志的肯定性，将毁灭这种反动力变成了激发生命的能动力。尼采一再提到痛苦对于生命的作用，就是因为痛苦这种针对生命的反动力被肯定的权力意志转化为促进生命的能动力。狄奥尼索斯如此，查拉图斯特拉也是如此："代表未来的他"的"伟大的健康"要求各种各样的反动力，即"征服、冒险、危难，甚至于痛苦的精神……需要习惯于凛冽的高山空气，习惯于冬季的漫步，习惯于各种各样的冰冻和山峦"[1]。尼采本人何尝不是如此？他的身体的健康状况众所周知，但他却宣称自己是全欧洲最健康的人。"我是个颓废者，也是颓废的对立面……对于一个典型的健康人来说，生病甚至可以成为生命的充满活力的刺激物，可以促使生命更为活跃。"[2] "他（尼采）如此之强而有力，因此一切都得以转化而为他的最大利益服务。"[3]这是反动力和肯定的权力意志相结合的最佳表述。

能动力一旦和否定的权力意志相结合，最终就会变成反生命的反动力。基督徒如此，现代人同样如此。现代人生长在安全、舒适、慰藉和保障的环境中，是生长在能动力的环境中，但是，这种环境编织的不过是羊群的幸福，它灌注其中的却是否定的权力意志，是在将人均等化和平庸化的权力意志。尼采并不举荐这样一个能动而"幸福"的环境，"人这种植物是在何处生长，是如何生长？"他相信人应在同现代人生长的相反的土壤中生长，"为此人类处境的危险性应当增大，应在长期的压

---

[1] 《论道德的谱系》，第73页。
[2] *Ecce Homo*，p.224.
[3] 同上书，p.225.

力和强制下将其创造力和掩盖力培育得细腻而勇猛……严酷，暴力，奴役，外界和内心的危险，隐秘，引诱，禁欲，各种邪魔，对人来说一切邪恶的、专制的、残酷的东西，都是作为人的对立面来改善人类的"[1]。也就是说，较之能动力而言，反动力（让生命遭到严峻考验的恶劣环境）更适合于权力意志的激发，更有利于生命的刺激。

德勒兹对尼采的这种区分（力和权力意志的区分，两种力之间的区分，两种权力意志之间的区分）将尼采具体化和复杂化了。事实上，在尼采那里，权力意志和力这些重要的概念非常抽象，尼采并没有对它们进行细致的定义。在通常情况下，尼采的权力意志概念，专指的是肯定的权力意志（尼采多次说过"生命就是权力意志"，这个"权力意志"无论如何不能说是否定性的），是生命蓬勃增长的权力意志。尼采有时候甚至将力和权力意志互换（海德格尔认为尼采的权力意志就是力），二者都是力的提升和强化，都是力的自我肯定。

正是这样的肯定的权力意志才是他的立法标准。尼采实际上一直依靠二元论工作。有肯定的权力意志，有否定的权力意志；有能动力，有反动力；有积极的永恒轮

1　*Beyond Good and Evil*, p.50.

回，有消极的永恒轮回；有积极的虚无主义，有消极的虚无主义；有主人道德，也有奴隶道德；等等。而肯定的权力意志是他的哲学基石和价值标准。这个标准是对先前欧洲哲学传统的翻转和颠倒。权力意志对抗了和颠倒了哪些传统？颠倒了什么样的价值标准？又颠倒了哪些哲学观念？

五 真理、解释、重估和思考

我们已经看到了，尼采放弃了哲学中的主体观念——这种主体观念和因果观念相互依存。主体是推动者，是意图的所有者，是逻辑关系中的"因"，是主语，尼采的权力意志概念——生成和存在的无限接近——打破了这个主谓语信仰和因果信仰。不仅如此，它也破除了现象和本体的二分信仰，最终破除了整个柏拉图主义的信仰。尼采的权力意志概念，不仅仅是同柏拉图主义进行对抗，最重要的是，它转换了柏拉图主义的哲学模型，转换了柏拉图主义的思维模式。如果说，柏拉图主义总是要区分出表象和理念，而且总是将纷繁表象和身体归之于一个牢靠的而且寂静的终极理念和灵魂的话，那么，尼采的权力意志哲学并没有这样一个律令，尼采不仅铲除了理念，而且将整个这种等级式的哲学模型都铲除了。理念和表象是什么？理性世界和感性世界是什么？真实世界和假象世界是什么？所有这些纠缠着柏拉图主义的二元论问题，都被尼采的力的世界所吞噬了。只有权力意志的世界——此外一切皆无。作为权力意志的世界是一个巨大的没有终点的生成事件，它有自己的内在法则，但这不是基于深度和表象区分的派生法则，不是一个安静的内在性和一个变幻的外在性编织成的静态的等级法则，不是一个灵魂不断谴责肉体的优先性法则，也不是一个真理和假象剧烈对峙的法则。相反，一切都在一个差异场域中运转：一切都在生成，一切都要运动起来，一切都要在生成和运动中不倦地斗争，在这个生成、运动和斗争的不停息的过程中，所有的优先性、约束、等级和根源都消除了，因果逻辑绳索都松绑了，严密的秩序崩溃了，深度和表象的区分消失了，都消失在一个力的差异大海中——这个力的大海，其特性如同赫拉克利特所想象的不稳定的奔突的火的世界一样起伏不定，这是一个无逻辑秩序的混沌世界。在此，我们看不到身体苦苦地束缚于灵魂、意识和精神的挣扎情景，看不到假象被真理无情地排挤的情景，也看不到原因流畅地推论出结果的欢快情景。相反，一切都是身体之力的嬉戏，灵魂、意识和精神消耗在这种力的嬉戏中，并构成身体之力的竞技效应。同样，在权力意志这样一个差异性场域中，时间优先性法则也取消了——权力意志并不确认时间的具体开端和结束，并不将时间之链牢牢地封闭起来。这意味着，既没有最早的时刻，也没有真理最为纯净的时刻；既没有最后的时刻，也没有假象盘踞其中的时刻。而且，所有的时刻地位平等——因为权力意志在轮回，在时间上既没有开端也没有终结地轮回。权力意志全神贯注于每个瞬间，每个瞬间都获取自身的主权。

尼采放弃了作为主动起源的主体概念，这同时意味着，他也放弃了作为理性法则的主体概念。主体概念可以从不同的角度被定义。当被作为结果的对立面时，它被定义为原因；当被作为客体的对立面时，它通常被定义为认知理性。通常的情况是——比如在笛卡尔那里——主体同时是起因和认知理性。这样一个认知理性，它试图获取什么？当然是绝对而确实的真理。但是，怎样获取这些真理？笛卡尔以数学方法为榜样：数学的推理是建立在一些基本公理之上的。以这些所有人都相信的公理为出发点，进行严格的演绎推理，就一定能获取进一步的复杂知识。但是，从哲学的角度来看，这个基本公理是什么？笛卡尔著名的"我思"概念，就是作为这样一个自明的真理而出现的，如果说其他的一切都可能是假象的话，那么，我思维，我怀疑，这一事实，恰恰是毋庸置疑的，恰恰是自明的和确定的——这是最初的知识，它对于随后的哲学论证而言，就相当于数学中的最初的基本公理一样重要。正是从这里出发，哲学探讨真理和知识的目标和任务才能展开。同时，我们也能划定真理的检验原则，那就是清晰的而且被人认知的。

笛卡尔为现代哲学设定了一个基本的方向，他将知识和真理问题投射到现代哲学的核心之中。它被这样一个问题所主宰：主体如何从客体那里获取知识？客观知识和真理如何显身？整个现代哲学差不多都围绕着笛卡尔提出的这个绝对知识问题而殚精竭虑。尽管笛卡尔为此设计了一套严密的数学方法论，但是，在17世纪以后的哲学传统中，他仍旧是通过被不断质疑的方式而得以存活的。在从笛卡尔到康德的现代哲学寻求真理的旅途中，莱布尼兹和休谟展开了激烈的竞技。对于前者而言，客观知识绝对存在，它独立于任何的观察者；对于后者而言，客观知识不存在，所有的知识都是观察者的主观经验。对于莱布尼兹这样的唯理主义者而言，通过与经验无关的先验推理和演绎，也就是说，以基本的公理为基础，借助理性本身的强大形式逻辑，客观知识可以置任何的经验于不顾而自发地显身；对于休谟这样的经验主义者而言，经验之外别无其他，所有的知识都沾染了认知者的个人体验、感觉和印象，理性并不具备推论知识的能力，因为理性本身离不开感觉，就此，普遍性的绝对知识并不存在。这两个人如此之对立，它势必会激发后来康德天才般的哲学调和，这种调和伴随着康德对两个人的激烈批判：莱布尼兹和休谟虽然各自诉说了自己的真理，但同样也被各自的谬误所充斥。

在康德看来，经验知识和先天知识构成两种传统，就前者而言，"一切知识都以经验开始"[1]。这点毋庸置疑，这是对休谟的注解。但是，这样说并不表明一切知识都产生于经验。同样还存在着不依赖一切经验而发生的先天知识。"轻而易举地就可以表明，在人类的知识中确实有诸如此类必然的，在严格意义上普遍的，从而纯粹的先天判断。"[2]以康德的眼光看，经验论和唯理论各自的固执观点恰好是对立方各自的遗漏：对于强调经验的休谟而言，他实际上否认了知识的普遍性；对于强调理性的莱布尼兹而言，他完全否认了经验。康德正好要将二者的局限性同时克服掉：知识确实是被经验到的，但是也确实是有其普遍性的；也可以颠倒过来说，知识确实是普遍的和客观的，但也确实首先是通过经验的方式来体

---

[1] 康德：《纯粹理性批判》，李秋零译，中国人民大学出版社，2004年，第26页。
[2] 《纯粹理性批判》，第28页。

验到的。稍微具体一点地说，在康德这里，经验主义者经验到的是知识的内容，唯理主义者演绎出的是知识的形式。前者的知识缺乏形式；后者的知识缺乏内容。前者所持的是独断论，后者则是怀疑论。康德的目标是同时限制独断论和怀疑论。反对独断论，康德认为没有经验的知识是不可能的；反对经验论，康德认为普遍的先天知识是可能的。他旨在将知识的形式和内容结合在一起：知识既是经验到的，同时也是先天的和普遍的。如果对对象无任何的具体经验，如何获取关于对象的一般知识？同样，如果没有普遍性和必然性，没有先天的理性能力，关于对象的具体经验如何上升为一种普遍知识——在康德这里，真正的知识被看作绝对的和普遍的知识。因此，康德的最终发现是，知识是经验到的世界的先天知识；也可以说，先天知识是被经验到的。绝对的普遍客观知识，一定会以经验为基础。如果没有经验到，这样的知识是无法证实的——比如，康德的"自在之物"，这是感觉之外的东西，它没有被经验到，因此，我们无法获取它的知识，尽管这样的知识确实存在。就此，知识，一旦被经验所限制，那么，理性的局限性就昭然若揭——理性并没有无限的能力，它只是被限制在经验范围内活动。

现代哲学就这样徘徊在从笛卡尔到康德的知识论当

中。尽管每个人对知识的获取途径和方式有不同的看法，但是，每个人对知识本身的定义是一致的，无论是经验论还是先验论，以及康德特有的调停主义，都将知识定义为客观真理，都相信知识本身的客观性。用尼采的说法，这三者都具有一种共同的知识论信仰。这三者的区别，是持有相同知识信仰内部的区别，是在共同的知识信仰内部去探讨知识和真理的不同途径的区别。尼采同它们的差异，不是关于探讨真理和知识途径的差异，不是在这三种途径之外再添加另一种途径来探讨真理和知识，而是根本就否认这个绝对知识和普遍真理的存在。因此，尼采同它们的差异，就是真理和知识观念的差异。或者说，尼采并不否认知识和真理，但是，真理和知识在他那里已经迥异于康德哲学中的知识和真理了——尼采意义上的知识和真理并不具有普遍性和绝对性。如果真理和知识不是普遍性和绝对性的，那么，探讨真理的一般途径同样也不存在了。对尼采来说，并没有一个普遍性的绝对真理，因此也不存在一个普遍性的对真理的发现途径——并没有笛卡尔式的方法论。这样，尼采完全摆脱了普遍知识论的哲学轨道。既然真理和知识的概念发生了变化，那么，尼采特有的这种真理和知识又是什么？这种真理和知识又是如何自我显身的？

在尼采这里，"真理并不是某个或许在此存在、可以找到和发现的东西,——而是某个必须创造出来的东西,是为一个过程,尤其是为一个本身没有尽头的征服意志给出名称的东西:把真理放进去,这是一个通向无限的过程,一种积极的规定,而不是一种对某个或许'自在地'固定的和确定的东西的意识。这是一个表示'权力意志'的词语。"[1]为什么说真理是表示权力意志的词语?因为,真理意志是权力意志的表达形式。具体地说,权力意志不是去探讨和发现一种已然存在的(康德式)真理,而是去创造一种真理,去发明一种真理,真理是权力意志的产物。如果权力意志总是主动性和立法性的话,如果权力意志总是派生和指定性的话,那么,真理就是这样一个主动权力意志的派生产物。这样的真理,就不是独断论的真理,它是一个发明物,是权力意志的锻造、发明和立法的结果。就此,尼采似乎相信,世界本身,"物自体"、自然本来是毫无意义并充满混乱的。它之所以表达出意义、秩序或者真理,实际上是因权力意志的创造:"所有的意义,所有的秩序都产生于人,产生于人的创造性行为,产生于人的权力意志"[2]。就此,这个真理

---

[1] 《权力意志》(上),商务印书馆,第441页。
[2] 列奥·施特劳斯:《注意尼采〈善恶的彼岸〉的谋篇》,见朗佩特:《施特劳斯与尼采》,田立年、贺志刚译,上海三联书店,2005年,第205页。

并不是什么确定的与权力意志无关的绝对真理，它不是隐秘地躲藏在那里，等待着某种外在的目光去发现，去搜索，去验证，这样的真理和绝对知识并不存在，相反，真理是权力意志的效应，在真理身上，到处被打上了力的烙印。正是在这个意义上，尼采将真理明确地视为一种强行规定，是被设置之物，是被"放进去的"，而且是征服意志给出名称的东西，是一个无限置放过程中的权宜之计；这样一个真理总是暂时性的，因为权力意志创造真理的过程无始无终，永不停息。就此，客观真理被发明的真理所取代，客观性的认识也被主动的解释所取代。认识是什么？它是一种选择性的透视主义，是"解释，而非说明。没有什么事实，一切都是流动的、不可把握的、退缩性的；最持久的东西还是我们的意见。意义投放——在大多数情形下是一种重新解释，即对一种变得不可理解的、现在本身只是符号的旧解释的重新解释"[1]。"这也是为什么在尼采那里，解释者是'诚实的'；他是'名副其实的'，并不是因为他占有一种沉睡的真理，以便说出它，而是因为他宣告了一种所有的真理都在掩盖的解释。"[2] 这样解释出来的真理，正好是权力意志的表

---

[1] 《权力意志》(上)，商务印书馆，第119页。
[2] 福柯：《尼采·弗洛伊德·马克思》，见《尼采的幽灵》，第105页。

达,权力意志在它身上显露、证实和运转。求真意志是权力意志的表现形式。"权力意志理论就不能宣称揭示了实际的情形,揭示了事实,揭示了基本的事实,而'仅仅'是一种'解释',可能是诸多解释当中最好的一个。"[1]这样的真理,反证和肯定了权力意志。福柯的权力—知识的概念就是从尼采这里而来的,对福柯来说,知识就是权力的效果——不同时代的有关疯癫的知识和真理,就是不同时代的权力解释的效果。没有关于疯癫的客观的知识,没有一成不变的本质性疯癫。

如果一切都是解释,一切都沾染了权力意志的激情,那么,被解释出来的真理、知识和本质都被视角化了,解释,就是视角的特殊运用:"并不存在什么'自在的事实',而不如说,为了能够有一个事实,一种意义必须首先被置入其中了。从某个他物出发来看,'这是什么?'的问题就是一种意义设定。'本质','本质状态'乃是某种透视性的东西,已然是以一种多样性为前提的。根本性的问题始终是'对我而言这是什么?'……质言之,一个事物的本质也只不过是一种关于'事物'的意见。"[2]

---

[1] 列奥·施特劳斯:《注意尼采〈善恶的彼岸〉的谋篇》,见《施特劳斯与尼采》,第206页。
[2] 《权力意志》(上),商务印书馆,第165页。

同时,"认识无论如何都是一种对条件的确定、标示和意识(而不是一种对本质的、事物、自在的探究)"[1]。"所谓事物具有某种自在的性质,完全撇开解释和主体性,这乃是一个根本无益的假说:它预先假定了,解释活动和主体存在并不是本质性的,一个事物脱离了一切联系仍然是一个事物。"[2]这样一个无益的假说,正是康德哲学的假说。

没有单纯的自在之物,只有视角的解释之物。既然一切都是通过某个视角做出的解释,那么,单一的真理和本质当然就是独断论的。从透视的角度来看,所谓的"本质",不过是众多意见的一种,众多"本质"的一种,本质之所以成为本质,完全是解释的产物,是"我"基于各种特定条件而主动选择出来的产物。如果是基于特定条件而显现出本质和真理的话,那么,换一个条件就会出现另外一个真理和本质——这是尼采的多元解释论的核心,这种多元论将矛头直指独断论。独断论的问题就在于,它们只承认一种本质,只承认一种视角发现的一种本质,而排斥其他视角以及其他本质:独断论排斥多元论。较之独断论而言,多元解释论显然更具有活力,

---

[1] 《权力意志》(上),商务印书馆,第167页。
[2] 同上书,第403—404页。

更具有生机：有多少创造力可以挥霍！有多少发明可以想象！创造性的多元论意味着繁殖，意味着生命的兴奋和不倦息。正是多元论将生命从一个僵硬的系统中解放出来。在这个意义上，多元论是权力意志的肯定形式，它欢欣而生机勃勃。相反，独断论则是否定的权力意志，它将真理和本质限定在单一性中，死气沉沉，乏味单调，被动而僵化，这是对真理的限定，是对事物丰富性的限定，对创造性的限定，也是对生命繁殖性的限定，"朝向统一性的冲动越强烈，就越说明衰弱的存在；朝向多样性、差异性、内部的腐朽的冲动越强烈，就越说明力量的存在"。这样，从尼采开始，认识，就截然区分出两种不同的形式：一种是透视主义的解释，一种是独断论的解释。认识，也表达了两种力的强度形式，它也因此和生命的兴衰关联起来：一种是生命的强化形式，一种是生命的衰退形式。尼采颠倒了独断论的认识论，也因此进一步地颠倒了这种认识论对生命的限制。尼采本人的写作也采纳了这种视角主义，他那些看上去矛盾的断言，实际上源自他在特殊位置上所采取的不同目光，他的观看对象在他的眼中总是翻来覆去，它们像万花筒一般闪烁不已，因此他的言谈看上去总是自相矛盾，他总是让他的言谈彼此争斗，他不让自己的言论保持着同一性，保持着令人生厌的逻辑性和整体性，相反，他让它们竞技，他通过这种竞技让它们繁殖，让它们充满多样性，让对象本身展示一种力的冲突效应。这种表达本身，这种视角主义本身就是权力意志的实践性表达，是繁殖和多样性的表达，是冲突和斗争式的表达，是生命力的表达。

同样，如果事物总是被视角所限定的话，那么，隐匿而独立的物自体这样的假说（一个无益的假说）就破产了。这进一步地批判了康德的物自体概念，这种批判同对康德的真理信仰的批判紧密相关。对物自体的批判，是尼采对柏拉图的理念和上帝概念的批判的延续。在康德那里，物自体隐而不现，但它并不是不存在。相对于可见的现象界而言，这样一个不可知的物自体，在某种意义上，不过是基督教上帝的一种现代变形。它依然是从基督教中派生而出。如同我们看不到基督教的上帝，但并不意味着上帝不存在，看不见柏拉图的理念，并不意味着理念不存在一样，康德的物自体虽然不可见，但是，这并不意味着它不存在，并不意味着它没有知识——虽然这样的知识，无法为我们所认知——只是因为理性的限度，它才无法为我们所认知。对尼采来说，理念、上帝和物自体，三位一体，它们集真理于一身，独立于主体而不为人知。这是尼采所一再攻击的真理模式。真理，并不存在于这些隐匿的场所，相反，它是我们透视性解释的产物和发明。尽管康德限制了理性的认知能力，相信理性并没有无限的潜能，但他还是相信认知是通过理性来完成的，只不过理性并非像莱布尼兹所想象的那样能够认知一切——经验之外的一切。在尼采这里，认知同理性无关，认知不过是权力意志在实践，是力的创造行为，是身体的产物。中立而客观的主体、理性、意识，现在都该收敛自己了。取而代之的是身体，是权力意志，它"是用来主宰某物的手段本身"[1]。

理性主体一旦被权力意志所取代，那么，正如我们看到的，与这样一个主体对立的一般客体也不存在了。客体不再是一个与力无涉的认知对象了。尼采将自己置于同主客体模式的认识论传统相对立的地位。同时，他也和后来的现象学无关。对现象学而言，主体和客体有距离的界线被克服，但是，客体还是以纯粹的知识进入主体的纯粹意识之中。但是，在尼采这里，知识不再以一尘不染的纯粹中性形式出现，绝对真理的形象遭到了毁坏。这也是福柯和德勒兹借助尼采来和现象学抗争的背景。如果说真理是发明出来的，那么，现在，重要的不是要我们将注意力全部聚焦于这个真理的客观性本身，重要的是去确定发明真理的力本身，重要的是去确定发

---

[1] 《权力意志》（上），商务印书馆，第164页。

明真理的力本身的性质。对真理的发明是思想之力的实践。这样，我们对思想（思考）就有了新的看法：思考不是被动地去认识，而是主动地去发现；思考是创造，思考不是为真理而存在，而是为了价值和意义而存在。如果说理性和真理总是携手而行的话，那么，力总是和价值、意义相结伴。理性是去发现（客观）真理，力是去创造意义。在尼采这里，思考就有其特殊的形象，它被力所主宰，它要回答的范畴就不是真理还是谬误，不是它的对错和是非，而是它是有价值还是没有价值，是有意义还是没有意义。或者说，"思想的范畴不是真假而是高贵和低贱、高等与低级，这些范畴取决于占有思想本身的力的性质"[1]。

认知和思考，就这样同力结合在一起，我们对思考的评判标准也因此发生了根本性的变化：对真理的确定变成了对价值的确定。同时，高等价值的思考不仅是主动力的产物，同时它也拯救了这种力的主动性；反过来，低等价值的思考不仅是反动力的产物，而且也证实了反动力的存在。从根本的意义上来说，思考体现了生命的强弱本身。或者说，生命的强弱在一个重要的方面表现为思考本身的性质：强者和主人是在主动地思考，弱者

---

[1] 《尼采与哲学》，第153页。

和奴隶是在被动地思考。反过来说，积极思考者总是强者和主人，被动思考者总是弱者和奴隶。谁说思考与身体无关！尼采在思考的时候，就手舞足蹈，不知疲劳。"当创造的能量汹涌勃发之时，我的肌肉柔韧无比。身体兴奋鼓舞，我们把灵魂从这里清除掉吧……"[1]在这个意义上，尼采赋予了思考以动态性，思考不是通常想象的那样是安静而理性地推算——那是奴隶的被动思考。充斥着力的思考是激情的汹涌澎湃，是不可遏制的冲动，是狂热的挥发，是身体的颤栗，是创造性的立法，是力在无止境地奔突。

作为思考的权力意志也必定在评价。不能想象没有价值判断的思考。只有弱者和奴隶没有自己的评价法则，或者说，他们不评价，因为他们的思考是被动的，它不可能创造出什么标准，或者说，它只适应和遵从标准。只有强者和创造者才能够评价，"评价即创造：你们这些创造者听着！评价本身就是被评价之事物的珍宝和珠玉。通过评价才产生价值：没有评价，存在的果核就是空的。你们创造者，听着！价值的变化——此即创造者的变化。谁要当创造者，谁就总在

---

[1] *Ecce Homo*, p.302.

消灭和破坏"[1]。什么是高等价值？什么是低等价值？什么是有意义？什么是无意义？是创造者说了算，是创造性的评价和思考赋予了它们答案。"在生物世界中发生的一切都是征服和战胜，因此，所有的征服和战胜也都意味着重新解释和重新正名"[2]。"所有的目的、所有的用途都不过是这样一个事实的标志：权力意志战胜了力量相对薄弱者，而后根据自己的需要为这种意志的功能打印上意义"[3]。

尼采的原则同主人的评价原则相一致：权力意志既是评价者，也是评价标准。这种评判以自我肯定为法则。这实际上就是主人的自我评判，主人将主人作为标准：我的行为是主动性的，所以我的主动行为是好的。同样，对作为权力意志的思考和评价而言，什么是有价值的？权力意志的肯定性就是有价值的。什么是有意义的？权力意志的肯定性才有意义。就此，尼采完全颠倒了古老的有关正义的思考模式。尼采反对从怨恨者的角度去解释正义。如果从怨恨者的角度去解释正义的话，那么，复仇就可以打上正义的名义。怨恨者是根据自己的被动

---

1 《查拉图斯特拉如是说》，第59页。
2 《论道德的谱系》，第56页。
3 同上。

感受来理解正义与否的。怨恨者受伤害,受折磨,受剥削,他们对这类事实有着不快的感受,这样,他们自然将伤害、折磨、剥削、进攻这类行为看作非正义的了,反过来,他们对此的怨恨和复仇就变成正义的了。但是,"主动的、进攻的、侵犯的人总是比反动的人离正义更近百步"[1]。

不仅正义是权力意志的创造,法律也是如此。主动者、强健者、自发者和好斗者发明了法律,是他们在应用法律和推行法律:"但是至高无上的力量用以反对敌意和怨恨的优势的最关键的一着还是:只要它有足够的力量,就要建立法规,强行解释,什么在它看来是合法的、正确的,什么是非法的、应当禁止的。在建立了法规之后,它就要把个别人或整个群体的越轨和肆意行动当作违法行为,当作抵制至高权利本身的行为来处理。"[2]正确和错误是立法者的判断,立法者强行指定判断和行为的正确与否;行为本身无所谓正确与否、正义与否,关键是强权者和立法者将什么行为确定为正确的和错误的、正义的和非正义的。这些行为受制于法律的指派和解释,它们自身内部并不自然埋藏着正义与否的种子。法律是权力意志的发明,法律指定和解释的行为的正确和错误、

---

[1] 《论道德的谱系》,第53—54页。
[2] 同上书,第54页。

正义与非正义，同样是法律的发明，因而是发明的发明："'正确'和'错误'的概念产生于建立了法规之后，而不是像杜林所想要的那样，从伤害的行为中产生。仅就正确和错误概念本身而言，它们没有任何意义。仅就某一种伤害、暴虐、剥削、毁灭行为本身而言，它们并不是自在的'错误'，因为生命的本质在起作用，也就是说，在生命的基本功能中那些具有伤害性的、暴虐性的、剥削性的、毁灭性的东西在起作用。"[1] 也就是说，权力意志在起作用，权力意志在立法。

如果说，权力意志总是自我肯定式地立法的话，那么，正义、真理和法律不仅要经由权力意志而产生，而且要经由权力意志来检验。这隐含着权力意志肯定性的同义反复：权力意志在创造和立法，这个创造和立法的结果就是自身；权力意志在创造标准，这个标准就是权力意志。作为思考者和评估者的权力意志将权力意志评估为价值标准。权力意志在肯定权力意志。权力意志在强化权力意志——如果说生命就是权力意志的话，我们也可以说，这个评价标准就是生命的自我强化。只有在这个权力意志的同义反复中，在权力意志的内部循环中，评估才能被理解。

---

[1] 《论道德的谱系》，第54—55页。

因此，尼采的价值重估，其巨大的意义，就不单是将尼采同先前的价值设定对立起来，不单是尼采对原先价值的颠倒（"谁决心成为善恶中的创造者，就必须先当破坏者，必须把种种价值打个粉碎。所以说，最大的恶便属于最大的善：这善便是创造性的善"[1]），而且，还应该在权力意志同时作为立法者和立法标准的意义上来对待。评估就这样变成了自我肯定——这也正是主人道德的实践方式。什么是有价值的？权力意志得到了肯定和激发就是有价值的，生命得到了肯定和激发就是有价值的。这样，我们对于真理、善和美就有了全新的估价标准：权力意志是评估者，对于这样的评估者来说，只有权力意志受到肯定，只有力得到激发和增加，才被思考为正义、真理和美。这同先前的标准相差何其遥远！这不是价值重估又是什么？什么是尼采式的善和恶？"凡是增强我们人类权力感，增强我们人类的权力意志以及权力本身的东西，都是善。什么是恶，凡是源于虚弱的东西都是恶。"[2]什么是尼采式的真理？"真理的标准在于强力感的提高。"[3]什么是尼采式的美？"胜利者和成为主

---

[1] 《查拉图斯特拉如是说》，第 125 页。

[2] 《反基督》，第 68 页。

[3] 尼采：《权力意志：重估一切价值的尝试》，张念东、凌素心译，中央编译出版，2000 年，第 522 页。

人者的表达。"[1]这是全新的评价标准,权力意志处在这种评估的绝对中心,一切以力的增加和生命的自我强化为准绳。在这个意义上,世界是权力意志的世界——尼采的这一绝对律令——才能得到更好的理解:如果世界是权力意志的世界,那么,如果不以力的兴衰来估价一切,还能有什么其他的估价标准?如果不以力作为价值判断,还能以什么作为价值判断?如果真理、善和美依照同样的权力意志的标准来评价,那么,我们要问,真理、善和美依据什么来区分?它们的疆界不都消逝在狄奥尼索斯的醉的混沌的世界中了吗?它们不都被力的嬉戏所吞噬了吗?对康德的拒斥在此一目了然。

思考意味着活跃的权力意志,意味着身体的激情本身。反过来,思考也内在于权力意志。思考、感知和激情并不等同,但它们不可分割地内在于权力意志,都是权力意志的构成内容:"首先,感觉——各种各样的感觉——都应该承认为意志的组成部分。其次,还应承认思想;在每一意志行为中,都有一种发出指令的思想——我们不应该想象思想能和感觉分开,好像分开后还留下了什么东西。第三,意志不仅是感觉和思想的复合体,

---

[1] 《权力意志》(上),商务印书馆,第285页。

最重要的是，它还是激情，一种命令的激情。"[1]思考、感觉和激情都是意志的构成部分。我们已经讨论了思考、认知同权力意志的关系，但是，情感和激情同权力意志又是一种怎样的关系？权力意志就是一种激情。"权力意志不是一种存在（Sein），不是一种生成（Werden），而是一种激情（Pathos），这是最基本的事实，由之而来才能产生一种生成、一种作用……"[2]权力意志既非存在也非生成，如同我们所说过的，这实际上是表明，权力意志不是一个单纯的主语或是谓语，它是一个主谓结合体：是生成着的存在和存在着的生成，是存在和生成的无限接近。权力意志具有主动、积极和肯定的特性，但这些不是一个单纯的动力学机制，激情不是它们的附属物，相反，这些主动、积极和肯定正是由激情而生。正是这种激情才导致了生成本身，才导致了积极和主动，激情是根源。正是在这个意义上，尼采说，激情导致了生成和作用的产生。

但是，这个作为权力意志的激情是什么？它是身体性的。尼采明确地表达了权力意志的身体性，意志同身体的肌肉感密切相关："事实上，叔本华让我们相信，孤

---

[1] *Beyond Good and Evil*, p.20.
[2] 《权力意志》（下），商务印书馆，第984—985页。

立的意志可以为我们所熟知，不折不扣地完全而彻底地熟知。对我来说，他所说的就是哲学家一直以来所说的，他不过是对这种流俗之见夸大其词，对我来说，意志是个复合体……我们要说，在每一种意志里面，首先有多种感觉：一种'离开'的感觉，一种'趋向'的感觉，'离开'和'趋向'的感觉，而且，还有一种相伴随的肌肉感：一旦我们'意愿'的时候，甚至不用移动我们的'手和腿'，这种肌肉感出自习惯，就可以开动自己的游戏。"[1] 权力意志不仅是身体性的，它还是作用和生成的根源，它导致了运动的产生。这是权力意志的两个方面：就其内在构成性而言，既是身体性的，也是情感性的。就其外在表达形式而言，是运动的，是"离开"和"趋向"式的。恰恰是身体的激情，促使了运动的"离开"和"趋向"，这是一个完整的权力意志的表现。贯穿始终的是肌肉感：肌肉感既是内在身体的激情之表达，也是外在运动趋向的表达。激情和运动统一在肌肉感中，也统一在权力意志中。就此，权力意志是身体，是激情，是饱满的肌肉感，是运动、生成和作用的根源。用德勒兹的说法，这样的权力意志决定着力的方向和性质。尼采也正是在这一个意义上提及了各种意志力，我们不应该像叔本华那样将

---

[1] *Beyond Good and Evil*, p.20.

意志普遍化，而是要问：这是哪一个权力意志？

如果说权力意志是运动的根源的话，同样，它也是情绪的根源。"权力意志乃是最原始的情绪形式，所有其他情绪只不过是权力意志的扩大"[1]，各种各类的情绪形式——比如欢乐和痛苦——都应该追溯到权力意志的情绪中来。它们都以权力意志作为参照点。权力意志是肯定的还是否定的，是增强的还是衰退的，都可以导致完全相反的情绪和感情。当权力意志增加的时候会出现什么？快乐！什么是快乐？快乐是权力意志的附加物，是力在增长的自然效应，是肯定的权力意志饱满之后自然表达的情绪。同我们通常想象的快乐是权力意志和生命去追逐的目标相反，快乐不是这种生命的目标，而是权力意志和生命增长的结果。权力意志从根本上是去追逐力的增长，是力的自行提高，为此，它要和别的力去斗争，它要去战胜别的力。当它在增长的时候，当它达到饱满的状况的时候，当它释放的时候，当它和别的权力意志的较量大获全胜的时候，快乐就会涌现。这是快乐的本质："求增长的意志包含于快乐的本质中：权力增长，差异进入意识之中……"[2]快乐的过程是这样开始的：

---

1 《权力意志》（下），商务印书馆，第1031页。
2 同上书，第1007页。

"当人们以为自己十分强壮,足以获得客体时,欲望就是适宜的,作为对于使我们的权力感得到增强的表象:愉快的第一开端。"[1]一旦力得以增加,它和别的力就出现差异,力会形成自己的差异意识。这种差异意识就是快乐。"快乐只是已获得的权力感的一个征兆,一种差异意识——生命体并不追求快乐,而是当生命体达到它所追求的东西时,快乐就出现了:快乐是伴随而来的,快乐并不推动……"[2]获得了权力感,并不意味着力就此满足,它还要增长,直至饱满。这个时候,快乐就达到了高潮,也可以说,当增长到饱满的状况,当生命力充盈时,当力充盈到要情不自禁地释放时,巨大的快乐就出现了:"在一种对于权力丰富性的更大意识中,可能产生一种肉欲的刺激,一种快感。所有的快感和不快感已然以一种根据总有益性、总有害性所做的衡量为前提了……快乐和痛苦绝不是'原始的事实'。"[3]

这里指出了快乐的内容,快乐和生命的关系得到了进一步的揭示:巨大的生命快乐类似性的快乐。性处在生命和快乐的连接地带。或者说,生命的快乐从内容上

---

[1] 《权力意志》(下),商务印书馆,第934页。
[2] 同上书,第1032页。
[3] 同上书,第705页。

来说就是性一般的快乐，而性的快乐则是对生命的肯定：性的快乐诞生和创造了生命。权力意志的过程，类似于一个性的能量的增长过程：它不断地增长，不断地强化，直至饱满的状态后最终不可遏制地猛烈释放。这种权力意志的过程，不也是性的过程？不也是一个生命的过程？生命不就是在这个过程中得到肯定（诞生）的吗？这种（性）过程中不是携带着巨大的快乐吗？尼采多次提到了生殖（生殖的时候快乐夹杂着痛苦）、性和生命之间的快乐共鸣。这是权力意志的快乐三重奏。狄奥尼索斯将这三种快乐融为一体。生命是在快乐中，获得了自身的轮回肯定。

在这个意义上，整个肯定的权力意志过程——权力意志在增长，以及这种增长所引发的差异性和战胜感——都会带来快乐，快乐在权力意志的实践中贯穿始终，我们也只是在这个意义上理解尼采的话："一位优异的战士却只有在一种激烈的战争和敌意中才拥有快乐。"[1]力的斗争、增长、获胜和释放全部都携带着快乐。也就是说，一种肯定性的生命过程全部携带着快乐。快乐整个地是权力意志的效应，是权力意志的情绪变种。从这个角度而言，生命不是为了快乐而存在，生命是在强化

---

[1] 《权力意志》（下），商务印书馆，第868页。

生命的过程中，是在肯定生命的过程中，是在创造生命的过程中，滋生出快乐。快乐是生命自我肯定的结果。一旦权力意志在增长，一旦生命在这种力的增长中得到了肯定，一旦生命实现了充分自主，一旦意志在自我肯定，快乐就会自然涌现。生命和快乐如影随形——反过来，快乐是生命肯定的证明，快乐意味着生命在自我肯定，意味着权力意志在增长。快乐同生命如此地具有共鸣，以至于不能想象生命中没有快乐和幸福。对尼采来说，什么是幸福？幸福不过是那种意识到权力在增长，意识到反抗被克服的感觉——力在增长的过程中，总是会遭遇阻力，总是要克服阻力，总是要去征服他力。幸福，就是将阻力克服掉的感觉，是同他力战斗后获胜的感觉。"在权力和胜利的意识洋溢时，就有幸福。"[1]因此，它不是来自和平，而是来自战斗；它不是安静的心满意足，而是权力的进一步强化，幸福不是沉浸在一种稳妥的心安理得的状态中，而是在战而胜之的后续效应之中。在哀怨和逆来顺受的生命中，在内疚和自责的罪恶感中——在沉默而隐忍的基督徒那里，否定的权力意志在大行其道。快乐和幸福在那里荡然无存，只有否定性的情感充斥其间。而"权力意志，以及对大地和生命的感

---

1 《权力意志》(下)，商务印书馆，第977页。

激之情"[1]都是"肯定性的情绪"[2]。

权力意志作为主动的解释,作为活跃的思考,作为多样性的繁殖,作为立法式的估价,作为宰制性的肌肉感,作为快乐和幸福的情绪,作为命令的情感,所有这些,都是力在饱满积累之后忍不住往外漫溢而出:"处于突出地位的是充实感,是试图流溢而出的权力感,是高度紧张的迷狂,是乐于给予和赠予的富裕意识,所以高贵者也会帮助不幸者,但不是,或至少主要不是出于同情,而是出自过剩之力所引发的内在冲动。"[3]这种冲动,激情焕发,流光溢彩,"水似黄金从杯中溢出,带着你那极乐的光焰走向四面八方!"[4]这种漫溢从而变成一种慷慨的馈赠和祝福:"丰裕者由于他所描绘和感觉的丰盈,无意中把这种丰盈交付事物,从而把事物看得更丰富、更强大、更有前途——他肯定能够馈赠;与之相对立,衰竭者则缩小和丑化他所见的一切,——他使价值变得贫乏:他是有害的……"[5]漫溢和释放,不仅让力和生命自身携带着快乐,同时,让周围的世界也感染了快乐,

---

1 《权力意志》(下),商务印书馆,第940页。
2 同上书,第939页。
3 *Beyond Good and Evil*, pp.203–204.
4 《查拉图斯特拉如是说》,第4页。
5 《权力意志》(下),商务印书馆,第975页。

力就此还具有一种强大的感染性，这是对世界的喜悦祝福。就像太阳之光的辐射，在它最充沛的时候，在正午时分，是对大地的最美好的馈赠。光，是权力意志的隐喻，它开朗、耀眼、明媚，一扫包裹生命的乌云——没有什么比光更接近力的气质了，尼采频繁地使用光作为他的意象不是偶然的：生命笼罩着黑暗，需要光来照耀，正如需要力来使之繁盛一样。而生命则不单单是一个自足的封闭个体——如果世界是一个力的世界，那么同样地，这整个世界也是一个生命世界，为什么要肯定生命？就是要肯定世界，肯定大地，让光的馈赠和释放照耀大地，让光来肯定大地，让肯定在大地上、在尘世中盛行："你们要忠于尘世……亵渎尘世、尊崇高于尘世意义的不可知事物乃是最可怕之事。"[1] 忠于尘世意味着什么？意味着对虚无主义和悲观主义的摒弃。如果说权力意志是对尘世的肯定和忠实，那么，悲观主义和虚无主义则是对尘世的否定和离弃。

---

[1] 《查拉图斯特拉如是说》，第6页。

第四章

虚无主义和上帝之死

一 虚无主义

什么是虚无主义？"虚无主义乃是一种常态。虚无主义：没有目标；没有对'为何之故？'的回答。虚无主义意味着什么呢？——最高价值的自行贬黜。"[1] 最高价值一旦自行贬黜，也就是说，没有目标了，没有动能（不问为什么了），没有意愿了，因为生存总是围绕着最高价值来运转的，一旦这样的生存目标取消了，虚无主义就出现了。但是，这里的关键问题是，到底什么是最高价值，它到底指的是尼采意义上的最高价值，还是先于尼采的"以往的"最高价值？抑或是，它同时囊括这两种最高价值？因为，在尼采之后，最高价值发生了颠倒，尼采重估了以往的最高价值，最高价值在尼采那里和在尼采之前具有完全不同的意义。在尼采这里，最高价值就是生命，是权力意志，更准确地说，是生命和权力意志的提高和强化。如果是尼采意义上的最高价值的贬黜，那么，这就是生命和权力意志的贬黜，虚无主义就意味

---

[1] 《权力意志》(上)，商务印书馆，第400页。

着生命的贬黜。"人们不说'虚无',而是说'彼岸'或'上帝',说'真实的生命',说涅槃,拯救,极乐……所有这一切实际上又何尝不是虚无?"[1] 从这个意义上来说,"虚无"并非意味着上帝已死,而恰恰是说上帝、彼岸世界和"真正的生命"存在着,正是它们的存在,生命受到了否定,虚无主义才得以出现。所有否定和贬黜生命的事业都是虚无主义行径,就此,虚无主义是柏拉图主义的实践形式。尼采特别地将同情,尤其是基督教的同情视作虚无主义实践之一种。叔本华也是这方面的一个范例:"由于同情,生命被否定了,生命被看作只配被否定的东西,——同情乃是虚无主义的实践。"[2] 就此,虚无主义,乃是"明目张胆地公开要否定生命的哲学"[3]。"在我们停止惧怕人的同时,我们也失去了对他的热爱、尊敬、期望,失去了对人的追求,看到人就会感到格外厌倦——这不是虚无主义又是什么?我们对人感到厌倦了……"[4] 德勒兹正是在这样的意义上来理解虚无主义:在他看来,除了同情之外,怨恨、内疚和禁欲主义这三种对生命的否定也是虚无主义的三种形式。将最高价值

---

1 《反基督》,第74页。
2 同上书,第73页。
3 同上。
4 《论道德的谱系》,第27—28页。

理解为生命，那么，最高价值的贬黜就是生命的贬黜——这是虚无主义的第一个含义。既然这样的虚无主义是对生命（最高价值）的贬黜和否定，尼采当然会毫无保留地谴责这样的虚无主义。

但是，如果最高价值指的是以往的最高价值呢？指的是尼采确立自己的价值之前的那些最高的西方价值呢？如果指的是它们的贬黜呢？"没有真理，没有事物的绝对性质，没有'自在之物'。——这本身就是一种虚无主义，而且是极端的虚无主义。"[1]真理，事物的绝对性质和自在之物的取消，也就是这些"以往的"基础本体的取消，这种取消也构成了虚无主义。事实上，这些以往的基础本体，这些超感性领域，也就构成以往的最高价值——尼采是用价值的目光来看待形而上学的。在他这里，哲学总是根据价值来衡量。形而上学就是价值形而上学，形而上学的历史可以看作价值的历史。本体总是有其价值的优先性。或者说，本体之所以是本体，就是因为它是价值之所在。也可以说，只有有价值的东西才构成了本体。本体和最高价值是同一的。这个形而上学的历史即是柏拉图主义的历史，超感性领域的本体在形而上学的不同阶段有不同的表现：有时候是理念，有

---

[1] 《权力意志》（上），商务印书馆，第402页。

时候是上帝，有时候是物自体，有时候是理性，有时候是历史进步，有时候是抽象的大多数人的幸福，等等。这些表示着生存的最高价值和目标，是生存的追求之所在，是生存的法则、原理、理想和意义之所在。这些最高价值虽然表达的内容不一样，但所处的位置是一样的，都是超感性的，都是在大地之外的。因此，这里的"最高价值"，我们既可以说它是一连串的价值，也可以说它是一种价值。这些最高价值自行贬黜了（不存在了），这就意味着先前的生存目标、动力和意义都不存在了。这个时候，虚无主义就登场了。我们也可以理解为什么说虚无主义是常态——它是针对着整个欧洲历史的最高价值的，是一个持续性的历史事件。最高价值的自行贬黜，尼采的另一种表述就是"上帝之死"。按照海德格尔的说法，基督教的上帝是最高价值的一个典型代表，它是超感性的，是意义之所在，是目标之所在，是整个形而上学之价值所在，这也是尼采所一再谴责的"真实世界"。上帝死了，表明这个"真实世界"、这个超感性的东西已经不再主宰着现世的生存，不再为现世生存立法，不再成为生存的目标和意义之所在了。

这样，虚无主义就有两层意义。第一层意义是，正是因为上帝所代表的形而上学的最高价值的存在，才导致了尼采意义上的生命价值的贬黜（"最高价值的自行贬黜"),因为"上帝"的显赫存在,生命受到了抑制——虚无主义在此表达的是对生命的完全否定。《论道德的谱系》一书是这方面的完善表述。第二层意义是,正是因为上帝所代表的形而上学的最高价值不存在了("上帝死了",也即"最高价值的自行贬黜"),生命就失去了以往的目标和意义,由于"以往的目标与之不相适应了"[1],生命就变得无所适从,它找不到目标了,世界看起来是没有价值的。这同样导致了虚无主义的出现。尽管是两种完全不同意义上的最高价值的贬黜,但是它们导致了一个近似的结果,即生命失去了刺激,没有得到肯定。这两种贬低价值的虚无主义,用尼采的说法就是,"要么废除你们的崇拜,要么废除你们自己!后者是虚无主义,前者难道就不是虚无主义吗?"[2]如果说《论道德的谱系》着重分析了"废除你们自己"的虚无主义,那么,《反基督》则着重分析了"废除你们的崇拜"的另一虚无主义。我们已经知道了,生命是怎样反对自身(废除你们自己)的,现在我们要弄清楚:形而上学的最高价值是如何被贬黜(废除你们的崇拜)的?这种贬黜所导致的虚无主义结果将导致什么?

---

1 《权力意志》(上),商务印书馆,第401页。
2 *The Gay Science*, p.204.

在尼采看来，这些形而上学的最高价值（它们在欧洲历史的不同阶段表现出不同的内容）将自己设定为三个固定的范畴：目标、整体和真理。我们看到，这三个范畴，它们超出此在，但又是此在的依据。它们都是作为形而上学的基本理念模型出现的。之所以表现为这三个范畴，是要回答生成是如何同最高价值发生关系这一问题的，也就是要解释最高价值是如何决定生成的意义的。最高价值作为目标，意味着生成总是要去寻找这样一个目标，生成变化总是会有一个最终的意义和结局，有一个目的论。"应当有某个东西通过过程本身被达到。——而现在，人们理解了，通过生成根本就获得不了什么，达不到什么……因此，对于一个所谓生成目的的失望便成为虚无主义的原因"[1]。一旦发现这个目标并不存在了，目的论失效了，虚无主义的心理事实就出现了：其特征是徒劳无功引发的痛苦，精力白白浪费的认知，以及长期自我欺骗所引起的羞愧，生命之力就此荡然无存。这是因为目的论的丧失而引发的虚无主义。最高价值还被当作整体性和普遍性，生成的个体依赖于这种普遍性和整体性，"人就处于对某个无限地优越于他的整体的深刻联系感和依赖感中，那就是神性的样式……'普

---

[1] 《权力意志》（下），商务印书馆，第721页。

遍的幸福要求个体的投身'……但是看哪，根本就没有这样一种普遍！"[1]偶然性应当服从于普遍性，多样性应该服从于整体性，这是形而上学的整全思维，同目的论失效一样，整全论的失效导致了虚无主义的第二种认知。如果生成没有目标，个体也没有一个可以栖息于其中的普遍性和整体性，那么，形而上学通常会采用第三种方式来强调最高价值："把这整个生成世界判为一种欺骗，并且构想出一个在此世之彼岸的世界，以之为真实的世界。"[2]显然，二元论的方式也失效了，表象和深度、尘世和来世、此岸和彼岸的世界的二元划分，以及贯穿于这种二元划分中的真理和虚假世界的划分也失效了。人们现在对于这个真实世界（彼岸世界）也不相信了，它不过是一种臆想和虚构，这样，虚无主义的第三种认知形式也出现了。"它本身包含着对一个形而上学世界的不信，——它不允许自己去相信一个真实的世界。"[3]

这样，形而上学的几种实践形式，或者说，形而上学的一贯方式，即利用目的论、整全论和真理论（二元论中的真假划分）来驾驭和统摄生成、偶然和此在的方

---

[1] 《权力意志》（下），商务印书馆，第721页。
[2] 同上书，第722页。
[3] 同上。

式，现在失效了，崩溃了。"当人们明白了，无论是用'目的'概念，还是用'统一性'概念，或者'真理'概念，都不能解释此在的总体特征，这时候，人们就获得了无价值状态的感觉。用上述概念得不到什么，达不到什么；事件的多样性中没有普全的统一性：此在的特征不是'真实'，而是'虚假'……，人们根本就没有理由相信一个真实的世界……质言之：我们借以把某种价值嵌入世界之中的那些范畴，诸如'目的'、'统一性'、'存在'等等，又被我们抽离掉了——现在，世界看起来是无价值的……"[1]没有价值——虚无主义就此出现了。如果说，欧洲历史一直是在设定（形而上学）价值的历史的话，那么，相反地，一种抽离价值的反运动，一种反对以往价值的运动，也一直在欧洲存在，也就是说，虚无主义作为一种历史事件，一直在欧洲存在。尼采所描述的虚无主义，首先是一种历史事件，一种反形而上学的历史运动。我们看到，目的、整体和真理这三个范畴，在"上帝"这里得到了完全的整合。因此，一种反形而上学的虚无主义运动，它最后达到的高潮就是"上帝之死"。或者说，虚无主义发展到了一定程度，就把上帝杀死了。但是，这个上帝到底是怎样死去的？是因为它本

---

1 《权力意志》（下），商务印书馆，第722页。

身所固有的特性，到了一定年龄，自动而死？还是它不甘心地被人杀死？——死亡总有两种形式：主动之死和被动之死。同样重要的是，这个上帝之死会导致什么结果？也就是说，形而上学的最高价值自行贬黜后，会出现什么样的结局？虚无主义，到底会引发什么效应？

二 上帝之死

我们先来看看，尼采是怎样提到上帝之死的。

> 你们是否听说有个疯子，他在大白天手提灯笼，跑到市场上，一个劲儿呼喊："我找上帝！我找上帝！"那里恰巧聚集着一群不信上帝的人，于是他招来一阵哄笑。
>
> 其中一个问，上帝失踪了吗？另一个问，上帝像小孩迷路了吗？或者他躲起来了？他害怕我们？乘船走了？流亡了？那拨人就如此这般又嚷又笑，乱作一团。
>
> 疯子跃入他们之中，瞪着两眼，死死盯着他们看，嚷道："上帝哪儿去了？让我们告诉你们吧！是我们把他杀了！是你们和我杀的！咱们大伙儿全是凶手！我们是怎么杀的呢？我们怎能把海水喝干

呢？谁给我们海绵，把整个视界擦掉呢？我们把地球从太阳的锁链下解放出来，再怎么办呢？地球运动到哪里去呢？我们运动到哪里去呢？离开所有的太阳吗？我们会一直坠落下去吗？向后、向前、向旁侧、全方位地坠落吗？还存在一个上界和下界吗？我们是否会像穿过无穷的虚幻那样迷路呢？那个空虚的空间是否会向我们哈气呢？现在是不是变冷了？是不是一直是黑夜，更多的黑夜？在白天是否必须点燃灯笼？我们还没有听到埋葬上帝的掘墓人的吵闹吗？我们难道没有闻到上帝的腐臭吗？上帝也会腐臭啊！上帝死了！永远死了！是咱们把他杀死的！我们，最残忍的凶手，如何自慰呢？那个至今拥有整个世界的至圣至强者竟在我们的刀下流血！谁能揩掉我们身上的血迹？用什么水可以清洗自身？我们必须发明什么样的赎罪庆典和神圣游戏呢？这伟大的业绩对于我们是否过于伟大？我们自己是否必须变成上帝，以便显出上帝的尊严而抛头露面？从未有过比这更伟大的业绩，因此，我们的后代将生活在比至今一切历史都要高尚的历史中！"

疯子说到这里打止了，他举目望听众，听众默然，异样地瞧他。终于，他把灯笼摔在地上，灯破火熄，继而又说："我来得太早，来得不是时候，这件惊人的大事还在半途上走着哩,它还没有灌进人的耳朵哩。雷电需要时间,星球需要时间,凡大事都需要时间。即使完成了大事,人们听到和看到大事也需要假以时日。这件大事还远着呢!比最远的星球还远,但是,总有一天会大功告成的!"

人们传说,疯子在这一天还闯进各个教堂,并领唱安灵弥撒曲。他被人带出来,别人问他,他总是说:"教堂若非上帝的陵寝和墓碑,还算什么玩意呢?"[1]

这个疯子一方面寻找上帝,一方面又杀死了上帝。在疯子之前,已经有一些市场上的人不相信上帝了,但是,吊诡的是,寻找上帝的人杀死了上帝,不信上帝的却没有杀死上帝,而且还对这个杀死上帝的人进行取笑。尽管都不信上帝,但显然,对上帝的不信有各种各样的原因。如果用不同的目光来看待上帝的话,对上帝的不信就会遵从不同的角度。疯子和市场上的人因为将上帝看作不同之物,因此,他们对上帝的不信也就有不同的缘由。就市场上的人而言,他们对上帝的不信是源自科

---

[1] 尼采:《快乐的知识》,黄明嘉译,中央编译出版社,1999年,第126—127页。

学和理性，即通过科学认知可以发现上帝不存在，启蒙理性就认为上帝是虚构，是发明之物。既然是一种虚构，上帝本身就是不存在之物，那么，不信上帝就行了，何来的去杀死他，杀死一个不存在的虚构之物？或者说，就市场上的人而言，上帝只有存在不存在的问题，而没有生和死的问题。存在和不存在是一个思辨命题，它同历史、发展和剧情无关；相反，生和死则是一个戏剧问题，它意味着曾经存在过，而后又死去，而后或许再生，又或许再死；这意味着一个"奇特的道路"[1]。生死是一个历史叙事剧，它意味着动荡的事件（"惊人的大事"）在其中剧烈地上演。在此，存在和不存在的问题，同生和死的问题，就是两种不同论域中的问题。也就是说，不信上帝和杀死上帝，这二者之间还存在巨大的鸿沟——这就是市场上的人要嘲笑去寻找和杀死上帝的疯子的原因。就市场上的人而言，他们没有接近过上帝，没有寻找过上帝，没有感受过上帝，或者说，没有关于上帝的历史意识，没有看见上帝的戏剧历经怎样的高潮。对他们来说，上帝不存在，仅仅意味着上帝在他们的理性认知之外。上帝是个虚假的知识论对象，但不是一个精神性的道德在场，不是一个对欧洲道德起宰制作用的判决

---

[1] 《查拉图斯特拉如是说》，第283页。

者。启蒙理性不相信上帝，这表达的是一种科学意志，它并没有从最高价值的角度来对待上帝。所以对启蒙理性而言，不信上帝，并不意味着上帝所占据的那个位置掏空了，并不意味着最高价值不存在了，相反，他们还可能在这个位置上设定另一个替代物，他们还可能信另一个替代物。也就是说，不信上帝，并不意味着不信其他，比如理性或者平等或者民主。同样地，市场上还有一种不信上帝的人，是因为他们没有信上帝的能力，他们找不着上帝，也不去找上帝，既然不知道上帝在哪里，就干脆不去信了。这里的不信，是被动的不信，是没有信仰能力所导致的不信，是因为不了解上帝而导致的不信。在此，不信上帝，并非表明上帝的不存在，而是表明没有信上帝的能力，在此，不信者和上帝没有直接的关系，他并不理解上帝。这样的人，对上帝一无所知，他更不可能去杀死上帝。就此，上帝的意义是复数的，他对不同的人展示不同的面孔，展示不同的意义。

这样，我们能够理解，疯子和市场上这些不信上帝的人有着根本的区别。疯子是在寻找上帝，寻找上帝意味着要去信上帝，要和上帝发生信仰上的关联，要将上帝作为价值来对待——要不然为什么要去寻找上帝？但正是这样一个寻找上帝的人杀死了上帝，这说明什么？显然，上帝被杀死的原因正在于上帝和寻找者的关联本身。因为上帝被寻找者发现了，上帝是作为寻找对象和信仰对象来对待的（"众人原来都信奉的那个老上帝"[1]），更重要的是，这个上帝存活得如此之长（"老上帝"），影响是如此之大——上帝是作为最高价值来对待的。正是在这种关联中，上帝的形象得以澄清：他清晰地表达了他的教义和功能。正是因为上帝作为信仰对象（人们无条件地信奉和遵从他），而非作为认知对象，他才被杀死的。疯子发现和理解了上帝，理解了上帝的历史和功用，疯子将上帝看作一个信仰对象，所以他要杀死上帝。也可以说，这个被杀死的上帝是寻找到的上帝，是被信仰的上帝，是统摄道德准则的上帝，是作为最高价值的上帝。在此，"上帝是精神"[2]，而不是知识对象。正是因为上帝的这些特征，上帝的道德功能，上帝是"最高价值"之所在，上帝才被杀死——上帝不是作为一个知识对象或者是因为其他原因而被杀死的。不过，这个被信仰的作为"最高价值"的上帝，到底是如何行事，以至于疯子寻找到了他后要杀死他？最高价值的上帝死后，会发生什么？

尼采有自己的关于基督教和上帝的独特叙事。这个

---

[1] 《查拉图斯特拉如是说》，第282页。
[2] 《反基督》，第89页。

故事当然要从犹太民族开始。在尼采看来，诸王时代的以色列是非常自然的——我们知道，自然在尼采这里从来都备受推崇——这个民族也表达了对繁荣、期望和强盛的肯定；正义之神耶和华身上表达了喜悦和权力意识，他是人的勇气、自信和快乐的来源。以色列的历史，是自然价值的自我肯定，这是珍贵和理想的历史，是尼采意义上的"肯定"的历史。但是，情况发生了变化。犹太教士这些寄生虫，出于自己的目的，或者更恰当地说，出于巩固自己权威的目的，而滥用上帝之名，他们将自己民族的过去伪造为宗教事项，进而篡改了（根除了）以色列的历史（伟大的时代被篡改为衰落的时代），篡改了道德的概念，也篡改了上帝的概念，"上帝的概念变成了那些教士煽动家手中的工具"[1]。

他们怎样来利用"上帝"这样的工具？他们发明了"上帝的意志"和"上帝的王国"这些概念。"他们称那种教士决定事物价值的情况为'上帝的王国'；他们称那种达到或保持这种情况的方法为'上帝的意志'"。[2]而所有这些并非上帝所固有的。也就是说，教士将自己的价值狡猾地设定为上帝推崇的价值，是上帝王国的价值，

---

[1] 《反基督》，第100页。
[2] 同上书，第102页。

由于上帝不可违逆，因此，教士自己也不可违逆。他是借上帝的名义树立自己的价值权威。遵从还是违背了上帝，实际上，其潜台词就是遵从还是违背了教士。教士的价值和权威就这样巧借上帝之名得到了保障。但是，教士们到底怎样来树立他们的价值？"他们将一切幸福解释成报偿，而将一切不幸解释成不服从上帝的惩罚，是'罪恶'：一个所谓的'道德世界秩序'的最诡秘的解释手法，由于这个道德世界秩序，自然的'因''果'概念一下子整个倒过来了。当人们用报偿和惩罚来废弃自然的因果律时，就需要一个反自然的因果律了：现在一切非自然的东西接着来了。"[1] 自然本来是道德的，但是在此却遭到谴责，这是道德的重大颠倒。在犹太教士这里，一切自然之物都变得毫无价值，都是对上帝的违逆，都是罪恶。就此，道德，"变成生命的反对者，——道德成为基本的想象力的退化，成为对一切事物的'罪恶的眼神'"[2]。将罪恶、惩罚和报偿的观念引入道德中；贬低自然，自然意味着罪恶；将诸王时代的以色列价值颠倒过来——所有这些都是教士的诡计：教士才是颠倒以色列价值的罪魁祸首。教士为什么要将罪与罚引入道德之

---

[1] 《反基督》，第100—101页。
[2] 同上书，第101页。

中？因为只有这样，才能虚构出上帝的权力感，才能使上帝成为罪与罚的仲裁人，由于教士是上帝的代言人，违背了上帝，就违背了教士，教士也就成为仲裁人，也就表达自己的权威了。这样，在所有有罪恶感的地方，就会有教士在场，教士就此变得不可或缺，"教士们靠罪恶生活，他们需要有人'犯罪'"[1]。这最终的结果就是，到处都是罪犯，到处都是惩罚和宽恕，到处都是对自然的怨恨。这是价值的颠倒，是历史的首创，是奴隶的第一次道德起义。教士滥用上帝之名而为自己树立权威的诡计就此得逞。

但是，耶稣的出现却有崭新的意义。在尼采看来，耶稣是一个神圣的反对者，他是反犹太教会的，反教士和神学家的，尤其反对犹太民族的等级制度，反阶级，反特权，耶稣的所为实际上是一场起义：他将一切社会底层号召起来反对统治阶层，而等级制度则是犹太民族的生存之根基和本能，对它的攻击当然会遭到犹太上等人的报复，因此，他被送上了十字架毫不意外。从这个意义上来说，"耶稣是为他自己的'罪'而死的"[2]，而不是替他人赎罪而死。耶稣是作为一个反抗者和否定者而

---

1 《反基督》，第103页。
2 《权力意志》（下），商务印书馆，第797页。

被送上"通常是为暴民和贱民所准备的'十字架'"的。

尼采对耶稣有自己的独特理解：耶稣既偏离了犹太教，而保罗奠定的基督教也偏离了耶稣。尼采将耶稣置于基督教和犹太教之外。耶稣代表了原始基督教，之后的保罗和奥古斯丁奠定的基督教是对原始基督教的背叛。基督教的历史，实际上是对耶稣基督的误解史，是对福音的误解史。基督教怎样误解了耶稣基督？我们先来看看尼采对耶稣形象的刻画。

我们可以分两个层面来看待福音传播者。首先，我们看看福音的主旨。尽管对于犹太教会而言，耶稣是一个反抗者。他反抗统治阶层，福音书的基础正是下层人对统治者的怨恨。但是在他的福音中，最为强调的是不反抗："无力反抗变成了道德（'不反抗邪恶'是福音书中最深奥的话，在某种意义上说正是其关键词句），自由的极乐、温顺的极乐和不能敌对的极乐。"[1]耶稣被处死的时候，丝毫没有采取任何的反抗。不战斗，不反抗，不发怒，不蔑视，不离异，忍受苦难，同情和宽恕；爱恶人，为他们祈祷；抛弃一切怨恨。这是福音的基础和中心主旨。只有这样，只有这样的生活实践，才会感到幸福和神圣——这是耶稣最初门徒的生活方式。福音的另一个

---

1 《反基督》，第107页。

特点是：它是传递给社会底层的，它只是关注社会底层："福音：是这样一个消息，即通向幸福之门对低等人和穷人敞开着，——人们要做的无非是摆脱制度、传统、高等阶层的监护：就此而言，基督教的兴起无非是作为典型的社会主义者学说。"[1] 显然，底层是尼采一再嘲讽的生命的病态和衰败的阶层，而不反抗和温顺则是奴隶的特征，是反动的生命力的形式——从这两点来看，推崇权力意志的尼采对福音书的内容和宗旨绝不会有什么好感，整个来说，福音书的世界是个"古怪而病态的世界……社会废物、神经错乱者和孩童似的白痴在一起会谈"[2]。这是颓废、软弱和病态的道德法则，尼采对它的嘲讽绝非偶然。

这是福音的内容，是就福音和生命的关系而言的——生命要获得幸福恰恰是要通过自我否定，这是"奴隶"的幸福。尽管福音内容和耶稣信徒遭到了尼采的嘲讽（"人们厌倦于此：这是一方面——而人们又对自己心满意得——这是另一方面"[3]），但是，福音还有自己独特的地形学，有自己的存在方式，恰恰是这一点，并没有遭

---

1 《权力意志》（下），商务印书馆，第886页。
2 《反基督》，第110页。
3 《权力意志》（下），商务印书馆，第887页。

到尼采的否弃，相反，尼采借助于福音独特的地形学来攻击后来的基督教，攻击后来的基督教对福音书的背叛。因此，尼采实际上对福音暗含一种矛盾的情感：一方面攻击福音的奴隶价值观，一方面肯定福音的对彼岸的拒绝。福音在什么意义上是对彼岸的拒绝？"什么是福音呢？真实的生命，永恒的生命已经被找到——它并不是有预兆的，它就在那里，它就在你们之中：就像生命生活在爱中，在爱中，没有消逝，没有排斥，没有距离。每一个人都是上帝的孩子——耶稣并不为自己要求什么——作为上帝的孩子，人人都是平等的……"[1]这才是福音，福音并不意味着一个遥远的距离，并不意味着一个死后天国，天国就是属于这些孩子们的，"上帝之国就在你们之中"，耶稣"所做的事情无非是跟大家说：'天国就是在这里'"[2]。尼采一再表明，福音是排斥距离的，排斥时间和空间的沟壑，排斥一切的报偿和惩罚的公式，排斥一切的对立物——天国和大地的对立物，也排斥奇迹，"它既不通过奇迹，也不通过报偿和许诺，更不通过《圣经》来证明自己：它每时每刻都是它自己的奇迹，它自己的报

---

1 《反基督》，第107页。
2 《权力意志》（下），商务印书馆，第889页。

偿，它自己的证据，他自己的'上帝之国'"[1]。概而言之，耶稣传播的福音是直接性的和内在性的，它不借助于中介，生命的意义就在生命之中，而不在对生命的中介性描述中，不在关于生命的各种符号表达中。如果生命在自身内部得以经验，如果极乐就在于极乐本身，如果上帝不在一个遥远的地方（自己就是上帝之子），那么，因为距离而产生的罪过、惩罚和报偿也就无从谈起，当然也没有一个死后要去的，要期待的天国（在福音中，天国就是一种内心的状态，内心体验，"它无所不在，但又不在任何地方"[2]），犹太教的悔改和和解学说就被抛弃，"福音解决了'罪'、'赦罪'、'信仰'、'通过信仰来拯救'等概念的犹太教义——而这整个犹太教会的学说在'福音'中都是被否定的"[3]。这样，从根本上而言，福音就不是基于罪恶去进行拯救，而是完全实践性的，就是在自身内部通过行动展开的，更恰当地说，就是指明人们是该如何生活的。从这个意义上来说，耶稣留给人类的遗产是实践，而不是"永恒"："他从未提出个人的永恒存在比如'永恒的彼岸'这类妄念，他又怎么会使个人升入

---

[1] 《反基督》，第112页。
[2] 同上书，第117页。
[3] 同上书，第114页。

永恒呢？他还反对信众中的等级制度。他从未许诺过什么按劳取酬，他怎么又会说彼岸存在着奖惩呢？"

福音对犹太教的拒绝，主要是基于对生活的空间化的拒绝。犹太教的重要标志就是将天国和大地的对立空间化和距离化了，它的罪与罚的观点，正是基于这一空间化想象。耶稣拒绝了对天国进行空间化处理（因此也拒绝了罪恶和惩罚观念），那么，这是不是也意味着福音书同犹太教完全没有关系，是不是意味着福音书是对犹太教的完全拒绝？事实上，福音书只是选择性地拒绝了犹太教，福音书和犹太教的差异，只是意味着它们对生命获得幸福的途径有不同的认知。福音书强调在实践中就可以获得幸福，犹太教则是强调在遥远的天堂才能获得幸福——这是幸福的获取方式上的差异。但是，二者持有相同的幸福观，更恰当地说，二者分享了共同的价值观：都是奴隶的价值观，都遵从卑贱者和贫困者的价值观；都相信卑贱者和贫困者是道德化身，都相信卑贱者和贫困者能获得幸福，因此，相应地，他们也都是对主人的怨恨和报复，是对主人价值所要求的高贵性的颠倒和扭转，是对主人和高贵者充满敌意的胜利感，是对柔软、无能、病态、贫困——这所有否定生命的方式的重估和高估。犹太教的心理是怨恨，而福音书的基础是爱，看上去，这二者充满着对立。但是，爱却是从这棵怨恨大树上生长出来的:"不要误以为这种(基督之)爱是对那种报复渴望的否定,是作为犹太仇恨的对立面而萌发的!不是的!事实恰恰相反!这种爱正是从那树干中长出来的,是它的树冠,是凯旋的、在最纯洁的亮度和阳光下逐渐逐渐地伸展开来的树冠。"[1]

显然,福音书在拒绝犹太教的天国想象的同时,却继承了犹太教的怨恨,继承了犹太教对卑贱的价值推崇。这是最低贱的仇恨形式,它们误导了强大的心灵的勇敢和放荡,从这个角度来说,耶稣不过是以色列的"表面仇敌",实际上,他"导向那些犹太的价值和理想的再造"[2]。那么,为什么犹太人还将耶稣送上了十字架?这是因为耶稣背叛了他们的价值观吗?不,这正是犹太人推销自己价值观的诡计,是他们巧妙的迂回,是为了宣扬自己价值观而给世人展示出来的"诱饵"。"十字架上的耶稣",这个危险诱饵,恰恰使人们不断地扑向那种使人衰落,使人麻醉,使人衰弱无能的力量,扑向奴隶的价值观,如果人们都膜拜十字架上的耶稣的话,那么,就一定会膜拜福音书中的对生命的诽谤,膜拜那些遭贬低的病人和贱人,"以色列以这种情景,用其对迄今为止所

---

[1] 《论道德的谱系》,第19页。
[2] 同上书,第20页。

有价值的报复和重新评定，不断地战胜了一切其他理想，战胜了一切更高贵的理想"[1]。在如何获得幸福的途径上（相应地也在罪与罚的观念上，在"天国"的概念上，在来世的概念上），犹太教和福音书迥然不同；但在对奴隶价值的推崇这方面，对生命的否定的道德这方面，犹太人和耶稣基督一脉相承。这，就是犹太教和福音书的既相互排斥又相互吸引的关系。

那么，由保罗所奠定的基督教和耶稣福音书的关系呢？尼采反复地强调，基督教是对福音书的背叛。如果说原初基督教才是真正的基督教的话，那么，真正的基督徒只有一个，他已经死在十字架上了。后面发生的事情同他无关。后来的基督教是在什么意义上背叛了耶稣基督？如果说，耶稣抛弃了犹太教的天堂想象而继承了犹太教的卑贱价值观的话，基督教对耶稣的背叛，是不是意味着基督教返归了犹太教的天堂想象？尼采到底怎样来勾联犹太教、耶稣基督和基督教的关系？

这一切，都要从十字架开始。事实上，"十字架上的耶稣"遭到了各种各样的解读。这种解读各怀目的。门徒自然会问：耶稣为什么会被送上十字架？谁杀死了他？就耶稣本人而言，耶稣的死恰好是为了证实自己的

---

[1] 《论道德的谱系》，第20页。

学说，自愿的死恰好是他所倡导的忍受和不反抗的明证，这种死亡正是福音的基础和显现，是最高意义上的福音。"摆脱了一切怨恨的典范……耶稣之死的意义无非在于：成为最强大的典范以及对自己学说的最鲜明的检验……"[1]但是，耶稣的门徒们却无法理解这样的死，他们理解不了这种死亡所包含的福音的典型性。他们认定耶稣具有反抗性，认定是犹太人杀死了耶稣，因此将犹太人视为仇敌，而且绝不愿宽恕仇敌，一种复仇心态便油然而生，他们要报复，要惩罚——这种不宽恕，这种复仇感，正好是倡导内心平和的耶稣所反对的心态，是反福音的感情。如果门徒们坚决要复仇的话，那么，自然地，"人们需要'报应'，需要'审判'（——'还有什么比'报应'、'惩罚'、'接受审判'更非福音的呢！），对于弥塞亚的普遍期待又一次引起了高度重视；在一个历史的时刻，决心以'上帝之国'的降临来作为对他的敌人的审判……但是，这样一来，所有的事情都被误解了：'上帝之国'成了最后一幕，成了许诺！"[2]这哪里是福音！福音应该在现世中，在生活实践中，上帝和人类应该没有区分、没有距离地统一在现实中，福音不是来

---

[1] 《权力意志》（下），商务印书馆，第884页。
[2] 《反基督》，第125—126页。

自一个未来的天国中。对十字架的误解，因为误解导致的复仇心态，因为复仇感所滋生的上帝之国，因为上帝之国而使耶稣同门徒分离——这些门徒们就此放弃了福音书的现实性，重建了一个深度空间，抬高了救世主的位置。现在，他们看不见救世主了，他们将自己和救世主纳入完全不同的两个时空内，从此奠定了后来基督教的天国和现世的空间模型——在这个意义上，被耶稣所抛弃的犹太教的空间模式在他死后又被门徒们召唤而至。

耶稣被处死了，但是他又复活了——这个死而复活对保罗来说是如此之重要，保罗正是在这里对原初基督教大动手脚：复活本来是一个集体幻觉，但被保罗说成是一个神学逻辑，他将一个伟大的象征改写为一个非象征的清晰事物：十字架是复活的必经之道，死是通往天堂的必经之道，死后可以复活，可以获得不朽，死和不朽就此构成了因果性的神学逻辑——复活说无疑也是反福音的：福音中的幸福是在现世的，而不是在死后的；是要求此世的内心平和，而非来世的不朽。这样，经过一系列的篡改，保罗将真实生活和虚假生活的对立，改写为天国和尘世的对立。一系列反福音的观念就此出现了：此岸和彼岸，时间和永恒，惩罚和奖励，牺牲和救赎，死亡和祭品。而事实上，福音恰好同所有这些都针锋相对："对于'福音'的传道士而言，'时辰'、时间、物理生命及其危机是不存在的……'上帝之国'不是人们所期待的东西；它没有昨天也没有后天，在'千年'中它未曾到来——它是内心的一种体验；它无所不在，但又不在任何地方……"[1]而保罗完全颠倒和篡改了这一切，结果是，基督教被当作"一种神学而非一种实践，一种'信仰'而非生活方式"[2]，"保罗恰恰大规模地重建了耶稣毕生宣布无效的东西"[3]。从这个意义上来说，"只有过一个基督徒，而他已死在十字架上"[4]。此后的基督教，尤其从保罗开始——我们已经看到了——是对原初基督教的一系列歪曲。现在，生活的重心不在此生，而是在彼岸世界。后来基督徒的生活就迥异于耶稣倡导的生活了。

这样的歪曲，实际上就是对犹太教的回归，尤其是对上帝之国的回归，对罪与罚的回归。正是保罗的解读才使基督教背离了福音而重拾了犹太教的罪恶和天堂观念，基督教的信仰是从犹太教中推出的："罪恶、忏悔、宽恕，这一切不属于此……那是混合的犹太教，或者说，那是异教的"[5]。经保罗之手，基督教的历史就此展开了：

---

1 《反基督》，第117页。
2 《权力意志》（下），商务印书馆，第885页。
3 同上书，第798页。
4 《反基督》，第123页。
5 《权力意志》（下），商务印书馆，第861页。

"犹太教（保罗）、柏拉图主义（奥古斯丁）、神秘崇拜（救赎说、'十字架'的象征意义）、禁欲主义（——敌视'自然''理性''感官'，——东方……），已经主宰了基督教。"[1] "保罗的、奥古斯丁的柏拉图主义——：直到最后，这幅关于哲学和犹太教经师的无耻漫画得到了完成，即基督教神学……"[2] 显然，保罗对福音书的篡改，却是对犹太教的激活，准确地说，是激活了犹太教的天国模式。如果说耶稣抹去了这种有空间距离的天国模式的话，保罗却令人失望地重新激活了它。基督教和犹太教无论在具体的教义上有多大的差别，但是，犹太教中关于拯救，关于惩罚，关于罪恶和救赎等等这些曾被耶稣一度忽视的东西，在保罗改造过的基督教那里又重新出现了。从尼采的目光来看，这些复活无异于是再次对生命的否定——是借助天国来对大地进行否定，是借助不朽来对此刻进行否定，是借助来世来对现世进行否定。但是保罗的篡改并不是无保留地回到犹太教（他只是重新激活了犹太教的空间模型）——经由保罗的篡改，上帝变成了一个爱的上帝，保罗的基督教变成了一个世界性的宗教。保罗特别注重基督的死而复活，正是借助于对基督

---

1 《权力意志》（下），商务印书馆，第886页。译文顺序有改动。
2 同上书，第860页。

复活的阐释，他变换了上帝的身份和性质：上帝通过儿子的死亡而死亡，也通过儿子的复活而新生。死去的是犹太教的上帝，复活的是基督教的上帝。经由这个死而复活，这个上帝离开了自己的民族疆域，它摆脱了犹太人的身份，变成了所有人的上帝，变成了一个世界公民。一个新的上帝借助于自己的儿子的死去而出现，也可以说，一个旧上帝借助于自己的儿子的死亡而变成了新上帝。"基督教的上帝是犹太人的上帝，而犹太人的上帝却变成世界性的——这一结论脱离了其前提。在十字架上，上帝不再以犹太人的面目出现。"[1]上帝不仅借助于复活改变了身份，更重要的是，现在，这个新上帝充满着爱，也就是说，基督上了十字架，实际上催生了一个爱的上帝。

为什么十字架会催生一个爱的上帝？上帝如何为自己构建一个爱的形象？门徒们相信是犹太人杀死了耶稣（这是复仇之原因），但是，他们还有一个质疑是，上帝为什么允许这样的事情发生？为什么让他的儿子牺牲掉？他们的答案是，上帝献出了自己的儿子，上帝让自己的儿子成为祭品，上帝这样做是为了宽恕人类的罪恶，耶稣替世人赎罪了。"为了宽恕罪恶，上帝献出了他的儿

---

[1] 《尼采与哲学》，第225页。

子作为'牺牲'。"[1]这又是一个背离福音的解读——福音没有赎罪一说。耶稣死了，是自己犯"罪"而死，不是替人赎罪而死，耶稣之死，恰好是对福音的传播，而不是为了获得不朽的前提。但是，将耶稣之死解释为上帝的牺牲，解释为上帝的忍痛割爱，他让自己的儿子死掉，上帝为了世人献出了自己的儿子，而基督是为我们而死的——这是怎样一个爱的上帝！我们对这样一个爱的上帝欠付了多少！我们深深地负债于上帝！在《论道德的谱系》中，尼采详尽地分析了欠付和内疚的关系。正是负债才导致了最后的内疚的出现。显然，这种献祭而死，令人对上帝充满了歉疚，人们必须充满内疚，只有这样，才能进入天国，因此，获救的只是那些有内疚意识的生命，上帝只爱内疚者，爱那些自我否定的人。要赢得上帝的爱，就必须要自我否定：上帝的爱是对被爱者的否定——一个对生命的否定实践就通过上帝之爱建立起来了。十字架上的死亡，让信徒从此以后反对自身。这是基督之死带来的第一个效应：生命被内疚所折磨。如果说犹太教里面充满着怨恨感的话，那么，基督徒则充满着内疚意识。从怨恨到内疚，这是基督之死所带来的一个转折，也是从犹太教意识到基督教意识的转折。对生

---

[1] 《反基督》，第127页。

命的否定形式也发生了悄然的变化：怨恨是对他人的否定，内疚则是对自我的否定。怨恨是奴隶价值对主人价值的仇恨和否定，内疚则是奴隶对自身的仇恨和否定；二者都是否定生命的形式，但是否定的运作手段不一样。但是，尼采已经发现了，上帝之爱也是犹太人的怨恨这棵大树上生长出来的果实。爱是恨的结果。就此，犹太人的怨恨意识既导向了内疚，又导向了上帝之爱。上帝之爱和内疚在基督教中连为一体，不可分割，它们的结合最终使其摆脱了犹太教。

这是什么样的结合？上帝之爱导致了内疚，内疚获得了上帝之爱。也就是说，爱总是光顾那些病弱者、贫困者和受难者，也只有这些病弱者、贫困者和受难者能感受到爱，能够沐浴在上帝之爱中。在这个基督教整体中，强健的生命受到了否定，衰弱的生命受到了推崇和眷念，主动积极的生命之力从基督教的爱和被爱的整体中被甩出去了。但是，上帝为什么要去爱并因此献出了自己的儿子？就是因为同情，因为巨大的悲天悯人感。上帝之爱，本质是同情之爱。因为同情弱者而生爱，因为衰弱而需要同情之爱。爱使生命更为暗淡，使弱者更加衰弱。"仁爱者却爱那惩罚的彼岸。"[1]一个审判的人怎

---

[1] 《查拉图斯特拉如是说》，第283页。

么能成为爱的对象？一个审判的人怎么能够爱？这样的爱实际上对被爱的双方构成了双重地狱：既是上帝本身的地狱，"上帝也有自己的地狱，那便是他对人的爱"[1]；也是他所爱的人的地狱，"对人之爱反倒变成了人的地狱，最终变成人的死神"[2]。这种爱源自同情，因此，尼采一再谴责同情，一再将同情作为基督教最大的罪孽。"在我们所有不健康的现代性里，没有什么东西比基督教的同情更不健康的了。"[3]他不能不让这个因为同情而充满爱的上帝死去："上帝死了，其死因就是他对人的同情和怜悯。"[4] "他是因悲天悯人而窒息亡故"。[5]不过，这种同情之爱并不是爱的全部，这只是基督教的爱，尼采并不拒绝爱，他拒绝的只是基督教的爱，他要否定的只是在这种怨恨的树冠上自然生长出来的爱，与内疚相伴的爱。

尼采有自己的爱，这是查拉图斯特拉式的慷慨之爱："一切伟大的爱如是说：它还要克服宽恕和同情"，"所有伟大的爱高于爱的同情，因为爱要创造被爱的！"[6]因此，

---

1 《查拉图斯特拉如是说》，第93页。
2 同上书，第283页。
3 《反基督》，第74页。
4 《查拉图斯特拉如是说》，第282页。
5 同上。
6 同上书，第93页。

这样的爱不求回报，它是送给人们的礼物。"我将以另一种爱来爱你们。"[1]这和基督教的爱截然相反！在基督教的上帝那里，爱恰好是对被爱者的消灭和否定，爱是和内疚联袂登场的。同时，基督教之爱还要求回报，要求被爱者爱上帝，而这样爱上帝的人，自然难以爱人："现在我爱上帝；人，我是不爱了。"[2]在整个基督教的爱的循环（爱和被爱循环）中，充满着对生命的否定，"神是一种理念，它使一切直的变曲，凡存在之物无不被它颠倒"[3]。至此，我们能够理解尼采意义上的上帝之死。为什么要杀死上帝？就是因为上帝的同情，以及因这种同情而生的爱；因为基督教中的上帝之爱在阻遏生命："上帝蜕化为生命的对立面，而不是对生命进行美化、祝福和永恒肯定！上帝对生命、自然和生命意志进行宣战！上帝成了诅咒'这个世界'的公式，成了与'彼岸世界'相关的所有谎言的公式！在上帝这里，虚无被神化了，虚无意志被宣告为神圣。"[4]从相反的角度来说，尼采就是要肯定生命，就是要提高和强化权力意志，而上帝是以一个否定生命和权力意志的形象出现的，上帝并没有创造出

---

1 《查拉图斯特拉如是说》，第81页。
2 同上书，第4页。
3 同上书，第89页。
4 *The Antichrist*, p.146.

生命，恰恰相反，他是对生命的窒息，"倘若诸神存在，还有什么可以创造呢！"[1]"神是一种假想：可有谁吞饮了这假想的种种痛苦而不死呢？"[2]就此，杀死它就成为肯定生命的"惊人大事"。

这是尼采，一个反基督者，出于自己的原因，出于对生命的肯定信念，而宣布的上帝之死。但是，尼采并不是第一个宣称上帝之死的人。还有其他人的上帝之死："他可能是这样死的，也可能有另外的死因。诸神死的方式总是各不相同的呀。"[3]那么，还有什么别的方式？还有什么杀死上帝的方式？我们已经提到了启蒙理性的无神论，这些现代自由市场上的无神论者是从科学认知的角度不信上帝的。还有一些"最丑陋的人"，他们也是杀死上帝的凶手，这个丑陋的人为什么要杀死上帝，"上帝观察一切，也观察人类：这个上帝必死无疑！人容不得有一个见证人活着"[4]。这个丑陋的人显然是个报复者："他总是注视我，我要对这个见证人报仇。"[5]这个丑陋的人和上帝是什么关系？上帝既然总是注视他，总是能观

---

1 《查拉图斯特拉如是说》，第90页。
2 同上书，第89页。
3 同上书，第283页。
4 同上书，第289页。
5 同上。

察到他的一切，显然，他和上帝密切相关，上帝看不见不信他的人，看不见不信者的隐私，因此，这是一个信徒对上帝的弑杀。这同尼采的上帝之死有截然的区别，尼采意识到了上帝只是一个虚构，而不是一个真实的存在："我创造的这个上帝实则为人造物和愚妄的观念。一切神明莫不如此！他是人，只是一个可怜的人和我罢了：这个幽灵是从自己的灰烬和烈焰中来到我这里，真的，他不是从彼岸来！"[1]但是，信徒是承认有一个上帝的，上帝对于他来说不是虚构，但信徒为什么要弑杀这个上帝？为什么要报仇？显然，报仇总是意味着受到过迫害，"他们迫害我"[2]，上帝曾经迫害过他。上帝为什么迫害他，怎样迫害他？因为上帝"观察人的心灵底蕴，人的一切隐私、耻辱和丑陋"[3]，他明白了正是上帝使他成为"最肮脏的角落"[4]，上帝使他变得丑陋，同上帝"过度纠缠"[5]的历程不堪回首，他再也容忍不了，因此，他是"被排挤出来的人"[6]，他现在无

---

1 《查拉图斯特拉如是说》，第24页。
2 同上书，第287页。
3 同上书，第289页。
4 同上。
5 同上。
6 同上书，第290页。

路可走，这是一条自我否定之路，"我把所有的路都踩死了，破坏了"[1]。上帝对信徒的关注在信徒看来现在变成了迫害，因此，他受够了这个上帝，他要逃避上帝，"我逃避的就是他们的同情"[2]。他受不了无所不在的上帝，受不了这个上帝洞悉一切的目光。因此，他要杀死上帝，并逃向查拉图斯特拉的庇护，因为正是查拉图斯特拉首先提醒人们"当心同情而生的乌云"[3]。

因此，有三种凶手杀死了上帝（"咱们大伙儿全是凶手"）：启蒙运动中的无神论者；充满怨恨的基督徒；以及尼采本人。他们出于不同的动机和目的杀死了上帝，因此，"埋葬上帝的掘墓人"也在吵闹不休。启蒙运动中的无神论者不信上帝，但是，他们还是在上帝腾出来的位置上安排了一个别的东西，他们并没有颠倒柏拉图主义所奠定的那个基本的空间模型。从根本上来说，他们奏响的还是柏拉图－基督教主义的余音。他们是末人。基督徒觉醒了，他杀死了上帝，但他并没有摆脱怨恨和报复，这还是奴隶的心理机制在发挥作用，他不信上帝了，但这是怨恨者的无神论，他还遵循着怨恨机制，他还是

---

1 《查拉图斯特拉如是说》，第288页。
2 同上书，第287页。
3 同上书，第289页。

觉得自己丑陋,并"充满隐秘的耻辱"[1]。他还是对自己充满蔑视。在某种意义上,这是生命的自我否定,这是一个基督徒的自我否定蜕化为一个奴隶的自我否定。就此,杀死上帝,并不意味着摆脱了上帝的阴影,并不意味着生命自动地获得了肯定。这个最丑陋的人,在杀死上帝后却并没有改变一个反动生命的命运,也可以说,此处的弑杀,是一个反动的生命容忍不了另一个反动生命。无论是启蒙运动中的无神论者,还是由基督徒演变而来的无神论者,在上帝死后,并没有铲除世界的最高价值,相反,他们以另外的方式巩固了上帝所表征的最高价值。"上帝死了。依照人的本性,人们也会构筑许多洞穴来展示上帝的阴影的,说不定要绵延数千年呢。"[2]也即是说,基督教的上帝死了,但"人们却还是按照老习惯去寻找另一种权威"[3],也即是现代性中出现的良知、理性、社会本能、历史进步,以及普世幸福等等。

只有尼采式的杀死上帝,才让所有的最高价值贬值了。尼采洞悉启蒙理性杀死上帝的局限性,启蒙理性杀死上帝并没有摆脱上帝的阴影。单纯的基督教的上帝之

---

1 《查拉图斯特拉如是说》,第290页。
2 《快乐的知识》,第111页。
3 《权力意志》(上),商务印书馆,第406页。

死，并不意味着它曾深深地受惠的柏拉图主义之死，也不意味着宗教性之死。正是在这个意义上，列奥·施特劳斯才说，"上帝死了，这并不仅仅意味着人们不再信奉上帝，因为人类的不信并不会摧毁上帝的生命或存在。这实实在在地意味着即使上帝仍活着，他也绝不会是信仰者所认为的那样，即上帝不死。这里所理解的有神论本身因此就总是错误的。……尼采所勾画出的反有神论的论辩乃是针对一个清晰、明确的启示，也就是说，是针对上帝对人的'言说'的可能性的。尽管欧洲有神论已经衰落，尼采还是认为宗教的本能——即区别于宗教的宗教性——正在有力地增强，或者说，无神论只是个过渡阶段。"[1]这也就是说，尼采认为上帝死了，实际上是指有神论中的上帝死了，宗教死了，实际上宗教性还存活着，也就是上帝还活着，但是是无神论的上帝，是启蒙理性所信奉的新上帝。就此，"现代哲学是反基督教的，而非反宗教性的"[2]。因此，尼采明白，他的任务就是"必须战胜上帝的阴影"[3]。也就是说，要杀死的上帝不仅仅是基督教的那个上帝，同时，还是他所代表的一系列最高

---

[1] 列奥·施特劳斯：《注意尼采〈善恶的彼岸〉的谋篇》，见《施特劳斯与尼采》，第208—209页。
[2] 同上，第209页。
[3] 《快乐的知识》，第111页。

价值，包括现代欧洲在上帝死后在他原先所占据的位置上所设立的那些新的价值、"新的上帝"，也就是说，要杀死的是柏拉图主义的形而上学模型。只有这样的弑杀上帝，只有将柏拉图主义和基督教在欧洲的牢固联姻一起弑杀，才是一个真正的大事件。这样的上帝之死，才真正地将作为整体性的大海吸干了，才真正地把历史视界（历史地平线）擦掉了，才真正称得上是哥白尼转向式的历史大事件（"地球从太阳的锁链下解放出来"）。只有这个时候，才到了天明，才有了"愉快心境的恢复"，正是这样的弑杀，才会让"柏拉图羞愧脸红"[1]。

三 末人

这个意义上的"上帝之死"，才表明以往的世界价值被贬黜了。这意味着极端的虚无主义的来临。也就是说，"一切信仰，一切持以为真，都必然是错误的：因为压根儿没有一个真实的世界"[2]。对此，尼采出人意料地"不加褒贬"，为什么？最高价值死掉了，不是意味着否定生命的东西死掉了吗？不错，对生命进行否定的价值死掉了，

---

1 《偶像的黄昏》，第27页。
2 《权力意志》（上），商务印书馆，第404页。

但并不意味着生命就自动地获得了自我肯定。因为上帝死后,极端虚无主义会导致多种可能性,会出现几种类型的人:末人、悲观的人和超人。当上帝死掉了,这第一种可能性就是,人就不努力了,就放弃了一切理想和抱负,也放弃了痛苦,他按部就班,得过且过,追求此刻的舒适和满足,他完全受自我保存的欲望所驱动:所有的潜能,所有的积极性和主动性,所有的超越性都被抛弃了。他们没有渴望,没有爱,没有创造,在这类人中不可能诞生出类拔萃的明星。这样的人,这种根除了可能性和潜能的人,就成为尼采所说的"末人"。他自己感觉幸福,因此不再进化,不再生长,不再勃发。这末人享受着平庸的安逸,"他们竭尽全力想获取的是羊群在绿色牧草地上的普遍幸福:每一个人的生活有保障、舒适、毫无危险和安宁;他们最常重复的歌曲和学说是'权利平等'和'同情所有受苦人'——他们将痛苦本身看作是某种必须根除的东西"[1]。他们实际上是"没有牧人的羊群","人人需求同一,人人都是一个样,谁若感觉不同,谁就自动进入疯人院"[2]。这末人是现代思想的奴隶,这末人虽然不是悲观的人,但也是衰退的人,因为自我

---

[1] *Beyond Good and Evil*, p.50.
[2] 《查拉图斯特拉如是说》,第11页。

保存就意味着不增长，不增长就是衰败，就是缩小。"大地在他的眼里变小了，末人使一切都变小了，他在大地上蹦蹦跳跳。他的种族不会灭绝，犹如跳蚤一样。末人寿命最长。"[1]这末人实际就是自由民主制下的一般民众，"尼采相信，现代民主制度不是把奴隶解放成为自己的主人，而是让奴隶和一种奴隶道德获得了完全的胜利。自由民主国家最典型的公民是'末人'，一种由现代自由主义缔造者塑造的人，他把自己的优越感无偿献给舒适的自我保存。自由民主创造了由一种欲望和理性组合而成但却没有抱负的人，这种人经过对长远利益的算计，很巧妙地以一种新的方法满足了一大堆眼前的小小需要。'末人'没有任何获得比他人更伟大的认可的欲望，因此就没有杰出感和成就感。由于完全沉湎于他的幸福而对不能超越这些愿望不会感受到任何羞愧，所以，'末人'已经不再是人类了。"[2]

除了这末人外，还有一种悲观的人，这种人出自一种消极的虚无主义：既然世界的价值被贬黜了，那么一切都失去意义了，生命不再有统摄它的价值，不再有目

---

[1] 《查拉图斯特拉如是说》，第10—11页。
[2] 弗朗西斯·福山：《历史的终结及最后之人》，黄胜强、许铭原译，中国社会科学出版社，2003年，代序第13页。

标，也就是说，他不再去意志了，他不再肯定自己了，他可能"困倦了，衰竭了"，再也找不到合适的目标了。同末人不一样，他也没有幸福感，没有安逸感，没有羊群的快乐，相反，他倍感悲观，充满厌倦，生命于是否定自身，这是精神权力的下降和没落。价值贬黜，直接导致了生命的贬黜。没有价值和目标去激发意志，它只能去寻找麻醉和慰藉。佛教就是这种典型的消极虚无主义。这也是叔本华的方式：叔本华解除了对上帝的信仰，同时，他也否定生命和存在的意义，这是生命的自我否定，其效果同最高价值对生命的否定是一样的，都是生命遭到了否定。就此，叔本华"未能摆脱基督教禁欲主义道德观的窠臼"[1]。这样一种消极的虚无主义实际上就是悲观主义。"悲观主义者疲惫的目光、对于生命之谜的怀疑、厌倦人生者的冷冰冰的否定"[2]，所有这一切，都是对基督教道德的继承。二者都是对尘世和生命的否定。尽管基督教是借助于一个来世天国来否定尘世，叔本华式的悲观主义者则是自我否定这个尘世。这是上帝之死后出现的第二种人，充满着颓废感的悲观主义者。

但是，还有第三种人：价值的贬黜并不一定导致悲

---

1 《快乐的知识》，274页。
2 《论道德的谱系》，第47页。

观主义，它还可能导致一种积极的虚无主义："现在，当这些价值的平庸来源得到澄清之际，在我们看来宇宙大全就因此被贬值了，成为'无意义的'了……但这只不过是一种过渡状态而已。"[1]在什么意义上说这只是一个过渡阶段？既然以往最高价值贬黜了，一切回到了一个新的起点，回到了一个没有价值的状态，如果这个状态并不必然导致自我否定的悲观主义的话，如果人们也并不陶醉于自我满足的幸福之中而成为末人的话，那么，反过来，这种没有价值的状态作为一种空白状态，充满着新的可能性，也就是说，充满着新的价值设定的可能性。从这个意义上来说，以往最高价值的贬黜，实际上也是一种解放，它意味着人摆脱了先前的重负和目标，变得轻松自如，意味着上帝之死后带来的新生的可能性，意味着生命的积极创造的可能性：生命是否会创造出一种新的价值，一种不同于以往上帝价值的价值？正是在这个意义上，以往最高价值的贬黜，才变成了一种过渡，一种奠定新价值的过渡。这样，我们才能理解尼采对虚无主义的正面评价："人们援手相助，人们要毁灭……此乃强大精神和意志的状态。"[2]虚无主义是创造之前的毁

---

[1] 《权力意志》(下)，商务印书馆，第724页。
[2] 同上书，第735页。

灭，这种毁灭是创造的必要条件和前提。它可能"创造性地重又设定一个目标、一个为何之故、一种信仰"[1]。这样的虚无主义，是"作为提高了的精神权力的象征"[2]。如果上帝死掉了，出现了这样积极的虚无主义，那么，我们到底要设定一个怎样的新价值？——尼采说过，哲学家的使命就是要确定各种价值的档次。

这，就是尼采未来哲学的任务。超人，就此出现在我们的视野中。

---

[1] 《权力意志》（上），商务印书馆，第401页。
[2] 同上。

第五章

超人和永恒轮回

一　潜能、自由精神和身体

尼采从两个不同的角度来考察人和人的特质。第一个是从具体的欧洲历史的角度来谈的人的历史：希腊罗马时期的（没有被罪与罚所包围的）有尊严的快乐之人；犹太教中的怨恨之人；基督教时期内疚的罪人；启蒙时期的自我满足的"末人"；还有放弃一切的颓废之人。如果将这些人分类的话，事实上只有两种类型的人：主人类型的人和奴隶类型的人。尽管如此，我们看到，就人本身而言，人的类型并非一成不变，并没有一个贯穿始终的固定的人的本质，用尼采的说法是，"人性是一种偏见"[1]——这就引发了第二种探讨人的方式，一种哲学人类学的方式：人到底是什么？因此，当尼采一般性地提到人的时候，总是有其特定的所指，有时候他指的是具体时代的人，有时候指的是抽象的人。但是，抽象的人是什么？——我们已经看到了，各个时代的人各个不同，

---

[1] 《曙光》，第228页。

因此，自然地，尼采的回答便是：人是一种潜能，与其说他被一个固定的本质所统摄，不如说他是一种生成的可能性，也正是如此，人才在不同的时代被具体化为某种类型的人："人之所以伟大，是因为他是一座桥梁，而非目的。人之所以可爱，是因为他是一种过渡，一种毁灭。"[1]为什么说他是过渡同时又是毁灭？因为过渡总是伴随着毁灭的，毁灭作为前提内在于过渡之中，不毁灭就没有过渡的可能性，也就没有创造和新生的可能性。过渡连接着毁灭和创造。尼采一再强调痛苦对于人的重要性，人正是要在痛苦的磨砺下，才能更加茁壮而健康地生长，也就是说，要处在被毁灭的状态，才可能有新的创造。人，就是这样一种不确定性，他应当毁灭、过渡和创造，他可以往各个方向上发展。到目前为止，人所能确定的只是，他的前身是个猴子，是个虫子。但是，如今的人克服了这个动物性了吗？或者说，他毁灭了自身的动物性了吗？"你们走过了由蠕虫变人的道路，可是你们中仍有许多人是蠕虫。"[2]谁还是蠕虫？当今时代的"末人"。末人只是在形态上脱离了蠕虫（"走过了由蠕虫变人的道路"），但是，在本质上，同蠕虫一样，他

---

1 《查拉图斯特拉如是说》，第8页。
2 同上书，第6页。

们都是自我保存的，他不求牺牲，不求毁灭，不敢冒险，他不去克服也不去创造，这末人持有的就是动物的自我保存特性。这样的人当然不符合尼采的人的定义和想象。尼采所满意的人是愿意自我毁灭的人，是因为这种毁灭而埋伏着创造潜能的人，是"更富有创造性、更具危险性、更幸福的人！请相信我吧：要从生存中获取最丰硕的果实，享受最伟大的快乐，其秘密就在于，过危险的生活！"[1] 当今时代的市镇上的聚众，这些末人，这沉浸在自我幸福中的人，这些屈从性的自我保存的蠕虫－人，当然会遭到查拉图斯特拉的蔑视和质问："人是一种应该被超越的东西。你们都干了些什么以便超越呢？迄今，一切生物都创造了某些超越自身的东西。难道你们愿做这壮潮中的落潮，宁愿退化为动物而不为超人吗？"[2]

这末人是基督教上帝死后的产物。但是，他和基督徒没有根本的区别，他至少是基督徒的后裔，基督徒（和末人）都属于反动的人，是没有能力超越和克服自身的人，是没有自我毁灭和否定能力的人。就这一点而言，它们类似于动物虫子——这二者在自我保存这方面具有

---

[1] *The Gay Science*, p.161.
[2] 《查拉图斯特拉如是说》，第6页。

相同的禀性。但是，上帝死后，还有另外一种人的路径，另外一种人的可能性：可能会出现同"末人"不一样的毁灭之人，以及在毁灭的基础上诞生的超人。超人就以人的潜能为基础：以上帝为代表的最高价值死掉了，人掀开了以前的道德外衣的束缚，清除了目的论的锁链，人的既定类型成为历史了，人从先前的类型中解放出来，人的无限潜能又一次获得了新的培育契机，"有一千条道路尚无人走过，有一千种健康和一千个生命的隐蔽之岛。人和人的大地依旧生生不已，未被发现"[1]。从这个意义上来说，"人便是试验"[2]。于是，这样的呼吁自然应运而生："无论如何，我们要成为我们之所是——全新的、独特的、无可比拟、自我立法、创造自我的人！"[3]"赋予一种个性以'风格'，这是伟大而罕见的艺术。"[4]"这类心灵——可能是第一流的——总是旨在把他们的周围环境塑造和解释为自由天性，即粗野、任性的、迷狂的、混乱无序和令人惊异的天性。"[5]尼采也将这些有潜能的人称为"自由精神"，这个"自由精神"，不是被自由民主制所滥用的

---

1 《查拉图斯特拉如是说》，第80页。
2 同上书，第79页。
3 *The Gay Science*, p.189.
4 同上书, p.163.
5 同上书, p.164.

"自由",它恰好是这样的自由的对立面,是"平等主义者"和"末人"的对立面。为什么是"自由精神"?就是因为它抛弃了各种先前的价值,具有创造的潜能,能够自我决定,"它习惯于以轻便的绳索支撑自己,从而保持着一种可能性状态。即便面临深渊犹能手舞足蹈,这样的精神即为卓尔不群的自由精神"[1]。因此,它也是"更高等、更伟大、根本不同的东西"[2]。自由精神迷恋痛苦,正如迷恋毁灭;他借助痛苦来生长,正如借助毁灭来创造。

尼采也将这样具有潜能的人,这些作为试验品的人,将这种"自由精神"称为"身体","这种自由精神有一天可能会存在……作为一种身体的、显而易见的存在"[3]。这个身体也是创造的契机,它"超越自己而创造,那本是它最愿意做的事情,是它的全部热情"[4]。"我完全是身体,不再是别的什么;灵魂只是身体上某个东西的代名词罢了。"[5]这个身体也即自我(self),它"比较、强逼、征服、破坏,它统治着,但也是我(ego)的统治者"[6]。

---

[1] *The Gay Science*, pp.206-207.
[2] 《尼采论善恶》,第68页。
[3] 尼采:《人性的,太人性的》,杨恒达译,中国人民大学出版社,2005年,第16页。
[4] 《查拉图斯特拉如是说》,第29页。
[5] 同上书,第28页。
[6] 同上。

显然，这样的身体就是权力意志，是一个强有力的统治者。它同样是通向超人的桥梁，所以，查拉图斯特拉对那些身体的蔑视者说："我不走你们的路，你们这些蔑视肉体者呀！你们不是我达到超人的桥梁！"[1]这就是尼采的人的概念：潜能的人、身体、自由精神。潜能对抗的是柏拉图主义的确定性，自由精神对抗的是末人，身体对抗的是灵魂和意识（我）。潜能、自由和身体，是尼采心目中的人的三位一体，身体是它的基本物质形态，自由表明这个身体清除了负担，潜能表明了这个没有负担之后的身体的创造的可能性。这样的人，就是具有惊异天性的过渡者和毁灭者，他一方面摧毁了以往的上帝，一方面播下了未来的种子："我已经看见他们慢慢地、慢慢地来临。"[2]尼采正是在这里展示了未来哲学的期盼："人确立其目标的时候到了，人播种其希望种子的时候到了。"[3]这是怎样的种子，它又应该长成怎样的目标？

"人是一根绳索，连接在动物和超人之间——绳索悬于深渊上方。"[4]尼采的目标明确地出现了。动物猴子是人的前身，超人是人的目标，人是这二者之间的过渡地带。

---

1 《查拉图斯特拉如是说》，第30页。
2 《人性的，太人性的》，第16页。
3 《查拉图斯特拉如是说》，第10页。
4 同上书，第8页。

这个超人怎样才能达到？我们已经看到了，人到现在尚未超出动物，因此，尼采的第一步是人要毁灭，毁灭自身的自我保存的动物性，人，通过这种毁灭变成了具有潜能的人，只有具有潜能的人，才可能变为超人。因此，从历史的角度看，这是三个不同的阶段：基督徒和"末人"（它们还保有动物性），人（潜能的人）和超人。尼采用隐喻的方式描述了这三个阶段：骆驼、狮子和孩子。

有负载能力的精神要驮载这一切最沉重之物，犹如满载重物而匆匆走向荒漠的骆驼。精神也正是这样匆匆走进荒漠。

然而，在寂寥的荒漠中发生了第二次变形：精神变成了狮子，它要为自己夺得自由，做自己沙漠的主人。

它在此寻找它的最后一位主子，它要与之敌对，与它的最后一位神明敌对，为胜利起见，它要同巨龙搏斗。

这巨龙——精神再也不愿管它叫主子和神明——究竟是什么呢？这巨龙叫"你应该"，可狮子的精神叫"我要"。

"你应该"躺在狮子的路上，它是带鳞甲的动物，金光灿灿，每片鳞甲上闪耀着金灿灿的"你应该"！

千百年的种种价值在这些鳞甲上闪耀,龙中之最强者如是说:"事物的一切价值——全在我身上闪光。"

"一切价值均已被创造出来,而一切被创造的价值——便是我。千真万确,不再存在'我要'!"巨龙如是说。

弟兄们,为何需要狮子精神呢?什么东西使这个可负重的、采取拒绝态度的、令人肃然起敬的动物不满足呢?

创造新价值——狮子尚无这种能力;可是,为着新创造,必须为自己创造自由——这,狮子的力量可以胜任。

为自己创造自由,对义务说个神圣的"不"字,弟兄们,做这件事就需要狮子呀。

获得创造新价值的权利——这对于一个有负载能力、令人敬畏的精神而言是最可畏的举措。真的,这对它来说是一种掠夺,是掠夺性猛兽的事业。

它曾把"你应该"当成它的至圣而喜爱,现在它必须在至圣中找出癫狂和放任,以便从它的爱中掠夺自由,为了掠夺便需要雄狮。

弟兄们,请告诉我,孩子能做什么呢?他能做狮子无能为力的事吗?为何猛狮还要变成孩子呢?

孩子清白无辜、健忘,是一个新的开始、一种游戏、一个自转的轮子、一种初始运动、一种神圣的肯定。

是啊，为了创造的游戏，弟兄们，需要一种神圣的肯定：精神需要肯定的意志，失去世界的重获世界。

我已对你们讲了精神的三种变形：精神怎样变骆驼，骆驼怎样变狮子，狮子怎样变孩子——[1]

骆驼是基督徒（和"末人"）的隐喻，狮子是过渡性和毁灭性的人的隐喻，孩子是超人的隐喻。骆驼甘愿背负重担，这代表有负载能力的精神，这也是自我贬抑的精神，这是自我折磨的内疚形象，这是甘愿承受罪恶之负担的基督徒，他完全遵从上帝"你应该"的外在律令，这是个被动的承担者。这个满载重物的承担者匆匆走进了沙漠：欧洲历史的沙漠，充满历史危机和精神危机的欧洲沙漠，整个启蒙时代的沙漠。正是在这沙漠（危机）中，精神发生了第二次变形，作为骆驼形象的负重精神变成了狮子的形象，精神不再背负重担了，它成了"自由精神"，"它要为自己夺得自由，做自己沙漠的主人"。因此，他要战斗，同"你应该"这一历史巨龙战斗，"你应该"是巨龙的训导，为什么是龙？龙是一个虚构之物

---

[1] 《查拉图斯特拉如是说》，第19—20页。

但同时又威力无比，这难道不正是上帝的特性？狮子同这个上帝-巨龙作对，同整个基督教的价值律令作对。现在，他的口号从"你应该"变成了"我要"，从被动变成了主动，从承担变成了选择，从服从变成了主宰，从听命变成了自由。他要战胜骆驼和巨龙的长久默契，要重新主宰整个沙漠化了的基督教-启蒙时代。"为自己创造自由，对义务说个神圣的'不'字，弟兄们，做这件事就需要狮子呀。"这个狮子正好是毁灭之人和过渡之人，狮子为了过渡到新价值，他要毁灭旧价值，他要毁灭骆驼的重负，毁灭骆驼的谦卑和义务，从根本上，它要否定自我保存这种适应性的动物性——狮子和骆驼同样是动物，但是，骆驼肯定自身的动物性，狮子在否定（毁灭）自身的动物性。骆驼对反动力说是，狮子则对反动力说否。一旦摧毁了自我保存这种衰退之力，那么，狮子就有各种发展趋势，就变成具有潜能的人，具有创造自由的潜能的人。"谁决心成为善恶中的创造者，就必须先当破坏者，必须把种种价值打个粉碎。"[1]但是正如具有潜能的人并不意味着创造出了新价值一样，狮子也无力创造出新价值，但是它获得了创造新价值的权利和可能性，为了创造新价值，它还要变形为孩子。"孩子清白

1　《查拉图斯特拉如是说》，第125页。

无辜、健忘，是一个新的开始、一种游戏、一个自转的轮子、一种初始运动、一种神圣的肯定。"

为什么是孩子？孩子是怎样的新价值？在什么意义上骆驼变成狮子、变成孩子？如果我们想到骆驼背负重担，铭记上帝的教诲，坚持忍耐前往一个遥远的彼岸，而且步履蹒跚，自我否定，我们马上看到，借助于狮子这个毁灭和过渡之桥，这个孩子完全变成了骆驼的反面形象。这是颠倒了的骆驼，颠倒了的基督徒（末人）。一个清白健康而自我肯定的初生孩子，它正是重估的价值之所在。尼采的精神理想托付在这个孩子身上：他是无辜，没有重负的无辜；是游戏，是自由的游戏；是肯定，是神圣的肯定。游戏，肯定，无辜，这不是永恒轮回的主要特征吗？轮回就是要剔除责任（游戏），就是要剔除罪恶（无辜），就是要剔除否定（肯定），如果生命将这些负担根除掉，如果生命不再自我否定，如果生命并不为外在的目标所束缚，那么，生命就当轮回到生命自身，生命在自身内部轮回，轮回促使了生命的自我肯定，这是生命未受任何污染的最大的肯定——初生孩子，不正是集所有这些素质于一身吗？

二　超人

而超人也是欧洲历史的新生儿，是被一群不合时宜的人生出来的，是查拉图斯特拉的弟子们，也即是那些狮子、"自由精神""身体"等有潜能的人生出来的。"你们，当代的孤寂者和被排挤者，你们应当成为一个民族，你们自我遴选，从你们中生出一个遴选的民族——再从中生出超人。"[1] 就历史和来历而言，超人也是个新起点，也是个孩子。无负担的孩子意味着轻盈、无辜和清白，显然，作为一个新生出来的孩子，超人具备这样的特点，超人就是由狮子变形过来的孩子——我们已经看到了这个孩子（超人）的清白无辜。孩子，是从他的来源而言的，但，这个孩子具有怎样的面孔？尼采反复地将超人说成是闪电："超人就是这闪电，就是这疯狂。"[2] "看呀，我是闪电的宣告者，是从乌云里降下的沉重雨滴：这闪电就叫超人。"[3] "我要向人们讲授生存的意义，这意义就是超人，是乌云里的闪电。"[4] 同时，"超人即是海洋"[5]。超人是闪电，是海洋，"是大地的意义"[6]。所有这些，意味着什么？尼采喜爱闪电（lighting）这一比喻，他反对将闪电和闪

---

[1] 《查拉图斯特拉如是说》，第80页。
[2] 同上书，第7—8页。
[3] 同上书，第6—9页。
[4] 同上书，第13页。
[5] 同上书，第7页。
[6] 同上书，第6页。

电的光分开，闪电即光，它能量丰沛，刹那间爆发，转瞬即逝，闪电的特性是爆发、释放、照耀和立法，它同时是光和光的爆发。光是尼采最喜爱的意象之一，在《查拉图斯特拉如是说》的一开端就探讨了太阳的充沛之光，光是馈赠，是祝福，是溢出，查拉图斯特拉接受了这种光，他下山同样是去释放光。光的释放，如同力的释放，都是巨大的能量的释放：它照耀、祝福、奠基和创造。在谈到作为主人的国家缔造者的时候，尼采将他们的出现描述为闪电般的。[1]这样的闪电特性，也是权力意志的特性：力在饱满充盈之后的自然释放。就此，闪电，即是权力意志在释放、在运作、在爆发的一个隐喻。与此同时，闪电（光）缺乏一个确定性的载体，它不是一个物质化的存在物，它只有踪迹而无构型，只有过程而无结局，只有意志而无目标，在这个意义上，超人并非一个具体之人，并非一个实际的物质化的人，超人不是实体，而是生成和踪迹。海德格尔敏锐地抓住了这一点："超人并不是一个超感性的理想；他不是在某个时候显露出来、在某个地方出现的什么人物。作为完成了主体性的最高主体，超人是权力意志的纯粹权力运作。"[2]

---

1 《论道德的谱系》，第65页。
2 《尼采》，第934—935页。

我们不要将超人当作一个理想的人的类型来看待。当尼采说到超人是未来的目标之时，这并不意味着有一个具体之人在某个未来场所等待着希望的抵达；这不是一个明晰的确定化的类型目标。希望要达到的是权力意志本身，是权力意志的运作本身。权力意志在运作，在爆发，如同闪电一般地爆发。这一爆发过程，爆发事实，就是超人这一目标本身。同时，由于超人是一个充沛能量的爆发过程，是这个过程的瞬间踪迹，那么，这种权力意志的运作，就如同划破了乌云，即柏拉图主义－基督教部署在现代欧洲的乌云，笼罩着末人的现代乌云。闪电划破乌云，也即是超人宣告上帝之死，超人的诞生是以上帝之死为前提的，"上帝死了：我们现在希望——超人活着"[1]。因此，"超人是大地（earth）的意义"。为此，曾经是个疯人院的大地，通过超人这闪电一击，现在充满生机，焕然一新："是啊，大地应变成康复的处所！大地四周已弥漫着新的气息、带来康复的气息———一种新的希望！"[2]将乌云推开，超人祝福大地。正是在这里，权力意志历史化了。当尼采讲到生命就是权力意志的时候，他是从一般生物学原理的角度来说的。生命就是权

---

1 《查拉图斯特拉如是说》，第311页。
2 同上书，第80页。

力意志，这是自然的律令，是本能，但是，在被犹太-基督教及其现代世俗变形所主宰的近乎两千年的欧洲历史中，生命则变成了反动的权力意志，生命被乌云笼罩，也就是说，生命的自然性被贬抑，并充满着耻辱、罪恶和内疚，生命为此一直自感羞愧。"羞耻、羞耻、羞耻——此即人的历史！"[1]现在，上帝死了，超人诞生，也就是说，作为生命的权力意志可以积极运作，可以正面肯定，从根本上来说，生命摆脱了羞耻感，摆脱了否定的权力意志，而得以自我肯定。超人不是人，而是生命的自我肯定这一意愿和过程。超人促使生命自我肯定！

但是，为什么超人还是海洋？因为现代欧洲的末人如此之众，他们构成了一条"肮脏的河流"，他们的灵魂贫乏而龌龊，"为了接纳这条脏河，人们必须是海，且本身并不变脏"[2]。作为海洋的超人还要洗刷这种龌龊、贫乏和肮脏，要在对末人进行洗刷之后再接纳他。"我们向（贞节）这位客人提供居处和诚恳：现在他与我们同住"。[3]闪电来自高空，要冲破的是上面（天国）的乌云，大海则埋伏在地底，要洗刷的是下面（末人）的肮脏。

---

1 《查拉图斯特拉如是说》，第91页。
2 同上书，第7页。
3 同上书，第54页。

电光和大海，一个来自高处，一个来自地底，一个瞬即而猛烈，一个平静而开放，一个作为诞生，一个作为承载，这二者的结合，囊括了整个超人的降生和接生过程。这是上帝死后的过程，尼采在一个欢快而抒情的段落中就是用光和大海描述了上帝死后的结果："全无悲哀和阴郁，而是一种崭新的难以描述的光，幸福、轻松、欢愉、鼓舞、曙光……实际上，在听到老上帝之死的消息时，我们这些哲学家和'自由精神'感觉到被新的曙光所照亮，我们的心里注满着感激、惊异、预见和期待——终于地平线再度清晰，即便不是明亮的话。终于我们的船再度启航，面临重重危险；知识热爱者的勇气再度焕发；大海，我们的大海，再度敞开了，或许从未有如此开放的大海。"[1] 光和大海，一并推出了超人，推出了生命自我肯定的过程——这是个过程，而绝非一个最终的定型形象：无论是光，还是大海（水），都是流动的，都不是一个稳定的形态。

"超人，是至高卓绝之人的指代，这种人同'现代'人、'善良'人、基督徒和其他虚无主义者完全相对立——这个词由道德破坏论者查拉图斯特拉所说出，就

1　*The Gay Science*，p.199.

让人苦苦冥思。"[1]超人是个指代,而非一个明确之物,我们只知道他的性质,而不知道他的形象。他是作为一系列人的对立面而被描述的,这一系列人(现代人、基督徒、善良人和虚无主义者)显然并不是一种人,并不完全相同,但是他们却分享一个共同特点:反动的生命,否定的权力意志。如果超人是它们的对立面的话,这个卓绝之人当然就指代主动的生命和肯定的权力意志。事实上,生命和权力意志本身就意味着生命在不停地自我增长和自我提高,生命本身就是一个增长过程,在这个意义上,作为闪电的超人同样也是这样一个生命的自我肯定和增长的过程。生命的自我肯定,从另一方面来说,就是不再将天国作为凭借和目标,而是植根于大地,赋予大地以意义。这,恰恰是一种新价值的奠定:"弟兄们,让你们的精神和道德为大地的意义服务吧:万事万物的价值将重新由你们确定!所以你们当做斗士!所以你们当做创造者!"[2]就此,超人不再是个确定之人,而是代表着一种新意义,一种新价值。超人作为一种价值而存在,作为一种肯定生命表现出来的新价值而存在,作为权力意志的运作而表现出来的价值而存在,最终,它是

1　*Ecce Homo*, p.261.
2　《查拉图斯特拉如是说》,第80页。

作为大地的意义这一新价值而存在。"目标不再指'自在地'持存着的目的,它的意义无异于'价值'。"[1]就此,超人既包括了生命的自我肯定这一过程,也包括这一过程所体现出来的新价值!什么是有价值的?肯定的权力意志,肯定的生命就是有价值的——超人的意义就浓缩在这个论断中。

就此,我们厘清了超人的意义,它和权力意志的关系;也厘清了超人在历史中的位置:尼采指出了人的三次变形。从欧洲历史的角度进行表述,这三次变形实际表明了三个阶段:从基督徒(末人)到自由精神到超人。这个历史还有一种隐喻性的表述:从骆驼到狮子到孩子;从历史人类学的角度进行表述,就是从动物到人到超人。这两种对人的解释都是历史性的:先是自我保存的(服从的)奴隶;然后是对奴隶性的自我毁灭,达到一个新的过渡阶段,一个创造性的前提阶段;最后生成为主人,一个新价值的奠定。在这个历史过程中,中间的过渡性阶段非常重要,它的毁灭和创造,使这个时刻既吸纳了过去,也吸纳了未来。或者说,过去和未来,同时聚集于"现在"这个过渡性时刻,过渡性时刻由于这一聚集而获得了自身的深度。它在获得自己纵深状态的同时,

---

[1] 《尼采》,第936页。

也保持着生成的状态——生成状态就意味着流逝，也意味着过去、现在和未来的不倦的争斗。就此，这个时刻总是处在流逝状态，总是在生成的过程中，瞬间借助于过去和未来的争执并因此也保持着自己的重量。这种瞬间状态，就是"自由精神""潜能的人"和"身体"的状态，就是通向超人之路的一个必需的状态。这里的问题是，如果说，超人是一个目标（无论这个目标是以什么形式得以表现），如果说，尼采有一个人的历史的三阶段论的话，那么，这是否是一种进步论？如果说，尼采将超人作为一个未来的希望，基督教将天国作为未来的希望，这二者的目标是否只有内容上的区别，而在历史的进步观念上则毫无差异？如果是这样，尼采的超人同他所一再批判的现代性所固有的进步观又有什么区别？

尼采毫不犹豫地否定了现代性的进步观："'进步'只是一个现代观念，甚至是一个错误的观念。"[1]一个显而易见的证据是，今天的欧洲人远在文艺复兴时期的欧洲人之下。在下面的这段话中，尼采更具体地表明了他反对这样的进步观和目的论的理由："人类必须完成一项总任务，人类作为整体要走向某一个目标，这种十分模糊而任意的想法还是十分年轻的。也许在它变成一个'固定

---

[1] 《反基督》，第70页。

观念'之前，人们又把它抛弃了……人类其实不是一个整体：它是一个由种种上升和下降的生命过程组成的无法分解的多样性——它并没有一个青年时代，也没有接着的壮年时代和最后的老年时代。也就是说，诸层次是混杂重叠在一起的——而且在几千年后，可能始终还有比我们今天能够证实的更为年轻的人的类型。而另一方面，颓废也属于人类的所有时代：到处都有渣滓和衰败材料，这就是生命过程本身，没落产物和残渣产物的排泄。"[1]显然，尼采有自己的进步观。不过这种进步观不是奠定在时间和发展基础之上的。时间和历史的向前发展，并不意味着一定获取进步。

那么，什么是尼采的进步？在尼采这里，进步意味着生命和权力意志的提高、强化和上升。而这种现象，在人类的历史上已经出现过，它不只是未来才会有的东西。超人作为进步的个案，"此类大获成功的巧事过去一直是可能的，也许将来也总是可能的。甚至整个部落、种族、民族有时候也可能碰到此类好运……"[2]从这个意义上而言，尼采的进步同未来同时间的向前发展并没有必然的联系。就此，超人在尼采这里作为目标，但不是

---

[1] 《权力意志》(下)，商务印书馆，第772—773页。
[2] 同上书，第903页。

一种绝对的时间和发展意义上的目标。超人首先是作为一种价值目标被看待的,是针对一种既定的价值和道德(奴隶道德)而言的,是针对一种既定的人的类型——反动生命——而言的,这种价值目标是针对当前的欧洲的价值观,针对欧洲的现代"末人"而言的。未来哲学应当在这个意义上来理解:未来是对现在的矫正、反驳和颠倒,是对现在的偏移和"绽出",而不是指对现在的时间延续。

从这个意义上而言,这个未来具有一种异质空间的意义:未来既是现在的他者时间,也是现在的他者空间,在未来这个空间中,新的价值标准能够奠定——未来并非现在的一个进步式的时间发展。只是对现在的不满,才催生出了否定现在的未来,才催生出了超人。超人不在尼采置身其间的欧洲的"现在",因此,它只能出现在未来。甚至是,超人并非只属于时间上的未来,超人也可以到15世纪的凯撒·波尔查那里去寻找。[1]就此而言,时间上的未来本身并不具有必然的进步性,只是因为现在到处布满了虚无和颓废,而要求有一种强健的未来,一种同现在的时空截然不同的未来时空。在这个意义上,未来应当被看作一种价值——正如将超人看作一种价值

---

[1] *Ecce Homo*, p.261.

一样，而这个价值，在过去并非没有出现过。未来对现在的克服，不过是强健的人对颓废的人的克服，事实上，这样的克服和争斗在任何一个历史时期都存在：颓废在人类的各个时期都存在，强健在人类的各个时期也都存在。在尼采这里，未来和现在的关系，实际上成为两种价值观的战争关系，未来与其说是对现在的时间发展，不如说是同现在价值在进行空间争斗。将未来和现在理解为一种价值交战的空间关系，理解为强健和颓废交战的空间关系，或许更为恰当。事实上，尼采偏爱空间和位置的隐喻，偏爱高和低的隐喻：上升和下降；攀登和下坠；巨人和侏儒；盘旋和直线。这些富于空间性的对比在《查拉图斯特拉如是说》中一再出现。尼采也总是用空间关系来描述他的现在和未来的关系。有一种地点意义上的空间：现在是天国，未来是大地；有一种身体意义上的空间：现在是灵魂，未来是身体。查拉图斯特拉的宣教历史和漫游历史也总是被空间位置所标记：登山和下山，市镇和森林，大海和陆地，深渊和巅峰。尼采总是将时间关系空间化了，未来和现在作为时间概念，总是被赋予了空间想象：发展打上了战争的烙印，线性时间打上了聚集空间的烙印，未来打上了回复过去的烙印。未来和现在这一时间线索，实际上就内在于上升和下降这一空间构想。在尼采这里，空间降伏了时间，上和下降伏了前和后，强和弱降伏了进步和落后。只有空间位置的上下变迁，而无时间发展的先后进退。

从这个意义上来说，尼采的超人同基督教意义上的未来目标判然有别，同现代性中的进步目标也判然有别。对于后两者而言，目标都是单纯的时间上的未来，而绝不会在一个过去的历史中曾经存在过。同样，这个未来所置身于其中的空间，总是一个优越性的空间，也总是一个未曾出现过的神秘空间。这样的目标，其时间和空间，具有双重的优越性，正是因为这种优越性，它达到了终点，它是历史的最后状态，是黑格尔意义上的历史的终结。柏拉图的理念，既是在未来，也是在深不可及的深处；基督教的天国，既是在未来，也是在高不可及的高处；黑格尔的自由观念，既是在未来，也是在一个神秘莫测的王国；马克思的共产主义，既是在未来，也是在一个谁也未曾抵达的想象空间。这种未来的目标，这个优越的历史终点，其时间和空间的优越性是相互寄生的：因为它是未来的，所以在空间上是优越的。因为它在空间上是神秘而优越的，所以它一定是置身于未来的。而且，历史总是在接近这个目标，此刻总是奔向这个目标的一个短暂的过渡性时刻，生成总是朝着这样一个目标去生成——时间因为这个未来目标而变成线性的，变成了目的论式的。这样一个未来目标，就是尼采一再批判的"真正的世界"。尼采的超人，同这种构型的未来目标毫无相似之处：它曾在过去出现，也并不享有一个空间上的优越性，它不在深处也不在高处，它植根于可见的大地，植根于活生生的毫无神秘气息的身体，植根于粗俗的自然。作为未来哲学目标的超人，它既可能是表达现在的未来，也可能是对往昔的回复。在尼采这里，没有什么东西没有存在过，没有什么东西是新的——在最粗糙的意义上，我们现在开始接近永恒轮回了。

三 永恒轮回

我们看看尼采是怎样来谈论时间和永恒轮回的。这是尼采第一次谈到永恒轮回：

假如某一天或某个夜晚，一个恶魔闯入你最深的孤寂中，并对你说："你现在和过去的生活，你将再过一遍，并且会无限次地再次经历它，且毫无新意。你生活中的每种痛苦、欢乐、思想、叹息，以及一切无可言说、或大或小的事情皆会在你身上重现，会以同样的顺序重现，同样会出现此刻树丛中的蜘蛛和月光，同样会出现现在这样的时刻和我自己。存在的永恒沙漏将不停地转动，你和它一样，只不过是一粒尘土罢了！"你听了这恶魔的话，是否会自己摔倒在地咬牙切齿地诅咒这个口出狂言的恶魔呢？或者，你在以前曾经历过这样的伟大时刻——那时你这样回答恶魔说："神明，我从未听见过比这更神圣的话呢！"倘若这思想压倒了你，它就会改变你，说不定会把你碾得粉碎。"你是否还想再来一遍，并无数次地再来一遍？"这一所有人的问题，这一万物的问题，作为最重的重担置放在你们的行为中！或者，你将如何恰当地规划自己成为你自身，规划自己成为这样的生命：渴望最终的永恒肯定和印记？[1]

尼采首次传达的永恒轮回即是一切东西都会重现："无限次地再次经历它，且毫无新意。"这样的轮回本身同样也绝无新意，这样古老的轮回观早就出现过。但是，在尼采这里，轮回是对"真正的世界"的反驳。"真正的世界"既是一个空间上的原初内核，也是一个时间上的圆满终点。由于它在这两方面的优先性，迫使着生成趋向于它。永恒轮回同这样一个生成的趋向完全相反。永恒轮回有自己的时空法则。在时间上，它不是直线式

1　*The Gay Science*, pp.194–195.

的，不是奔向一个目标的，不是有一个明确的终点的，不是有起源和结局的。在空间上，它不是等级式的，不是深度式的，在一个圆圈中的每个瞬间都具有同等的重要性。优先性——无论是时间上的优先性，还是空间上的优先性，都在轮回的圆圈中被清除了：环形取代了直线，瞬间的平等取代了终点的优先性——从这个意义上而言，轮回就是对柏拉图主义的清除，对本质主义的清除，对不可调和的二元论的清除，也是对黑格尔主义的清除，对辩证法的清除。这样的轮回是单纯就时间和空间本身而言的。具体地说，在尼采这里，这样的轮回观直接同基督教和现代性的未来目标相抗衡，它是反目的论的，反超验性的，反线性历史观的：如果一切在轮回，哪里还有一个期冀式的目标存在？哪里还有一个将来的天国或者理想国存在？哪里还有一个不停地生成的最后目标？

就此，轮回本身是对柏拉图主义-基督教历史观的反驳：既反驳它的线性历史终结论，也反驳它的神秘而优越的空间位置。现在的问题是，如果生存不过是重复性轮回的话，那么，这样没有期冀没有目标没有超验意义的生存有何意义呢？这样的轮回同样宣告了上帝之死——如果一切都在重复轮回的话，哪里还有一个上帝和天国在一个遥远的终极未来等待着我们？永恒轮回的规律不能不宣判上帝之死("真正的世界"之死,超验性之死)。这样,永恒轮回规律的被告知,就如同上帝之死的消息被告知一样,会在人们那里产生各种各样的后果:我们已经看到了,上帝有各种各样的死法,上帝之死会导致各种各样的虚无主义。那么,在同样的意义上,永恒轮回一旦被告知,也会产生各种各样的虚无主义。永恒轮回的昭示和上帝之死的昭示一样,是一个重大的事件,可能会产生截然相反的两种结果:积极的虚无主义和消极的虚无主义。正如上帝之死会导致遍布家畜的"斑牛镇",会导致大量的末人繁殖一样,永恒轮回一旦被告知(超验性目标不存在了),也会产生各种各样的末人:"这思想压倒了你,它就会改变你,说不定会把你碾得粉碎!"这是末人的命运。在这个意义上,(不可避免地宣判上帝之死的)永恒轮回完全有可能会导致消极的虚无主义,会导致末人的出现。"让我们来思量一下这个想法的最可怕形式:此在,如其所是的此在,没有意义和目标,但无可避免地轮回着,没有一个直抵虚无的结局:'永恒轮回'。此乃虚无主义的最极端形式:虚无('无意义')永恒!佛教的欧洲形式:知识和力量的能量迫使人们达到这样一种信仰。"[1] "一切都一样,

---

[1] 《权力意志》(上),商务印书馆,第249页。

什么都不值得，知识使人窒息。"[1]所以这个孤寂之人可能在洞悉永恒轮回这一法则面前摔倒在地——摔倒，这正是小人和侏儒的姿态。但是，永恒轮回这一法则被告知，除了摔倒在地外，还可能会出现另外的选择："规划自己成为你自身，规划自己成为这样的生命：渴望最终的永恒肯定和印记？""你是否会咬牙切齿，诅咒这个口出狂言的恶魔呢？"就此，永恒轮回一旦被告示，犹如上帝死亡被告示一样，也可能存在着两种对立的选择：选择做末人还是选择做超人？是被这个重负所压垮还是成为你自身？

不过，无论如何，永恒轮回肯定意味着上帝死了。如果相信世界和万物是永恒轮回的，那就绝不会相信有一个创世和起源的上帝存在。但反过来，上帝死了并不必然导致永恒轮回的出现——上帝是被发明出来的，它可以被各种各样的凶手在各种情况下杀死，他死后，会出现各种各样的局面，而这和永恒轮回并无关联。永恒轮回则是一个法则，一个规律，一个宇宙学的规律，它存在在那里，随时可以被发现，因此，它不是一个发明之物。它是最幽深的思想，一直沉睡在历史中，其年代

---

[1] 《查拉图斯特拉如是说》，第237页。

犹如曾祖母们的年龄[1]，是查拉图斯特拉唤醒了它。这也就是说，作为一个隐蔽规律的永恒轮回所导致的末人和将一个人为的上帝杀死所导致的末人的机制并不一样。就后者而言，两千年来的信仰死去了，人无所信仰，于是自我保存，自我满足，得过且过，为平庸的幸福所充斥——这是上帝死后出现的末人。就前者而言，突然发现一切都发生过了，一切都没有新意，一切都是可以预见的，一切都是轮回的，因此，任何的努力、奋发以及因此导致的上升都是徒劳的，人因此也变得无所欲求，安于现状。这是同一类末人，但产生的缘由却不一样。在另一方面，我们已经知道了，上帝之死可能导致超人的出现（正如可能导致末人的出现），但上帝之死只是超人出现的前提，上帝之死是超人出现的一个必要条件，但不是一个充分条件：上帝之死不会自动生出超人（它还可以导致末人的产生）。而超人并不是上帝之死的必然后果，现在的问题是，上帝死后，超人到底是在怎样的情况下出现的？是通过什么机制出现的？我们看到了超人的背景（上帝之死），看到了超人的形态（像闪电），看到了超人的内容（对生命的肯定），看到了超人的实质（权力意志的生长），看到了超人的意义（作为未来的希

---

[1] 《查拉图斯特拉如是说》，第234页。

望)。但是,这样的超人是通过什么机制孵化出来的?正是在这里,我们看到了永恒轮回所起的作用:超人是永恒轮回的产物。在上帝死后(上帝不论是以什么方式死掉的),正是通过永恒轮回这一律令,或者说,尼采正是通过对永恒轮回教义的唤醒(永恒轮回是作为一个启示来到尼采这里的),才使得超人诞生。永恒轮回孵化出了超人。超人的诞生,是个历史化的过程。这个过程,在尼采这里就是:上帝死了,受到永恒轮回的启示,借助于这一启示和教义,超人诞生了。永恒轮回,作为一个过渡物,使上帝之死和超人诞生联系起来了。现在的问题是,尼采宣称的永恒轮回怎样催生了超人?

这个问题如此之重要,是尼采哲学的肯定性和建设性的一个核心问题,也是永恒轮回、权力意志和超人三者之间最复杂的问题。在解释这个问题之前,我们先来看看,什么是尼采所理解的"同一物的永恒轮回"(eternal return of the same)?

永恒轮回本身并非难解,难解的是永恒轮回和超人的关系。从上面的引文中,我们已经看到了永恒轮回的特征:"你现在和过去的生活,你将再过一遍,并且会无限次地再次经历它,且毫无新意。你生活中的每种痛苦、欢乐、思想、叹息,以及一切无可言说、或大或小的事情皆会在你身上重现,会以同样的顺序重现。"[1] "万物中凡能行走的不都已经走过这条路了么?万物中可能发生的事不是已经发生、完成和消失了么?"[2] "万物走了,万物又来,存在之轮永恒运转。万物死了,万物复生,存在之年永不停息。万物破碎了,万物又被重新组装起来;存在之同一屋宇永远自我构建。万物分离,万物复又相聚,存在之环永远忠于自己。"[3] "我永远回到这相似和同一个生活,无论是在最伟大之处和最渺小之处全都雷同,我将重新教授万物永恒轮回的理论。"[4] 力"作为必然永恒回归的东西,作为生成的东西,不知更替,不知厌烦,不知疲倦,自我祝福——这就是我的永恒自我创造、永恒自我毁灭的狄奥尼索斯的世界,这个双料快乐的神秘世界,它就是我的善与恶的彼岸,没有目的,假如目的不在圆周运动的幸福中的话,没有意志,假如不是一个圆圈对自身有着善良的意志的话"[5]。总之,"'永恒轮回'学说,即万物的绝对和无限的重复循环——查拉图斯特拉这一学说,从根本上或许就是赫拉克利特所教导过的

---

[1] *The Gay Science*, p.194.
[2] 《查拉图斯特拉如是说》,第 171 页。
[3] 同上书,第 236 页。
[4] 同上书,第 239 页。
[5] 《尼采遗稿选》,第 117 页。

学说"[1]。这就是永恒轮回学说本身。

但是,怎样证明这个学说?有一种宇宙学和能量学的论证:我们已经看到了,尼采认为世界就是一个力的世界,其能量大小不变,"这个世界是:一个力的怪物,无始无终,一个钢铁般坚实的力,它不变大,不变小,不消耗自身,而只是改变面目;作为总体大小不变,它是没有支出,也没有损失的家计,但同样也无增长,无收入,它被'虚无'所缠绕,就像被自己的界限所缠绕一样,不是任何模糊的东西,不是任何挥霍的东西,不是无限扩张的东西,而是置入有限空间的某种力,那种所谓'空虚'的空间不是任何地方都有的"[2]。世界是一个力的世界,力在不停地翻转、运动、生成,但力的总量不变,这样,在一个有限的空间内,在一个固定总量所组成的固定范围内,力,要永不停息地生成下去就只能是一再轮回。而力又不可能不生成,因为"'力'与'稳定性'和'不变性'这些特点不相容,力的量是固定的,但其本质能量大小不变,是流动的"。力的世界,其总能量不变,这实际上就是能量守恒法则,

---

[1] *Ecce Homo*, p.274.
[2] 《尼采遗稿选》,第117页。

300

"能量守恒原则必定要求永恒轮回"[1]。如果力在不断生成，又因为这种生成而不断轮回的话，就不要指望有一个终极状态或者平衡状态出现，不要指望力能安静下来。因为生成是力的根本，而力的生成实际上就是积累和释放，因此，力的轮回实际上就是积累和释放的轮回。事实上，"平衡状态从来就没有过，这就证明这种状态是不可能的"[2]。如果说力达不到平衡状态，也就是说达不到一个终极的安定状态，那么，在同样的意义上，世界的运动实际上也是没有目标状态的。如果有目标状态的话，"那么它必定是已经达到了的。但唯一的基本事实却是，世界运动根本没有什么目标状态：而且，任何主张必然有这样一个目标状态的哲学或者科学上的假设（比如机械论），都已经被这个基本事实所反驳了"[3]。就此而言，力无始无终，世界的运动无始无终，我们所把握的，只是世界的运动本身，只是力的生成本身。只是这种力的生成所导致的永恒轮回。这是从力的性质出发，从能量守恒原则而来的永恒轮回观。

尼采也从时间的角度来论述永恒轮回法则。尤其是

---

[1] 《权力意志》（上），商务印书馆，第240页。

[2] Nietzsche, *Will to Power*, Vol.2, translated by Anthony M.Ludovici, George Allen Unwin Ltd, 1909, p.427.

[3] 《权力意志》（下），商务印书馆，第706页。

从时间的无限性的角度来论证永恒轮回。

此刻,我感到轻松了:侏儒从我肩上跳下,这好奇的家伙!它蹲在我面前的石头上了。这里恰好是个大门通道,我们就待在这里。

"侏儒,你瞧这大门通道!"我继续说,"它有两副面孔。两条道路在此交汇,尚无人走到路的尽头。

"这条长路向后通向永恒;那条长路向前是另一种永恒。

"这两条路相反而又相接——在大门通道旁恰好交汇。大门通道的名字叫'此刻',它被写在上面。

"要是有人走其中一条路,一直走下去,越走越远,侏儒,你以为这两条路永远是矛盾的吗?"

"一切笔直的东西都是骗人的,"侏儒不屑地咕哝,"一切真理都是弯曲的,时间本身便是个圆。"

"你,沉重的精灵!"我怒喝道,"别说得这么轻飘飘!你这个跛脚鬼,是否要我把你留在现在你蹲的地方——以前我把你抬得太高!"

我继续说,"你瞧'此刻'呀!从这个'此刻'大门通道有一条永恒的长路向后:我们身后是一种永恒。

"万物中凡能行走的不都已经走过这条路了吗?

万物中可能发生的事不是已经发生、完成和消失了吗？"[1]

"万物中凡能行走的不都已经走过这条路了吗？"这是条什么样的路？路在此是时间的比喻：路无限延伸，一条向前通向了永恒，一条向后通向了永恒。这两条路相向而行，但也在"此刻"（通道）这个地方相交接。时间正是从"此刻"开始向前和向后无限延伸的，也就是说，在任何一个此刻，都存在着前和后的无限时间（两条路都各自通向了永恒）。过去和未来都是无限的，但是它们正是在此刻这里汇聚。此刻，既是属于过去的，也是属于未来的。或者说，此刻将过去和未来浓缩在一起。问题是，这个过去和未来汇聚于此刻这里，是否意味着它们彼此之间连接成为一条直线？也就是说，无限的过去抵达此刻，在此刻这里通向无限的未来，而这两条路此外并没有交接，各行其是？（"你以为这两条路永远是矛盾的吗？"）如果是这样，那么，时间就是一个无限的直线。但是，侏儒却不屑地咕哝："时间本身便是个圆。"也就是说，过去和未来这两条路终究还是会相交织的，终究还是要重合在一起的，终究是会重复循环的。笔直

---

[1] 《查拉图斯特拉如是说》，第 171—172 页。

的线性时间是假象。时间是往复循环的。这是侏儒的答案，也是侏儒从时间的角度所理解的永恒轮回。但是，查拉图斯特拉作何反应？查拉图斯特拉觉得侏儒回答得太轻飘飘了——他并没有说侏儒的答案是错误的，只是觉得这样回答分量不够。显然侏儒简单而轻率地理解了时间的永恒轮回，或者说，侏儒忽视和遗漏了这种时间轮回中的别的重要因素。他忽视了什么？查拉图斯特拉提醒他："你瞧'此刻'呀！"侏儒的轮回是轻飘飘的轮回，是对"此刻"视而不见的轮回。如果像查拉图斯特拉那样注意到这个"此刻"，那么这个时间轮回将会是什么样的？如果从"此刻"往后看的话，也就是说，往过去看往回看的话，就会发现，万物中的一切，在过去都曾经出现过了，都"发生、完成和消失了"。至此，同一物的永恒轮回就出现了。在侏儒那里，轮回是单纯的时间圆圈，是时间的重复，是时间的重复所导致的时间的无限性，但是查拉图斯特拉不仅看到了时间的无限性，还看到了万物都曾经在这个时间的圆圈中（因而也是无限的时间中）重复出现过。这个"此刻"（通道）当然也曾反复出现过。而这，是侏儒所忽视的和不理解的。时间是无限的（侏儒的发现），那么，作为存在者的万物，作为一个有限过程的世界，必定都在这个永恒时间中存在过了（查拉图斯特拉的发现）："万物中凡能运行的事物从这条长路出去，也必定从这条路上回来！"[1]这是在时间中的永恒轮回。这是因为时间的无限性、万物的有限性所必定导致的永恒轮回。接下来查拉图斯特拉就是重复了"永恒轮回"在第一次被传达时的内容：蜘蛛、月光等也都曾存在过（这显然是对第一次轮回传达的再次轮回传达！）。

尼采还从概率（游戏）的角度来论证永恒轮回。如果从概率的角度来看的话，世界就应该被看作偶然或必然的世界。这样的世界也肯定不是被意志或意图所创造出来的，如同上帝创世那样。相反，如同赫拉克利特所认为的那样，这个世界是掷骰子的游戏，这是偶然和必然之间的游戏，掷骰子的游戏是最能表达必然和偶然的游戏。"你也许由此会得出结论说：'因此，只有一个世界，即偶然发生和无知无识的世界，才是存在的？'——但我们必须补充说：是的，也许只有一个世界是存在的，也许既不存在什么意志也不存在什么意图，它们全都是我们幻想出来的玩意。投掷偶然骰子的必然性的铁腕在无限长的时间里玩它的游戏：因此总是会有极其类似各种程度的意图性和合理性的一掷的。也许我们的意志行动和我们的意图也只不过是这样的一掷——只是由于我

---

[1] 《查拉图斯特拉如是说》，第172页。

们极其有限和极其不甘心,我们才无法理解我们的这种极度有限性:我们自己就是一些机械人,长着一双铁腕,并用这双铁腕来摇动骰子筒,即使是我们最具意向性的行动也只不过是在完成必然性的游戏。"[1]世界是什么?是掷骰子的游戏。我们的每个意图实际上都是偶然的骰子的一掷,每一次投掷都是一次偶然,但是因为有无限多的偶然性,"在无限长的时间里玩它的游戏",而这种游戏的组合又是有限的,因此,这种偶然骰子的一掷,这种偶然游戏,终究"是在完成必然性的游戏"。也就是说,投了无限多的骰子,而在有限数量的组合之内,同一组合必定会反复出现,也就是说,必定会出现轮回。换句话说,无限多的偶然,最后必定导致必然;如果是从永恒轮回的角度来理解的话,那就是,世界之力的数量是有限的,"而其他的概念是无限的因而也是无用的,由此可以推论,世界在构成其存在的巨大的偶然游戏中贯穿着一个可以计算出来的组合数。在无限性中,在这个或那个时刻,每个可能的组合都会实现。不仅如此,每个可能的组合在无限次数中也都能实现"[2]。这就是概率所导致的轮回:无限多的偶然,在一个有限的力的世界中,

---

[1] 《曙光》,第105页。
[2] *Will to Power*, *Vol.2*, p.430.

其组合总是会出现轮回。

尼采就是从宇宙论（能量论）、时间论和概率论来讨论永恒轮回的。力的无始无终和力的量的总体性决定了力的永恒轮回；万物的有限性和时间的无限性决定了万物在时间中的永恒轮回；偶然的无限性和偶然之间组合的有限性决定了游戏的永恒轮回。这个多层次的永恒轮回就同过去形形色色的永恒轮回观区别开来。这是尼采所特有的永恒轮回思想。也就是说，尼采分别是从力的角度、从时间的角度、从游戏（概率）的角度来讨论世界的，这三个"世界"的视角，暴露了尼采的整体世界观：世界是有限之力的世界；世界是时间无限的世界；世界是永恒游戏的世界。在尼采看来，世界就是一个有限之力在无限的时间内的永恒游戏。正是在这个世界中，同一物一再轮回。我们看到了这个世界的永恒轮回（尽管这更多是尼采的发现而非论证），现在的问题是，一当我们洞悉了这个世界的永恒轮回，我们当做何选择？这也就是当恶魔告诉孤寂者关于永恒轮回的真相时，关于世界的真相时，孤寂者该做何行动和选择？

必须做出选择！因为"这一所有人的问题，这一万物的问题，作为最重的重担置放在你们的行为中！"在到底如何选择之前，我们先来看看，同一物的永恒轮回这样的真相为什么会闯入一个最难耐的孤寂之中？在此，恶魔显然是不怀好意的人，是试图用永恒轮回来压倒孤寂的人。谁是孤寂的人？尼采对孤寂总是有高度评价：查拉图斯特拉称自己的兄弟和门徒都是孤寂者——超人是从孤寂者组成的民族中诞生的。不合时宜的人都是孤寂之人，这些人在什么意义上是孤寂的？独立于市镇，独立于畜群，独立于末人。只有孤寂者才能追随孤寂的查拉图斯特拉。因此，永恒轮回在孤寂者这里和在末人这里所引起的反应完全不同：只有知晓了永恒轮回的孤寂者才能生出超人。或者说，永恒轮回只有借助孤寂者之躯才能生出超人："你们，当代的孤寂者和被排斥者，你们应当成为一个民族，你们自我遴选，从你们中生出一个遴选的民族——再从中生出超人。"[1]问题是，孤寂者是怎样承担永恒轮回这一最重的重负，并且因为这种承担而生出了超人？

我们已经知道了永恒轮回能够产生末人。如果一切是轮回的话，生存的意义何在？用悲观主义的预言家的说法是："一种学说出现了，又有一种信仰与之相伴。"这是预言家的答案："我看见大悲哀向人类袭来了。精英之士厌倦了工作。""'万事皆空，一切相同，一切俱往！'""所有的工作全是徒劳，我们的美酒变成了毒汁，

---

[1]《查拉图斯特拉如是说》，第80页。

凶恶的目光烧焦了我们的原野和心脏。""是呀，我们过于厌倦，以至求死亦不可能，故而依旧醒着，并继续活下去——在坟墓里！"[1]这就是得知永恒轮回学说之后的末人信仰和末人状态。万事皆空，一片死寂，人们将自己的生活变成了坟墓，"不愿被唤醒"。为此，查拉图斯特拉也彷徨悲伤，也感受到了漫长黑夜的来临，但是，他"掌握着那锈迹斑斑的钥匙"，"知道怎样打开所有戛然作响的墓门"[2]，从而迎来最终拯救自己的光。

如何打开这样的墓门，也即是说，如何克服永恒轮回这一学说所带来的虚无主义信仰和事实？在"相貌和谜"一节中尼采试图回答这个问题。查拉图斯特拉和侏儒关于永恒轮回的理解已经出现了分歧。侏儒认为永恒轮回是单纯的时间循环，而查拉图斯特拉对侏儒的回答做了两点补充：在一个无限的时间内万物在循环；循环中"此刻"的重要性。尤其是"此刻"的重要性，被反复强调："倘若万物原先已经有过，你这个侏儒如何看待'此刻'呢？这个大门通道原先是否已经有过呢？万物是否如此紧密相连，以至于'此刻'把一切未来之物也拉到

---

[1] 以上预言家的话皆出自《查拉图斯特拉如是说》，第147页。
[2] 同上书，第148页。

自己身上？"[1]查拉图斯特拉为什么要思考"此刻"？而且将此刻看作侏儒的重要遗漏？

"此刻"正是查拉图斯特拉和侏儒在面对永恒轮回时的一个重要分水岭。对于后者而言，由于一切在单纯地重复，一切在转圆圈，"此刻"根本就无足轻重，此刻轻飘飘地流逝，它毫无自身的重量——此刻这个通道不过是时间先后鱼贯而出的过道，它是稍纵即逝的刹那，这个此刻不值一提。如果是这样的话，时间轮回，就变成了简单的绕圈子。但是，永恒轮回在什么意义上不是绕圈子呢？轮回中强调的是什么呢？就是这个"此刻"，也可以说是瞬间，是刹那，是具体时刻。查拉图斯特拉所理解的永恒轮回是对此刻的注目：此刻有自身的分量。因为过去和将来（两条时间通道）都聚焦于此刻这一点上，过去正向此刻这里汇聚，"此刻把一切未来之物也拉到自己身上"，"此刻"因为和过去、未来发生了关系而具有非同凡响的重量。但是，此刻具有何种意义上的重量？怎样看待"此刻"的这个重量？对海德格尔来说，此刻是和永恒结合在一起的，"永恒轮回学说中最沉重和最本真的东西就是：永恒在此刻中存在，此刻不是稍纵即逝的现在，不是对一个旁观者来说仅仅倏忽而过的一

---

1 《查拉图斯特拉如是说》，第172页。

刹那，而是将来与过去的碰撞，在这种碰撞中，此刻得以达到自身。此刻决定着一切如何轮回"[1]。此刻是整个轮回中具有决定性的时刻。海德格尔是在生存意义上来理解这个轮回的，他将人置于这个此刻之中，处于此刻之中的人，有两种方向，"他就会让相对而行者本身达到碰撞，但又并不让它们静止下来，因为他展开和经受着被发送者与被一道给予者的冲突"[2]。此刻因而处在关键的冲突中心，并决定着轮回之物的轮回路径。这样，生命应该时时保持着永恒感，每个生命，每个生命的此刻和瞬间都必须重视，每个生命的此刻都不是一个简单的过渡时刻，而是一个垂直的深度时刻，是一个焦点性时刻，一个决定性时刻，一个决断性时刻。就此，此刻具有自身的光芒，并因此而受到了肯定。

德勒兹同样注意到这个此刻的重要性，但他的角度完全不同，永恒轮回的基础是时间的流逝，而要使时间流逝，就必须关注此刻："往昔如何能在时间中形成？此刻如何能消逝？流逝的时间倘若不同时是既已过去的，又是即将来临的和此刻的，它将永远不会消逝。"[3] 就此，

---

[1] 《尼采》，第304页。
[2] 同上书，第303页。
[3] 《尼采与哲学》，第71页。

"此刻必须同时与过去和将来共存。每一时刻与自身作为现在、过去和将来的综合性关系奠定了它与其他时刻的关系基础"[1]。这个此刻使过去、未来和现在共存,使不间断的时间流逝成为可能,最终使永恒轮回成为可能。因此,此刻在这里更多地被看作具有"生成"的意义。显然,德勒兹看重此刻,是因为此刻是正在流逝的时刻,"不是严格意义上的'存在'或'在场'的时刻"[2]。他强调此刻对于轮回的重要性,没有这个流逝时刻,就无所谓轮回,因此,每一个时刻——这个流逝的时刻——都是一个差异的时刻。此刻就是生成和流逝的时刻,而永恒轮回就是要肯定这个时刻,没有这个时刻,就无所谓轮回。此刻正是因此而受到了肯定。按德勒兹的理解,尼采的永恒轮回,就是突出了此刻作为生成的意义,最终将生成本身突出出来,从而赋予生成以价值。忽视此刻的轮回,恰好就是忽视生成的轮回。什么是尼采的永恒轮回?就是将生成本身作为肯定的对象的轮回,就是肯定生成的轮回——这同形形色色古老的对生成视而不见的轮回观有根本的区别。生成有生成的自主性,此刻有此刻的自主性,它们并不被目的论所剿灭,这也正是对尼采这段

---

[1] 《尼采与哲学》,第72页。
[2] 同上书,第71页。

话的注解:"生成必须理由充足地显现于每个瞬间(或者说不可贬值地:结果是一个);绝对不可因为某个未来之物的缘故而为当前之物辩护,或者因为当前之物的缘故而为过去之物辩护。'必然性'并不以一种统摄万物、支配万物的总体权力为形态,也不以一种第一推动力为形态;更不是为了限定某种有价值之物的必然性。"[1]

尽管"视角"不一样,海德格尔和德勒兹都为轮回中的此刻作了辩护——而这正是侏儒所无法理解的。德勒兹的"此刻"是肯定生成,海德格尔的"此刻"肯定了命运的决断。但德勒兹反对海德格尔的解释。德勒兹反对将永恒轮回看作存在者的轮回,他们对同一物(the same)的理解不一样。这个同一物,海德格尔非常明确地强调,是存在者,是一个有限世界的有限存在者,轮回是存在者的轮回,此刻是存在者的此刻。为什么看重此刻?正是因为存在者在这过去和未来的冲突之际要做出决断,此刻决定了命运和轮回的选择。而德勒兹反对将"同一物"解释为存在者,不是同一物的轮回,不是存在者(不是一种事物,不是一种事件)的轮回。那么,什么是这个同一物?轮回本身就是这个同一物。"永恒轮回中的同一物(the same)描述的不是轮回之物的本质,

---

[1] 《权力意志》(下),商务印书馆,第706页。

相反，它描述的是不同之物轮回的事实"[1]。轮回本身就是存在，"轮回本身只要肯定生成和流逝就构成存在"[2]。轮回本身就是事件，从这个意义上而言，永恒轮回就是生成之存在。轮回是生成之在。轮回本身是存在。为什么轮回构成了存在？轮回是一种必然性事实，"同一物"在此不是指一种物或者人，而是事件——必然轮回的事件，事件的轮回性，必然的轮回性。德勒兹就此将存在者，将主体信仰从永恒轮回中清除掉了，永恒轮回由此变成了一个单纯的理论命题，而非一个历史命题，这一命题不再针对着（或者说不再仅仅是针对着）查拉图斯特拉遭遇的现代性背景，而是针对着整个哲学史背景。永恒轮回就此脱离了置身于历史中的查拉图斯特拉，而成为尼采的一般哲学原则。

就此，德勒兹强调永恒轮回是一个法则，一个原理和要求。如果轮回不是要消除此刻，而是肯定此刻，不是消除生成，而是肯定生成的话，如果说此刻和生成都有自己的自主性而不被存在所吞没的话，这就将柏拉图主义颠倒过来了。消除生成和此刻正是柏拉图主义的方案。同时，德勒兹解释的同一物的永恒轮回，这在另一

---

[1] 《尼采与哲学》，第72页。
[2] 同上。

方面说的是，轮回是不能停止的，轮回本身因而是永恒的，作为同一物的轮回本身是永恒的。这样，轮回就作为存在被看待，轮回是规律，是普遍性，是存在，这都没错，这种柏拉图主义式的概念都被保持下来，但它们的保留不是非要牺牲生成不可，不是非要牺牲此刻不可。肯定存在也要肯定生成，肯定普遍性也要肯定具体性，这样，永恒轮回就构成了一个多少有些奇怪的悖论：此刻和永恒的无限接近，多样性和单一性的无限接近，生成和存在的无限接近。这就是尼采所说的沉思的巅峰。肯定生成和肯定轮回是一回事，因为生成和轮回是一体式的。尽管德勒兹不同意海德格尔对同一物的解释，但是，二人在对尼采断言生成和存在的无限接近方面却没有分歧：就德勒兹而言，生成和存在的接近表现在生成的永恒轮回这一事实中；就海德格尔而言，则是表现在此刻和永恒的关系中："永恒在此刻中存在"。用海德格尔的说法是："生成作为生成保存下来，但却要把持存性置入生成之中，以希腊的方式来理解，就是要把存在置入生成之中。"[1]这也是德勒兹的意思："普遍存在必须属于具体的生成，整体必须属于个别的时刻"。[2]

---

[1] 《尼采》，第398页。
[2] 《尼采与哲学》，第105页。

这样理解的永恒轮回同赫拉克利特的观点非常接近，难怪尼采说，在赫拉克利特的身旁，"我感到比别的地方更加温暖和惬意……生成，对对立和战争进行肯定，以及对存在这一概念的坚决拒斥——所有这些思想，较别的思想而言，同我更加接近。'永恒轮回'学说，即万物的绝对和无限的重复循环——查拉图斯特拉这一学说，从根本上或许就是赫拉克利特所教导过的学说"[1]。什么是赫拉克利特所主张的学说？世界处在不断变化中，总是会发生新的不断改变的东西。"任何事物都在流动之中，不存在永久的东西；人不能两次涉足同一条河流。"[2]赫拉克利特强调的就是生成，生成在他这里是绝对的，只有生成而无存在。赫拉克利特才是柏拉图主义的真正对手——后者只有存在而无生成。但是，尼采的永恒轮回虽然强调生成，但并非完全放弃了存在，如果说，这种永恒轮回正是表达了"生成和存在的无限接近"的话，那么，赫拉克利特的生成和存在并不接近，就此，尼采的轮回并非完全等同于赫拉克利特的轮回——他们的相似性只是共同对于生成的重视。尼采正是用赫拉克利特对生成（此刻）的重视来抵制柏拉图主义对生成的轻视的。

---

1 *Ecce Homo*，p.273.
2 《古希腊哲学史纲》，第48页。

从时间和此刻的角度，永恒轮回肯定了生成，肯定了生命的瞬间性。从概率的角度，永恒轮回还肯定了偶然性。尽可能地承认和肯定投掷的次数和投掷本身，才能肯定出现必然。同样，尽可能多地肯定生成的多样性，才能肯定"一"。这就是永恒轮回的法则：要想轮回，要想"一"，就必须肯定多样性，肯定生成，肯定偶然。对生成和偶然的肯定，才能导致轮回。在这一个意义上，轮回是一种必然性，是"一"，是存在。永恒轮回的原则就是肯定的原则，就是将多样性和偶然性肯定下来，就是将生成肯定下来。我们已经看到了掷骰子的赌博所体现的概率的轮回，无限次的偶然一掷，必定导致有限组合的轮回。组合本身会一再出现。如果要出现这种组合轮回，就一定要肯定这种偶然一掷，也就是说，如果要出现必然性，就一定要肯定偶然性。整个掷骰子的赌博游戏中，投掷的过程是偶然，骰子回落的过程是必然。没有无限多的偶然，就不会出现有限的必然；没有多样性，就不会出现"一"；没有繁殖，就不会出现"存在"。掷骰子所体现的永恒轮回，表达了对偶然、多样性和繁殖的肯定，偶然、多样性和繁殖也绝不会消失在必然、"一"和存在之中。就此，是偶然肯定了必然，或者说，是固执地保留对偶然、差异性、多样性的尊重，才导致了"一"、必然和轮回之事实。就此，永恒轮回不是限制偶然性，而是恰恰被偶然性所肯定。同样获得一种必然性，同样获得一种存在，同样获得一种"一"，但是在这里，同柏拉图完全相反的是，这不是通过否定偶然的方式，不是通过排斥差异性的方式，不是通过灭绝多样性的方式而获得自身的肯定。肯定偶然、多样性和繁殖，就肯定了必然、一和多。所以这是肯定之肯定。就此，偶然，这世上最古老的贵胄，"我把它归还给万物，把万物从'目的'的奴役下解救出来"[1]。尼采正是用投骰子游戏所表达的永恒轮回来肯定偶然，偶然和掷骰子处在同一片没有阴影的天空："万物宁愿在偶然之脚尖上跳舞。噢，我头顶的苍天，清澄而崇高的苍天啊，对于我，你的纯洁便是：不存在永恒的理性蜘蛛和蛛网。——在我看来，你是神圣'偶然'的舞场，是为神圣掷骰游戏而设的神桌！"[2]

从概率论证出的永恒轮回，在游戏中所表达的永恒轮回，肯定了偶然性；正如从时间来论证的永恒轮回肯定了此刻和生成。那么，从能量的角度来论证的永恒轮回肯定了什么？肯定了权力意志。力"由最简单到最复杂，由最静、最僵、最冷变成最炙热、最野蛮、最自相

---

[1] 《查拉图斯特拉如是说》，第180页。
[2] 同上。

矛盾,然后又从充盈状态复归简单状态,从矛盾嬉戏回到和谐的快乐,在其轨道和年月的吻合中自我肯定,作为必然永恒回归的东西,作为生成的东西,不知更替,不知厌烦,不知疲倦,自我祝福"[1]。在一个能量守恒的世界中,永恒轮回,就必须肯定力的无休无止的生成。只有力的无始无终的生成,才能导致永恒轮回。这也可以反面论证,因为力本身就是无休止的生成(增长),那么,在一个有限的能量世界中,它只能反复轮回(积累和释放的轮回)。这样,如果有几个层面的永恒轮回的话,就会发现永恒轮回在不同层面所作的肯定:概率的轮回对偶然性的肯定,能量的轮回对力的肯定,时间的轮回对此刻(生成)的肯定。我们看到,无论是偶然性、力(权力意志),还是此刻和生成,都因为这种肯定而获得了自主性,这些在柏拉图主义中被存在和目的所拒斥的东西,这些被"真实的世界"所拒斥的东西,现在都被赋予了持存性,被赋予了深度,被赋予了主权。它们不是向存在的无足轻重的过渡,它们和存在也不抵触,相反,它们自身就接近存在,它们和存在无限接近,或者说,生成打上了存在的烙印,偶然性打上了必然性的烙印,此刻打上了永恒的烙印。"如果生成是一个巨大的圆环,那

---

[1] 《尼采遗稿选》,第117页。

么，每个事物就都是同样价值的、永恒的、必然的……"[1]力、生成、偶然、瞬间实际都统一在生命之内，它们构成生命的不同层次和视角。这样自主的生命，就不再被目的论，不再被上帝，不再被理念，不再被进步论的枷锁所钳制，相反，它每时每刻都自我肯定，自我决断，自我评估，自我游戏，自我舞蹈。从最根本的意义上，作为力的生命获得了存在性，获得了自身的永恒，在每个瞬间中获得永恒。正是在这个意义上，正是因为生命肯定自身，生命的价值在生命之内，而不是在他者那里，生命并没有受到外在之物的审判，尼采反复地说，同一物的永恒轮回，是生命的最高肯定形式。"尼采希望使一切存在者的此在和如此存在重新恢复自己的'无辜'，希望把人'重新转换'为万物的本性……万物都如其所是地存在，而不是以别的方式存在……世界既不能作为上帝的造物而存在，也不能以其他的方式而存在；世界只能作为一切循环中的循环而存在；并且如其所是地存在；查拉图斯特拉关于同一的永恒轮回的学说同创世的教诲相对立"[2]。

---

1 《权力意志》（下），商务印书馆，第953页。
2 洛维特：《尼采的敌基督教登山训众》，吴增定译，见洛维特等著：《墙上的书写：尼采与基督教》，刘小枫编，田立年、吴增定等译，华夏出版社，2004年，第8页。

这一切都是同一物的永恒轮回学说所内在主张的，也可以说，这是查拉图斯特拉所主张的永恒轮回。如果说永恒轮回恢复了此刻和生成的自主性的话，在某种意义上就是恢复了生命的自主性——就是冲破了生命上空的乌云。这就同侏儒所理解的永恒轮回迥然不同。对于侏儒来说，忽视此刻的永恒轮回是简单地轻飘飘地转圈圈。这是否定此刻，否定生成，否定偶然，因而也是否定生命的轮回，也即是虚无主义的轮回，是小人的轮回。我们已经看到了这种轮回在大地上挖了诸多坟墓。现在，关于永恒轮回的两种理解以及因为这两种理解的不同结果就出现了：既然一切都永恒轮回，那么，就存在两种可能性（就如同上帝之死导致两种可能性，如同两种可能的虚无主义）：一种是虚无的轮回，小人的轮回；一种是积极的轮回，超人的轮回。对于虚无主义轮回而言，什么都是重复的，什么都是没有意义的，因此什么都是否定的。对于超人的轮回而言，什么都是重复的，什么都是有意义的，因此什么都是肯定的。就单纯的永恒轮回学说而言，它毫无疑问是同整个柏拉图主义-基督教模式相抗衡——它反对上帝创世说，反对目的论，反对二元论，反对线性时间观和进步论。但是，永恒轮回要生出超人，还是要克服对它的虚无主义理解和接受，要克服侏儒所理解的永恒轮回。也就是说，查拉图斯特拉的永恒轮回学说必须完全根除侏儒的永恒轮回学说，只有这样，只有根除永恒轮回的虚无主义取向，才是尼采所理解的永恒轮回。也只有这样的轮回，才能传达给孤寂者所组成的民族，才能生出超人。我们来看看，永恒轮回是怎样来克服它的虚无主义取向的。

查拉图斯特拉通过一次梦的寓言，来表达他对虚无主义轮回的克服。在梦中，他看见了一个年轻的牧人，"蜷缩着、颤抖着、哽咽着，扭曲着脸，口里垂着一条黑色大蛇"[1]，死死地咬住牧人的咽喉。这条蛇可能是在牧人睡觉时爬入他的喉中的。查拉图斯特拉想将蛇从牧人口中拽出来，可是没有成功。"'咬呀，咬蛇！咬下蛇头，咬呀！'我竭力呼叫，我的恐惧、仇恨、恶心、同情，一切善与恶都随着这呼叫喊出来了。"[2] "正如我叫喊建议的，牧人咬蛇，狠狠地咬！他把蛇头吐得老远——然后跃入高处。"[3]在这个奇怪的梦中到底发生了什么？这个年轻的牧人是谁？这条黑色大蛇又是什么？

这个牧人有三个特点：年轻人，躺在地上，在睡觉。正是在这样一个处境下，黑蛇爬进了他的喉头。年轻人，

---

1 《查拉图斯特拉如是说》，第172页。
2 同上书，第173页。
3 同上。

说明他不是动物，他应当克服他的动物性了，他应该身体很好，他本是充满朝气，充满活力，具有创造性和增长意愿的人。也就是说，刚刚从孩子长大的年轻人，应当具有相当的潜能。但是，他却躺在地上，在睡觉。躺在地上，因为尼采对空间上的高低特别敏感，躺在地上在他这里显然指的是一种较原始和低贱的状态，就像侏儒状态那样。虽然是一个年轻人，但还没有完全摆脱动物性，而且在睡觉，躺着睡觉，在这么一个低的空间睡觉——显然他没有增高和增长的意愿，没有变形的意愿，因为睡觉意味着停滞，意味着自我保存，意味着衰败。在某种意义上，这样一个睡觉的年轻人处在一个末人状态。也就是说，一个有潜能的人，一个本应增长的人，在上帝死后，无所事事，没有抉择，安然大睡。正是在这样一个情况下，一条黑蛇乘虚而入："大概是在睡觉时蛇爬进了他的咽喉——蛇死死地咬住他的咽喉。"[1]就此，这个本应是健康的年轻人脸上"如此恶心，如此惨白和恐怖"[2]。这个年轻人被弄得如此病态，令人揪心，他快被这个黑蛇咬死了。那么，这个黑蛇是什么？它怎么会爬进这个年轻人的喉头？

---

1 《查拉图斯特拉如是说》，第173页。
2 同上。

蛇是黑色的，而且是沉重的。尤其是，蛇能盘旋，是能转圈圈的动物，而沉重的蛇是下坠的，是重负。我们很快就会想到，这条黑蛇意指虚无主义的轮回，就是侏儒所理解的简单的转圈圈的轮回，是否定此刻、生成和生命的轮回。同时，这个虚无主义轮回和动物（蛇）相伴。因为虚无主义轮回总是导致了人的动物状态。就此，蛇一方面是个自我保存的动物，一方面又是否定生命的轮回。它是这二者的默契组合。当这个年轻人睡觉的时候，或者说，在这个年轻人完全不清醒和懵懂的状态下，虚无主义轮回和动物的二重性很容易被他所接受，很容易闯入他的世界和体内，很容易吞噬它，很容易让他变得面色惨白！但是，这个真相被查拉图斯特拉所看到，他要将年轻人从虚无主义轮回之口中抢救出来，因此，他"用手拽蛇，拽呀拽呀——白费劲"[1]。这种虚无主义轮回一旦侵入了人的内在世界，一旦被人所接受，一旦构成人身体的一部分，它是没法从外面拽出来的，外在的力是无法消除人内在的虚无主义轮回的。我们也可以说，一当上帝死掉了，虚无主义轮回侵入了人的体内，那么，外在的"启蒙"是没有用的，启蒙运动的各项计划是"白费劲的"。用海德格尔的说法是："虚无主义不

---

[1] 《查拉图斯特拉如是说》，第173页。

能从外部来加以克服。仅仅用另一个理想,诸如理性、进步、经济和社会的'社会主义'、单纯的民主之类的东西,来取代基督教的上帝,从而试图把虚无主义强行拆毁和排除掉——这样做,是克服不了虚无主义的。"[1]

那么,如何才能克服它?只有从内部来克服,年轻牧人只能自己咬断蛇头,只能自己克服虚无主义轮回。"牧人咬蛇,狠狠地咬!他把蛇头吐得老远",咬,是咬断蛇头,为什么是蛇头?咬就要目标明确,就要针对最核心最主导性的东西,就是要咬断虚无主义轮回的实质和核心——因为这种轮回具有欺骗性,不辨认出它的虚无主义本质,不辨认出它的实质(蛇头),就无法克服它,就无法咬断它。同时,咬,咬紧牙关,狠狠地咬,这是牧人的形象,咬,通常是不顾一切的表现,只有咬才能表达出意志和决心。克服虚无主义轮回不是一件轻而易举的事情,要果断,要坚决并且要不顾一切,这一方面说明蛇头的危害之深,之大,之彻底,不"狠狠地咬"就无以清除它。另一方面,牧人的咬,正好是意志的表达,咬是战胜和征服的手段,牧人如果不咬,就还是一个末人和奴隶,只有咬本身,才传达出主人的形象,也就是说只有敢于去战胜,去征服,只有肯定的权力意

---

[1] 《尼采》,第431页。

志的爆发，才可能变形为一个新形象，才可能发生转机，才可能进入到一个增长和提高状态。蛇头终于被"咬"断了，并被吐得老远。虚无主义轮回连同它所携带的动物性，这个重负，这个藏在牧人体内的"最爆烈、最凶恶的东西"因此被克服了，并且远离了牧人，它和牧人分道扬镳了。在这样的情况下，牧人终于获救了，凭借这一咬，重新奠定了自己的形象："他不再是牧人，不再是人——而是变形者，他光耀四方，他笑了！人间从未有谁像他这样笑过！"[1]

不再是牧人，不再是人，他变成了超人。也就是说，人，如果咬断了蛇头，即克服了身内的虚无主义轮回和动物性的二位一体的话，它就会变成超人。在这一节的前半部分，查拉图斯特拉已经将两种轮回观对照起来，并且让它们一决高低，"'站住！侏儒！'我说，'我与你势不两立！我们两个我是强者——：你不了解我深邃的思想！你也不可能容忍这思想！'"[2]查拉图斯特拉思考的是积极的轮回，是肯定此刻的轮回，侏儒思考的是消极的轮回，是否定生命的轮回。这两种轮回"势不两立"，互相不能"容忍"。我们在后面的"痊愈者"一节中已经

---

1 《查拉图斯特拉如是说》，第173页。
2 同上书，第171页。

发现，查拉图斯特拉坦承：这个差点被蛇咬死的牧人正是他自己。"那怪物怎样爬进我的喉咙，把我窒息得透不过气来！我咬下它的头，吐了出去。"[1]也就是说，本来有自己明确的轮回学说的查拉图斯特拉却被侏儒的轮回学说（蛇）弄得窒息了，弄得生病了，弄得面色惨白，有两种轮回学说在他体内交战。这呼应了他所说的同侏儒的"势不两立"。事实上，这两种轮回学说同时在年轻的牧人体内。牧人为什么能咬掉虚无主义轮回？是凭借什么在咬？恰恰是积极的轮回在咬，是查拉图斯特拉所宣讲的永恒轮回在咬，只有这种积极轮回咬断了虚无主义的轮回，这个年轻的牧人才能成为变形者。也就是说，同一物的永恒轮回有一个面孔，却有两种实质：只有克服自己的虚无主义实质，才能变成积极和肯定的永恒轮回，才算得上"痊愈"。所以，查拉图斯特拉所宣讲的永恒轮回学说，一定是在对虚无主义的永恒轮回的克服后才得以确立自身的。只有克服了这种虚无主义，和它分道扬镳（将它吐得老远），同一物的永恒轮回才真正地变成了肯定的轮回，才真正地将这个牧人变成超人。这两种表面一致的轮回之间存在着这样的沟壑，通过这样一咬，终于被越过去了，尼采不禁感叹："在酷似之物间，

---

[1] 《查拉图斯特拉如是说》，第237页。

外表最好进行欺骗,因为最小的缝隙却是最难越过的。"[1]如果说这条黑蛇是沉重的蛇的话,那么,牧人将它吐出去,显然就有种解脱感,"然后跃入高处",这种解脱导致了向超人的变形,以及这种变形中自然的"跃入高处",就如同查拉图斯特拉对侏儒的摆脱,"侏儒从我肩上跳下",此刻,"我感到轻松了"。从躺在地上到跃入高处,这是空间的变换,也是从末人到超人的变换,这种变换正好遵循权力意志的提高和增长法则。

这个时候,这个变形者"光耀四方,他笑了!人间从未有谁像他这样笑过!"又是光!光释放和照耀,它乐观、通达、热情,最根本的是,它肯定。而且,它笑了,笑,正好将预言家的悲观预言所淹没,将悲观主义淹没,将"悲观主义者疲惫的目光、对于生命之谜的怀疑、厌倦人生者的冷冰冰的否定"[2]淹没,正如光将乌云遣散。这个时候,《快乐的知识》中第一次传达永恒轮回时所提出的选择问题就有了肯定的答案:"'你是否还想再来一遍,并无数次地再来一遍?'这一所有人的问题,这一万物的问题,作为最重的重担置放在你们的行为中!或者,你将如何恰当地规划自己成为你自身,规划自己

---

1 《查拉图斯特拉如是说》,第236页。
2 《论道德的谱系》,第47页。

成为这样的生命：渴望最终的永恒肯定和印记？"超人就是这样的答案，光和欢笑就是答案。这个时候，同一物的永恒轮回，在查拉图斯特拉克服掉了它的虚无主义一面之后，就变成了肯定生命的轮回，狮子向孩子的变形也成为现实——超人诞生了，充满欢笑，光耀四方。

作为永恒轮回的产物的超人，是一个前所未见的新生儿："人间从未有谁像他这样笑过！"[1]这表明他既是新生的，新的开端，而且还是肯定性的。我们也看到了由狮子变形而来的孩童，也是一个新生儿，是"一个新的开始""一种神圣的肯定"[2]，还有查拉图斯特拉的追随者——孤寂者所组成一个新民族所生的新生儿。这三个新生儿同属一体，它们都是新生的"超人"。也就是说，作为永恒轮回的第一个教士，查拉图斯特拉宣讲了永恒轮回的教义（肯定此刻），这个教义通过三种途径，即狮子、孤寂者和牧人生出了超人，肯定了超人。现在的问题是，超人这个新生儿，将如何自我肯定？这个超人，是一个"自转的轮子"——它自身也在轮回。如果肯定性的同一物的永恒轮回这一学说，导致了超人的诞生，那么，这个超人，这个新生儿也必定要轮回——万物都

---

1 《查拉图斯特拉如是说》，第173页。
2 同上书，第20页。

要轮回。也就是说，轮回生出了超人，而这个超人又要进行轮回，超人身上积聚了轮回的两个过程，两个肯定的过程：它是前一个轮回肯定的结果，是后一个轮回的肯定的事实本身。我们已经看到了轮回是怎样生出超人的，现在我们要理解的是，这个超人是如何轮回的，如何是一个"神圣的肯定"？

超人是个孩子，尼采赋予了这个隐喻以多重意义：除了有意将他看作新生的，欧洲从未出现过的形象之外，还同时意味着，它要不停地增长，不停地提高，因为孩子总是增长的，它不可能衰退——作为一个孩子的超人就意味着增长本身。我们在前面已经看到了，超人，作为一种新价值的奠定，就是权力意志的增长过程，是生命的肯定过程。超人、孩子和权力意志，它们是生命自我肯定的几个面相，因此具有实质上的同构性。超人，作为一个孩子，处在持久的增长状态，而绝不意味着一个稳定的静止的终极形态，这样的超人就是权力意志的形象化表达。如果说，超人意味着孩童般的不停的增长，那么，在什么意义上，这个超人，这个权力意志的增长过程是轮回的？这个作为新生儿的超人如何复现和轮回？也就是说，增长和轮回是怎样在作为一个孩子的超人这里得以统一的？

我们可以通过一个生命的自然过程来说明这一点：

一个初始的孩童，它要生长、积累和提高，这个过程是一个自然的强化过程，是一个不可逆转的肯定过程——孩童绝不会衰退，它内在的本能要求增长、提高和肯定：孩童在不停地生长。但是，它不能无限地肯定，不能无限地增长，不能无限地强化，生命必定有它的能量高峰——孩童的生长法则，正如权力意志的运作法则：权力意志同样不能无限增长。尼采就是在这个意义上将生命看作权力意志。不过，孩童成长、积累到什么状态才达到他的高峰？一直到他的壮年。这个时候，它的增长达到饱满和巅峰状态，就如同太阳处在它的正午时刻。就在这个时刻，饱满的身体之力忍不住要流溢而出，要自然地释放，这个释放——如果我们将权力意志定义为生命，也就是身体的话，那么，这种释放就是性的释放，性的释放会播下一个生命的种子，最终会导致分娩者的释放，这个释放（生育）就是一个新生儿的诞生，就是创造了一个新生命。在此，释放意味着创造。性的释放是生命的肯定：它不仅表达了最活跃的生命力本身，而且还诞生和创造了一个生命。就此，生命（权力意志）的积累和释放过程，就是身体的积累和释放过程，就是一个孩童的生长、成熟、释放和再诞生的过程，是一个孩童的轮回过程：孩童在增长到巅峰（壮年）的时候，又通过（性）释放再次创造了（诞生了）自身；然后再次增长和积累，再次释放，再次诞生新的孩童；如此反复，如此轮回，这就是孩童的轮回，是作为一个孩童的超人的轮回。这个永恒轮回实际上正是在这个意义上对生命的肯定：这是生命的诞生。生命在这个轮回中不断地诞生，不断地受到肯定，诞生也是轮回的。

这样一个超人的轮回过程有什么特点？这个过程完全是肯定性的，完全是权力意志的全过程：增长、提高、释放、诞生；再增长、再提高、再释放、再诞生；反复不已。这个过程实际上就是积累和释放的轮回过程（就此，我们也能明白，为什么尼采一会儿说权力意志是力的累积，一会儿说权力意志是力的释放）。在这个轮回过程中，完全没有迫使生命衰败的东西，完全没有否定性的东西，完全没有反动的东西。只有单纯的肯定，单纯的增长，单纯的对生命的刺激和鼓励。因此，超人的这一轮回过程，具有强烈的排斥性和选择性：排斥衰败、排斥反动、排斥否定。只有超人轮回，小人无法轮回；只有孩童轮回，衰败的人无法轮回；只有强健的人轮回，病弱的人不能轮回；只有肯定的人轮回，否定的人不能轮回。也就是说，有创造（生育）能力的人能轮回，无创造（生育）能力的不能轮回；如果生命是这样一个轮回的增长过程，它事实上也是一个自然过程，那么，为什么要对生命进行人为的否定？为什么要让生命的增长受到阻遏？为什么要让生命沉浸在反动力的折磨之中？这就是尼采反对奴隶道德的根本原因——奴隶道德就是对这样的生命的自然增长和轮回的阻碍。

如果说，在轮回当中，只有单纯肯定的话，反过来，这个轮回也是一个选择性的律令：它必须是肯定性的，进入到这个轮回当中的所有力都应该是肯定性的。即便是天生的反动力，即便是天生的否定要素，即便是天生的损害生命的东西，一当进入到这个轮回中，也必定要经受这个轮回本身的改造，变成能动力，变成肯定要素，变成强化生命的东西。我们看到这个轮回过程中有痛苦，分娩的痛苦——这是生命的否定要素，但是在这个轮回中，这个痛苦被转化为快乐的强化剂，是创造和繁殖的伴生物：没有分娩的痛苦，就不会有新的（孩童的）创造，痛苦是为了激发更大的创造性欢乐。正如超人经常大笑一样，生命的诞生和创造能产生巨大的快乐——权力意志的充分实践总是伴随着快乐，这种快乐也是在分娩者经历了极度痛苦之后表达的巨大快乐，一个新生的孩童在此诞生——这也是创造，痛苦分娩成就了伟大的喜悦创造。"创造——这是摆脱痛苦的伟大解救，它使生活变得轻松。然而创造者本身必遭痛苦，必经变化。……创造者本身是新诞生的婴儿，但他必须又是分娩者，是分娩者的阵痛。"[1]正如痛苦是快感的刺激一样，这个超人的轮回，将释放变为积累的刺激前提，将否定变为肯定的刺激前提，将毁灭变为创造的刺激前提，将反动的力变成主动的力的刺激前提。这种轮回，我们丝毫不陌生——这就是在不倦地毁灭和创造的狄奥尼索斯式的轮回。痛苦，毁灭，否定，在狄奥尼索斯这里，都是生命强力的刺激物，就如同毁灭性的悲剧总是生命的积极的肯定一样。如果问超人在这个轮回过程中在向谁轮回，答案不言而喻：向狄奥尼索斯轮回。

我们还可以将这个新生儿超人看作那个无限时间上的大门通道，是那个出入口，它是一个意义非凡的瞬间，是过去和未来的交接点。超人，在这一刻，既包括了一个创造性的过去，也包括了一个生长性的未来。也可以说，它身上同时聚集了一个创造的结束和一个创造的开端，一个创造者和一个被创造者，一个分娩者和一个新生儿。这一刻，至关重要，绝不能被轻易地打发。同样，在超人这里，我们也看到了两种层面意义上的永恒轮回在此的交集：作为教义的永恒轮回创造了超人，作为实践的永恒轮回被超人所实施。我们必须区分教义的永恒轮回和实践的永恒轮回。我们最后来看看这一完整的永

---

[1] 《查拉图斯特拉如是说》，第89页。

恒轮回过程吧！首先是作为教义的永恒轮回：存在着同一物的永恒轮回（万物都在无限的时间内自我重复）这一规律，尼采借助于永恒轮回这一规律，克服了柏拉图主义－基督教的超验和终极模式。接着，从效应的角度，尼采将同一物的永恒轮回教义区分为两种：一种导致虚无主义的对生命的否定，一种导致积极的对生命的肯定。尼采通过积极的永恒轮回克服掉虚无主义的永恒轮回；这个积极的（查拉图斯特拉所宣扬的）永恒轮回教义，诞生了新的超人（权力意志的肯定过程以及对这种权力意志的价值肯定）；这是永恒轮回教义的作用。为什么查拉图斯特拉总是用训导的口气？为什么他要一而再地"如是说"？为什么他要有门徒和动物？——永恒轮回首先是作为要宣传的教义而出现的。但是，一旦超人诞生了，即便是未来的超人，超人也当有自身的存在方式，有自身的实践方式——而且注定是轮回式的存在和实践方式。超人注定是通过永恒轮回来展开自己的生存实践——这样，永恒轮回就变成了超人的实践：这是作为实践，准确地说，是作为实践原则的永恒轮回。这样一个永恒轮回，就是对生命的绝对肯定，轮回一定是肯定，一定是生命的增长。在此，只有肯定生命的东西才能轮回，只有增长和提高才能轮回，轮回的每个瞬间都在提高，都在肯定。换个角度说，只有提高才可能轮回，提高是轮回的动力，也可以说，轮回一定要求提高，要求生长。提高和轮回相互促进：没有提高就没有轮回；没有轮回就没有提高——这是尼采伟大的建设性，是他的迫切律令，是他最高的实践原则。在这个实践性的轮回中，剔除了老化，剔除了衰败，剔除了腐朽——孩子一当壮年之际，一当正午之际，就开始释放、创造和新生了。轮回避免了终极性的衰老和垂死。

就此，尼采的永恒轮回是双重肯定：教义式的轮回肯定了（创造了）作为一个孩子的超人，实践式的轮回让作为一个孩子的超人自我肯定。正是在这个意义上，尼采说永恒轮回是对生命的最大肯定。超人将这两个不同层面上的轮回纠集在一起，作为绝对的肯定本身的超人，如果是尼采意义上的未来哲学的目标的话，那么，这也是尼采的未来的人类学目标。

尼采如此地肯定生命，如此地热爱命运，如此地憧憬生命的欢笑和舞蹈，这样一个肯定生命的人，怎么会想到去杀戮和消灭生命？如果说他对弱者、对奴隶、对病态者充满着蔑视的话，他的意思断不是对人本身充满蔑视，而是对人内心的病态和衰弱充满蔑视，尼采蔑视的不是具体的人，而是潜藏于生命内部的某种反动力，某种使生命变得衰弱的东西。他要消灭的是生命内在的衰弱，要消灭的是生命内在的服从、被动和奴隶性。如果说人是潜能的话，也意味着人存在多种可能性，他有多种种子可以发芽：他被种植过衰弱的种子，也被种植过强健的种子，而尼采的全部努力正是要培育生命内部的强健种子，消灭生命内部的衰败种子。看上去，尼采对战争，对杀戮，对消灭——也就是说，对摧残某类生命——有着令人惊讶的赞叹，他常常以令人难以忍受的口气，不厌其烦地肯定人类的距离感和等级制，不厌其烦地肯定高贵对低贱的消灭，不厌其烦地肯定主人对奴隶的残酷践踏——如果我们不是将这些话语理解为尼采对具体历史事件的表态，如果我们不是在实证的意义上去理解这些论断，如果我们知道这是对强弱两类人的形象化比喻的话，如果我们知道尼采的宏大抱负是对人本身而不是对历史的人和具体的人做出规划的话，我们应当将这些理解为尼采对人这种动物本身的要求：人，作为一种潜能的人，作为具有无限可能性的动物，当消除自己内部的奴隶性，消除自己内部的末人状态，消除自己内部的家畜本能，消除自身内部的各种各样的反动力，也就是要拔掉自身内部的一切衰败种子。这是一场战争，但不是具体的人屠杀人的战争，而是人，准确地说，是人类，做出的断然抉择：这是人在其自身内部发起的超人对末人的战争。

结　语

尼采的哲学是要为生命正名——这个生命，我们必须从物质化的角度来给予对待，也就是说，必须将它看作一个充满活跃之力的物质化身体：这是一个永远处于健康状态的身体。何为健康？就是强而有力，健康与力相关，健康是生物学意义上的健康，就是力的永不停息的增长和强化，是力的永恒嬉戏和肯定。在尼采这里，生命的两种形态是强和弱的形态，有时候，尼采也用健康和病态来表达生命的强和弱。尼采不断地提到"生病"，这不是比喻意义上的病态，而就是事实上的身体"病态"，这样的病态就是内疚、自我折磨，就是抑郁。这就是身体之病，这种病的实际效应就是损害身体之力，损害权力意志。生命，显然应该首先放在生物学意义上来对待——这样的生命，就自然清除了各种各样的精神、灵魂和意识的要素。生命是单纯的力本身。或者说，如果生命存在着精神、灵魂和意识的话，那么，这种精神、灵魂和意识也是力的派生结果，它们不起决定性的作用，它们是身体的产物。在尼采这里，力实际上就是身体的抽象，我们对身体有各种各样的描述，但是，尼采只是从力的角度来描述身体，或者说，他将身体抽象化为力。在此，身体和力相互表达。在尼采这里，力只能是身体之力，而身体，只能是力的身体。身体和力有什么特点？它们属于生成范畴，而非存在范畴；它们是偶然的，而非必然的；是自然主宰的而非文化驯养的；是感性的，而非理性的；是差异的，而非同一的；是片段的，而非整体的；是此刻和瞬间的，而非目的论和终极论的；是跳着快乐的欢欣舞蹈的，而非肩挑重负愁容满面的；是自我永恒强化和增长的，而非自我贬黜和衰败的；是积累和释放的反复轮回的，而非一劳永逸的稳定结构的。身体和力因为具备这些特点，就被柏拉图看作谎言所在，而非真理所在；被基督教看作罪恶所在，而非美德、价值和意义所在；被民主启蒙看作感性和谬误所在，而非知识和理性所在。我们看到，自柏拉图主义以来，整个欧洲哲学就是从各个不同的角度来谴责这样的力和身体，谴责身体和力的各种各样的特性。尼采的哲学，就是要为这些在哲学史中长期被压制的东西恢复声誉，要为身体和力恢复声誉，为身体和力的一切特性恢复声誉，也就是说，要为这些一度被贬值的东西重新奠定价值，这，就是尼采的伟大使命：这是他对一切价值的重估。

如何进行价值的重估？为此，尼采必须指出旧价值的形成，也就是说，为什么同身体和力的相反的要素被赋予了价值，为什么身体和力要遭到压制和贬低？这就是尼采谱系学要回答的问题。尼采的整个哲学被赋予了一种不同凡响的历史主义目光，他将价值和道德置放在一个历史进程中来考察。尼采发现，这些旧价值的形成并非自然而然，它们是历史的产物，它们有自己的特定形成契机：它们诞生在惩罚、战斗和对抗之中。既然这不是不可更改的自然事实，那么，这些旧价值也绝非自然的价值自身。它们既然有自己的特定起源契机，当然，也应该有它们的特定消亡契机。正是基于这一理解，尼采宣布上帝之死，上帝是人造物，它有它的起源，当然也应该有它的终结。尼采宣告上帝之死，在某种意义上就是宣告了整个柏拉图主义之死，同时也宣告了柏拉图主义奠定的价值标准之死。但是上帝之死，以及上帝所表征的这些旧价值之死，并不意味着新价值就会自然诞生，并不意味着身体和力就自然地成为新的价值。为此，尼采在上帝之死和新价值诞生之间唤醒了一个古老的永恒轮回教义：上帝死后，借助于永恒轮回，一个新的超人——一个新价值就诞生了。超人借助于永恒轮回而诞生。永恒轮回是对上帝（各种各样的理念形式）的针锋相对的反驳，永恒轮回根除了目的论——目的论正是将最终目的凌驾于瞬间和偶然之上，就是为了目的而要牺牲瞬间和偶然，牺牲生成。永恒轮回则是相反地肯定了生成，肯定了偶然，肯定了此刻和瞬间，在某种意义上，就是肯定了身体和力，肯定了生命。正是在某一个历史瞬间，领悟到了永恒轮回的教义，超人才得以诞生。正如上帝之死是一个戏剧性事件一样，超人的诞生也是一个戏剧性事件。将这两个事件连接在一起的正是永恒轮回。超人是一个增长着的身体，是力的顽强增长过程，也是尼采新价值的表达。超人的诞生，实际上是新价值的诞生。不过，超人，并不是一个具体的有着终极形态的人，他最多是一个不定型的孩子，一个具有无限生长潜能的孩子——他一旦诞生后，也要处在轮回过程中，就如同力的实践过程一样，超人也要进行积累和释放的永恒轮回。在此，我们看到了作为一个古老教义的永恒轮回催生了超人，而新生的超人又在进行永恒轮回的实践游戏。这是一个双重的肯定过程：永恒轮回肯定了超人，而超人进行永恒轮回的肯定游戏。就此，这是肯定之肯定。在这双重肯定过程中，力和身体得到了肯定，偶然和差异得到了肯定，多样性和繁殖得到了肯定，生成和瞬间得到了肯定，快乐和游戏得到了肯定，最终，是一个增长的身体之力得到了肯定，或者说，是一个肯定性身体的自我肯定,一个肯定之力的自我肯定。这双重肯定,是对柏拉图主义的否定,同时,也是对黑格尔的"否定之否定"的否定。

附 录

身体转向

罗兰·巴特在其自述中烦琐地列举了自己的诸多习惯和爱好。它们看起来微不足道并且匪夷所思，但他却振振有词地说，这些源自身体的习惯和爱好是自己的个人性标记，是我和你的差异性所在。我和你不同，就是因为，"我的身体和你的身体不同"[1]。这是尼采哲学一个通俗而形象的说法。人和人之间的差异不再从"思想""意识""精神"的角度做出测定，甚至不再从观念、教养和文化的角度做出测定。也就是说，人的根本性差异铭写于身体之上。我们要说的是，身体，从尼采开始，成为个人的决定性基础。如果说，长期以来，人们总是

1　Roland Barthes: *Roland Barthes by Roland Barthes*, translated by Richard Howard, Hill and Wang, 1977, p.117.

将自身分成两个部分，分成意识和身体，而且意识总是人的决定性要素，身体不过是意识和精神活动的一个令人烦恼的障碍的话，那么，从尼采开始，这种意识哲学，连同它的漫长传统，就崩溃了。

意识哲学的发源地在笛卡尔那里。但是，它的隐秘而曲折的起源悄悄地驻扎在柏拉图的哲学中。笛卡尔将意识和身体对立起来，但是，在柏拉图那里，灵魂和身体早就是对立的。

在《斐多篇》中，柏拉图记载了苏格拉底面对死亡时的从容态度。西方文化中的第一个伟大的死亡事件——后世有无数的隆重分析——对当事人来说，却异常轻松。在赴死前，苏格拉底谈笑风生，"快乐地"对哲学高谈阔论。为什么面对死亡无所惧怕？柏拉图（借苏格拉底之口）解释道，真正的哲学家一直是在学习死亡，练习死亡，一直在追求死之状态。因为，死亡不过是身体的死亡，是"灵魂和肉体的分离；处于死的状态就是肉体离开了灵魂而独自存在，灵魂离开了肉体而独自存在"[1]。身体在死亡的过程中被卷走了，死亡就是让身体消失，让它从和灵魂的结合、纠缠中消失。这样，灵魂摆脱了身体而独自存在，并变得轻松自如。对于柏拉图来

---

[1] 《斐多》，第13页。

说，这完全值得庆幸。在此，柏拉图就显示了对身体的敌意。他基于这样的理由：身体对于知识、智慧、真理来说，都是一个不可信赖的因素，身体是灵魂通向它们之间的障碍。"因为带着肉体去探索任何事物，灵魂显然是要上当的。"[1]柏拉图承认，有一种思考的境界，它完全由灵魂来实践。这样的灵魂固执地撇开身体，摆脱感受——视觉、听觉以及其他的一切身体感觉。因为这样的一个身体，会产生各种各样的烦恼、疾病、恐惧，它们在不停地打扰灵魂的思考；同时，战争、利益和金钱等种种贪欲也来自于身体，所有这些，都搅乱了灵魂的纯粹探究，并使知识的秘密——这对于柏拉图来说至关重要——得以继续曲折地掩饰起来。就此，柏拉图断定："我们要接近知识只有一个办法，我们除非万不得已，得尽量不和肉体交往，不沾染肉体的情欲，保持自身的纯洁"[2]。

显然，有生之年，人们永远无法做到这一点。活着意味着存在一个身体，活着的生命永远是身体和灵魂不愉快、磕磕碰碰的争吵相伴。对于灵魂来说，身体是它牢不可破的枷锁和监狱。但是，幸好有了死亡，灵魂的

---

1 《斐多》，第15页。
2 同上书，第17页。

身体枷锁被解开了，它得以独自存在。因此，苏格拉底面对死亡，却毫无畏惧。正是身体的死亡，求真的坦途才得以顺利铺开，灵魂才能自由自在、无拘无束，才能笔直地通向纯粹的智慧、真理、知识。对死亡的惧怕，对于一个求真的严肃哲学家来说，就会变得非常荒谬。接下来，柏拉图费尽心机地论证了灵魂的不朽和不灭，这刚好和身体的暂时性和局限性相反。

在《高尔吉亚篇》中，柏拉图也拼命贬低身体，正是身体的欲望和需求导致了尘世间的苦难和罪恶。在《理想国》中，柏拉图同样对身体的满足感嗤之以鼻，灵魂的快乐足以压倒身体的满足。那些理智的人，真正充实的人无论如何不会听信身体的无理性的野蛮快乐，甚至不会将健康作为头等大事，除非健康有助于精神的和谐调节。而且，身体的欲望——食物、性、名利等——同牲畜一样低等任性，并可能导致疯狂的残杀。如果说，柏拉图最核心的哲学使命是对隐而不现的理念，对本质性的"一"，对一切现象背后的终极起因进行苦心挖掘的话，那么，身体则在这一挖掘过程中充当了一个捣蛋的角色，它为知识和理性的顺利推论设置了盲目的障碍。感性的东西——无论是身体还是艺术——总是离真理遥遥无期，因此，对于一个人来说，"保证身体需要的那一类事物是不如保证灵魂需要的那一类事物真实和实在的"[1]。

在这些论述中,身体和灵魂的对立二元论是一个基本的构架:身体是短暂的,灵魂是不朽的;身体是贪欲的,灵魂是纯洁的;身体是低级的,灵魂是高级的;身体是错误的,灵魂是正确的;身体导致恶,灵魂通达善;身体是可见的,灵魂是不可见的;大体上来说,灵魂虽然非常复杂,但它同知识、智慧、精神、理性、真理站在一起,并享有一种对于身体的巨大优越感。身体,正是柏拉图所推崇的价值的反面,它距离永恒而绝对的理念既陌生又遥远。

在此,身体,及其需求、冲动、激情,首先在真理的方向上受到了严厉的谴责——它令人烦恼地妨碍真理和知识的出场并经常导向谬误。正是因为导向谬误,它也因此在伦理的方向上受到了谴责。对于柏拉图来说,伦理学的基础是理性的自由,善是灵魂的和谐,是内心世界的理性状态。身体随时爆发的冲动正是对这种和谐理性的粗暴破坏,它因此总是处在善的反面,处在伦理学所不齿的位置。在柏拉图的这个二元论传统中,身体基本上处在被灵魂所宰制的卑贱——真理的卑贱和道德的卑贱——位置。可以说,自此以后,身体陷入了哲学

---

[1] 《理想国》,第375页。

的漫漫黑夜。

我们发现，灵魂和身体的这一对立关系在哲学传统中以各种各样的改写形式得以流传——我们不否认有一些历史片断溢出了这个传统，如文艺复兴时期。而且在这个关系中，身体总是受到指责和嘲笑。有些时候，这样的指责和嘲笑是发自道德伦理的，有些时候是发自真理知识的。但是，在大多数时候，它受到的哲学和宗教磨难来自上述的双重根源，只不过这种双重根源在不同的历史时刻有着轻重之分。而且，这一对立关系中的身体和灵魂，在随后的历史中，在同其他传统，尤其是同希伯来传统的结合中，各自找到一系列的历史转喻形式：世俗人和僧侣，地上和天国，国家和教会，等等。它们之间的争执，都刻上了柏拉图的身体和灵魂的争执印痕。我们不可能详细地叙述这个身体受难史。只能概要地说，在中世纪，身体主要是遭到道德伦理的压制；而在宗教改革之后，尤其是从17世纪起，身体主要是受到知识的诘难。

柏拉图的这个身体和灵魂的对立，在新柏拉图主义者那里，和在圣保罗那里，都被着重强调。但是对于基督教神学来说，它的重要性，它的关键性影响是通过奥古斯丁奠定的。在奥古斯丁那里，柏拉图主义受到了神学的改写，他的上帝同柏拉图的神秘"理念"具有相类似的品质：二者都是永恒的，不变的，自足而绝对的，并且都是终极的善。如同柏拉图将理念世界和形形色色的表象（摹仿）世界、将灵魂和身体对立起来一样，奥古斯丁将上帝之城同世俗之城对立起来。前者居住的是被上帝拯救的人，后者居住的则是被上帝抛弃的人。奥古斯丁相信，只有爱，只有对上帝之爱，才能同上帝、同至善相融合。但是，世俗之城中的爱，产生于一种片刻而短暂的欢乐，为一种及时的满足而主宰，它取代了对上帝之爱。这样一个世俗之城笼罩在一片自私自利的巨大阴影之中，它基本上是一个罪恶的渊薮。对上帝的爱就是要克制这种世俗之爱，要克制那种短暂的满足，或者说，就是要禁欲和弃绝尘世。对于柏拉图来说，欲望的身体无法接近作为真理的理念；对于奥古斯丁来说，欲望的身体无法通达上帝之城。身体，尤其是性，是人接近上帝时必须克制的放肆本能。上帝和身体的关系，犹如柏拉图的理念同身体的关系。奥古斯丁使禁欲主义拉开了它的漫长序幕，落落寡欢的修道院成为它的安静舞台。我们看到，漫长的教会和修道院的历史，是身体沉默无语的历史；克己、苦行、冥想、祈祷、独身、斋戒、甘于贫困，这都是控制身体的基本手段，并旨在将身体的沸腾能量扑灭。正是让身体陷入沉寂状态，信仰、启示以及上帝的拯救才能纷至沓来。灵魂活跃状态的前提，

351

是身体的必要尘封。

到中世纪后期，神圣的超验（上帝）世界进入了它日渐衰落的黄昏。世俗景观重新进入了人们的视野。邓·司各脱和但丁几乎同时发出了这个预兆。经过文艺复兴和宗教改革的短暂过渡后，从17世纪开始，哲学和科学逐渐击退神学，国家逐渐击退教会，理性逐渐击退信仰。由于文艺复兴对身体有一个短暂但热烈的赞美——既赞美它的性感，也赞美它的美感——身体逐渐走出了神学的禁锢，但是，它并没有获得长久的哲学注视。甚至可以说，身体摆脱了压制，但并没有获得激情洋溢的自我解放。哲学此刻的主要目标是摧毁神学，而不是解放身体。因为神学的对立面是知识，压倒一切的任务是激发对知识的兴趣。培根前所未有地将知识看成是力量，这个力量既可能摧毁上帝，也可以发现自然的奥秘。对上帝的不敬和对自然的好奇并行不悖。但是，现在，通往知识之路的不是灵魂，而是意识、心灵和推算的内心世界——身体在知识的通途中依然没有找到它的紧要位置。于是，在笛卡尔那里，哲学的秘密只能是心灵的秘密。他果断地将心灵同身体分属于两个不同区域，并相信，身体的感知能力无足轻重，它轻而易举地就能向盲目的错误高速滑行。相反，只有心灵的能力才能揭开知识和真理的秘密。主体的实质性标记是思考，而不是盲目的身体。知识都是"自我意识"进行反复的理性推算而获得的，而不是从身体的偶然出发触摸得来的。身体总被看成是一个感性事实，它因此注定和启蒙运动格格不入，贯穿着整个启蒙哲学的——如康德所言——当然就是公开的对理性的运用。对身体来说，这，显然力所不及。而黑格尔哲学的秘密所在当然是精神现象学，在那里，他全神贯注的是意识艰涩但却有章可循的向绝对精神的发展。人被抽象为意识和精神，人的历史被抽象为意识和精神的历史，在这里，身体陷入了人的历史的无尽黑暗之中，"精神"的现象学不论贯穿着什么样的否定辩证法，不论充斥着什么样的历史感，无论在它的进化细节上多么精雕细刻，都不会给身体留下多余的地盘。马克思显然意识到了这一点，他随后立即赋予了意识一个物质基础，并且相信，身体的饥寒交迫是历史的基础性动力。身体和历史第一次形成了政治经济关系，但是，这绝不意味着意识从历史的舞台上黯然隐退，相反，意识和意识形态在黑格尔的照耀下更加夺目。马克思相信，除了身体的基本满足外，还存在一个基本人性，这种人性的惬意满足是历史的最后和最高的要求。这样的一种人性理想当然不仅仅是身体性的，他还有一种丰富的内心生活，我们只能将这个人（以及毛泽东改造过的"新人"）纳入精神的范畴之中。显然，马克思在意识和身体的哲学双轨中跋涉。身体固然重要，但意识和意识形态的改造和争斗同样迫切。马克思不愿意放弃任何一个方面，结果，他自身的哲学出现了阿尔都塞所说的断裂，人一会儿是有待消除异化的精神性的存在，一会儿又是迷失在蛮横的生产方式中的冰凉身体。在这两种情况下，马克思都鼓励斗争。各种各样的革命和斗争都应该将人性从奴役状态中解放出来，身体是改造的动力，但具体的改造当然还是应该从意识着手，于是，意识和意识形态成为各种势力的争斗场所，意识形态改造成为历史变革的重要环节。这也是后来的各种各样的马克思主义者——卢卡奇、葛兰西、阿多尔诺、阿尔都塞等——大显身手的领域。理想的社会除了让人的身体所需获得满足外——这相对来说容易达到——更重要的是，它还要让人性回到它的自由状态，这里，人性无论如何应该理解为一种精神的自洽。这，显然是历史唯物主义的最高目标。这个历史唯物主义仍然奉行着身体和意识的对立叙事。

我们看到，在这样的哲学传统中，虽然马克思使身体隐隐约约地浮现出来，但是身体并没有获得其自主性，它只是一个必需的基础，是一个吃饭的经济学工具，而不是哲学和伦理学的中心。实际上，直到19世纪，身体一直在灵魂和意识为它编织的晦暗地带反复低回，这样，对身体的压制和遗忘是一个漫长的哲学戏剧。在希腊，哲学家贬低身体，但是这种贬低还以一种悖论的方式让身体隐隐约约地出现，让身体持续地出现在话题中，出现在人们的讨论中，人们讨论灵魂的时候，身体总是不能忘记的重要一课；在中世纪，教会压制身体，它在反复地解释，为什么要压制身体，为什么不能让身体放任自流，为什么要对身体实施苦行的态度，怎样实施苦行。身体的动物性泯灭了，身体自身的能量也被冻却，但是，身体本身总是作为一个反面警告被深深地刻写在社会的每一片肌理之中。在某种意义上，对身体的压制，也是对身体的固定形式和意义进行反复的再生产，从而让身体醒目地出场，尽管是以一种丑陋和不洁的方式出场。但是，意识战胜身体的方式从笛卡尔那里发生了变化，笛卡尔同样将意识和身体划分开来，但是从那里开始，身体不是被刻意地压制，而是逐渐地在一种巨大的漠视中销声匿迹了。从 17 世纪开始，知识的讨论——如何获得知识，知识的限度何在，知识和自然的关系——慢慢地占据着哲学的兴趣中心。而这，一直到梅洛-庞蒂为止，总是和身体无关紧要，身体和知识之间横亘着无法沟通的鸿沟。身体现在不再有一种道德上的委屈感，但是在探讨知识这一新的哲学任务面前却有不适感。人们不怎么在哲学中谴责身体了，但这也意味着身体消失了，消失在心灵对知识的孜孜探求中。以前，人们压制身体，是因为身体是个问题；现在，人们忽视身体，是因为身体不再是个问题。以前，神学总要警告身体；现在，科学不再理睬身体。以前，信仰因为身体的捣乱要管制身体；现在，理性因为身体的反智性而放逐身体。总之，知识的探讨使意识和身体的长久结盟——尽管是对立的结盟——解开了，现在，它使意识和外界、和现世性的外在自然世界发生了关系，知识和真理就诞生在意识和自然世界的耐心互动中，也就是说，意识现在和存在结盟，并且日益培植了一套复杂的理性工具。意识逐渐地变成了一个理性机器。在这个过程中，在理性一步步地驱赶宗教伦理的过程中，在自然世界一步步地取代神秘的上帝世界的过程中，意识和身体的伦理关系转变成了意识和存在的工具关系。这其中一个最明显的事实是：身体被置换掉了。

这一切，到了尼采那里，都受到了刻薄的嘲笑。如果说，真的存在着一个身体和意识对立的哲学叙事的话，那么，尼采扭断了这个叙事线索。尼采或许有一些隐隐约约的先驱，但是，确实是他首先明确地提出了对"灵魂假设"的拒绝。尼采的口号是：一切从身体出发。如果说，存在着一个漫长的主体哲学，这种哲学或者将人看成智慧的存在（柏拉图），或者将人看成信仰的存在

（基督教），或者将人看成理性的存在（启蒙哲学），这一切实际上存在着一个共同的人的定义：人是理性的动物。这是形而上学对人的定义，"这个定义支撑着全部的西方历史，它的起源迄今尚未被理解"[1]。在这个定义中——根据海德格尔的看法——思想和理性是价值设定的基础和标准。显然，动物性无足轻重。现在，由尼采开始将动物性纳入人的重要规划了，也就是说，他和形而上学截然相反地将人看成是身体的存在——形而上学从来就不愿将身体看成是人的本质，因为，身体是动物性的东西，是人和动物共同分享的东西。人要摆脱自身的兽性，就必须以最大的可能性排斥自身的兽性基础——身体。人越是纯洁，越是作为一个精神信徒，就越是要摆脱欲望身体的宰制，就越要将身体的力量减至泯灭状态；人越要变得理性，越要充满目的和计划地实践，越要获得一种绝对精神和科学知识，就越要摆脱身体盲目而混乱的偶然性。《精神现象学》在它的开篇序言中就耐心地向人们解释了，意识（人）是怎样同混沌的自然动物断然分离的，而人又是怎样在这种分离过程中慢慢地奠定的——黑格尔对这种分离活动给予了高度的评价，它是

1　Martin Heidegger: *Nietzsche*, Volumes Three and Four, Harper&Row, 1991, p.217.

"知性的力量和工作,知性是一切势力中最惊人和最伟大的,或者甚至可以说是绝对的势力"[1]:人有着和动物一样的身体,但是,最初的意识(知性)萌芽就让身体学会了克制,意识的产生似乎天生就是为了克制身体的。动物没有意识,就完全遵从于身体的偶然感知。人一旦获得了意识,就会开始盘算将来目的,于是,身体的自然要求暂时得以延缓,绝不能像动物那样随时随地地自我满足从而破坏意识的规划。意识的出现,从一开始,就是以身体的克制作为基础和代价的。意识和身体,知性和感性,如果真的存在着一种较量的话,那么,二者的关系就是此消彼长的残酷竞技关系。这就是意识和身体的基本关系模型,同时也是哲学上这种二元叙事的最初的萌芽种子。这里就暴露了人和动物的根本区别:动物听凭身体的即时冲动,人则压抑和延缓这种冲动,并将这种即时性冲动看成是对人和人性的或多或少的羞辱性反应。这样,在人这里,自然身体的克制几乎是与生俱来的。于是,人将它的解释性定义要么放在世俗的理性领域,要么放在宗教的神圣领域,而绝不会放在动物的身体领域。人总是根据他的头脑意识——要么是逻辑推算的理性能力,要么是启示信仰的宗教能力——得以界

---

[1] 《精神现象学》(上卷),第20—21页。

定的。与此相呼应，哲学家总是对这些充满了兴趣并深信不疑："1. 绝对的认识；2. 以认识为目的的知识；3. 美德和幸福联姻；4. 人的行为是可以认识的。"[1]

但是，尼采拒绝了这一切。尼采将他的时刻看作这样的时刻："我们处在意识该收敛自己的时刻"。他要将身体放在恰如其分的位置上，也就是说，要"以身体为准绳"："一切有机生命发展的最遥远和最切近的过去靠了它又恢复了生机，变得有血有肉。一条没有边际、悄无声息的水流，似乎流经它、越过它、奔突而去。因为，身体乃是比陈旧的'灵魂'更令人惊异的思想。"[2]在《查拉斯图拉如是说》中，尼采挖苦了那些轻视身体的人，他借那些醒悟者、明智者的话说："我完完全全是身体，此外无有，灵魂不过是身体上的某物的称呼。身体是一大理智，是一多者而只有一义，是一战斗与一和平，是一牧群与一牧者。兄弟啊，你的一点小理智，所谓'心灵'者，也是你身体的一种工具，你的大理智中一个工具，玩具。""兄弟呵，在你的思想与感情后面，有个强力的主人，一个不认识的智者——这名叫自我。他寄寓

---

[1] 《权力意志：重估一切价值的尝试》，中央编译出版社，第22页。
[2] 同上书，第37—38页。

于你的身体中,他便是你的身体。"[1]尼采警告那些身体的轻视者终将自我毁灭,而他自己绝不会重蹈他们的覆辙,身体的轻视者永远不是通达超人的桥梁。

什么是尼采的身体?海德格尔同德勒兹的解释十分相似。在海德格尔看来,"动物性是身体化的,也就是说,它是充溢着压倒性的冲动的身体,身体这个词指的是在所有冲动、驱力和激情中的宰制结构中的显著整体,这些冲动、驱力和激情都具有生命意志,因为动物性的生存仅仅是身体化的,它就是权力意志。"[2]这样,身体回归到动物性方面,它们都和权力意志等同。在尼采这里,由于权力意志构成了一切存在者的基本属性,作为权力意志的动物性当然就是人的存在的根本规定性。这样,在人的定义中,身体和动物性取代了形而上学中的理性的位置。人首先是一个身体和动物性存在,理性只是这个身体上的附着物,一个小小"语词"。身体就是权力意志,在德勒兹这里便意味着,身体和力是一体的,它不是力的表现形式、场所、媒介或战场,而就是力本身,是力和力的冲突本身,是竞技的力的关系本身。"界

---

[1] 尼采:《苏鲁支语录》,徐梵澄译,商务印书馆,1992年,第27—28页。

[2] *Nietzsche*, Volumes Three and Four, p.218.

定身体的正是这种支配力与被支配力之间的关系。每一种力的关系都构成一个身体——无论是化学的、生物的、社会的还是政治的身体。任何两种不平衡的力，只要形成关系，就构成一个身体。"[1]因此，身体总是偶然的结果，它为力所灌注着，并且就是力的差异关系。显然，这样一个身体就砍去了意识的头颅，它再也不是意识支配下的被动器具了，身体跳出了意识长期以来对它的操纵和摆布圈套，跳出了那个漫长的二元叙事传统，跳出了那个心甘情愿的屈从位置，它不是取代或者颠倒了意识，而是根本就漠视意识，甩掉了意识，进而成为主动的而且是唯一的解释性力量：身体完全可以自我做主了，它——而不是意识——根据它自身的力量竞技可以从各个角度对世界做出解释、估价和透视。"身体在它的生死盛衰中带着对全部真理和错误的认同"，它霸道地主宰着道德领域、知识领域和审美领域。在尼采这里，善的世界是由积极的主动之力强行指定的，真理也只是力的解释技艺的产物，审美当然是一个诸力的自由嬉戏世界，这样的一个身体估价将世界变成了一个非层级化的表面，世界同样只是一个无始无终的力的怪物，而不是将意义秘密深深地埋伏着的深度/表象世界。因此，"为什么

---

1 《尼采与哲学》，第59页。

会发明沉思的生活？为什么给予这种存在至高无上的价值？为什么赋予沉思中形成的想象以绝对真实性？"[1]在尼采看来，沉思的想象之所以受到迷信，仅仅是因为沉思者的身体衰弱。尼采在《论道德的谱系》中对"沉思的生活"和"意识"的出现做了分析：历史的深刻变迁给那些半野兽状态的人们带来了压力，这种变迁"将人永远地锁入了社会和太平的囹圄"[2]。他们的本能因此贬值了，"不能再依赖过去的那有秩序的、无意识的可靠动力来引导它们，它们被迫思想、推断、划算、连接因果——这些不幸者，它们被迫使用它们的最低劣、最易犯错误的器官：它们的'意识'"。[3]这就是"低劣"的意识的原初出现。而今，尼采的要求是，应该用身体的力量驱走沉思迷信，驱走意识的推论，并且通过它来搅乱哲学长久以来的深度意志——意识的出现使身体及其本能受到遏制，并朝向内部发展，"从而有了深度、宽度和高度"[4]。

尼采开辟了哲学的新方向，他开始将身体作为哲学的中心：既是哲学领域中的研究中心，也是真理领域中对世界做出估价的解释学中心。由于身体就是尼采的权

---

1 杜小真编选：《福柯集》，上海远东出版社，1998年，第152页。
2 《论道德的谱系》，第62页。
3 同上书，第63页。
4 同上。

力意志本身，因此，如果海德格尔是对的——他说尼采有一个权力意志的本体论——那么，同样地，这也是一个身体本体论：世界将总是从身体的角度获得它的各种各样的解释性意义，它是身体动态弃取的产物。在此，我们能明白，尼采的哲学为什么既敌视基督教，又对启蒙不屑一顾：这两种貌似对立的哲学，不是表现出对身体的压制，就是表现出对身体的反感。两者都表现了对待身体的不以为然。只不过是，前者借用了上帝的名义，后者则借用理性的名义。

尼采的哲学——由于巴塔耶和德勒兹的先后解读——在法国获得了大批的信徒。这两种解读的共同之处都是对于主体哲学的批判。因为尼采的身体发现，主体（意识）哲学在20世纪50年代之后的法国成为结构主义和后结构主义不倦的摧毁对象。如果说，结构主义和后结构主义有一个共同主旨的话，那么，毫无疑问，这就是对主体思想的拒绝。就人自身内部而言，主体意识并非身体的直接控制者，它也并非一个绝对自主的东西：巴塔耶在色情中发现了主体的优柔寡断和软弱无力，德勒兹则将欲望机器而不是自我看作决定性和生产性的。就人和外部的关系来看，主体也不是客体的控制者和有力的驾驭者。相反，对于拉康来说，主体是先在的象征秩序的效应，对于罗兰·巴特等一大批结构主义者来说，主体是语言结构的被动产物。结构主义通过语言结构蛮横的既定性对主体展开批判，但是，它将身体剔除在自己的视野之外。在它这里，只有自我或者主体，身体隐而不现，尽管这个自我和主体是被动的。但是，后结构主义正是因为将尼采纳入到了自身的视野中，身体便从容不迫地出现在人的地带，并决心同主体一争高低。后结构主义攻击主体，不再从索绪尔的语言学出发，而是从尼采的身体出发。主体同样地被送上了绞刑架，但元凶却有两个面孔。罗兰·巴特的轨迹毫不含糊地记载了这个变迁：先是通过（索绪尔）语言的力量宣布作者之死，后是（借助尼采）抬高快感的力量来冲击稳固的主体性。

罗兰·巴特从阅读的角度将身体提到了一个至关重要的地位。他富有想象力地将身体引进了阅读中，在他这里，文本字里行间埋藏的不是"意义"，而是"快感"，阅读不再是人和人之间的"精神"交流，而是身体和身体之间的色情游戏。长期以来，阅读被看作认知和"意识"大显身手的地方，是知识的最具体的实践形式，是粗蛮的身体力所不逮之处。但是，罗兰·巴特甩掉了这个知识神话，将认知毅然决然地抛弃在脑后，阅读变成了身体行为，快感的生产行为——快感的享用不折不扣地是身体性的反知识实践，阅读解除了知识的暴政后，狂喜就接踵而至。罗兰·巴特最后变成了一个文本享乐主义者，这里的享乐不是精神的，而是性感的，是对认知不可自制的反写、诋毁和嘲弄。此刻，身体快速地冲毁了意识的地盘，牢牢地占据着书本的消费位置。罗兰·巴特前所未有地将个人放在阅读的核心位置，个人读者能够凭着自己的趣味对文本进行独树一帜的逆向生产，这显然突出了个人身体的特有禀赋，因为，普遍的知识总要消除个人的记号，而共通感受只是将文本引向一个封闭性的单一结局。他的一系列解读实践，只能从他的独特的身体结构出发，对既定文本的解读，完全变成了一场身体表演，这里从来不要求集体性的交流和共鸣，而只是表达解读者的无目的欢乐和趣味。趣味总是身体性的，这里，尼采的回声时时在振荡：哲学就是医学或者生理学。

实际上，是巴塔耶最先对尼采的身体发现做出了回应。尼采对意识的不信任，在巴塔耶这里则表现为对理性的厌恶。巴塔耶将理性多多少少地等同于意识，他对理性做了细致的分析，这些分析同时使非理性的一面暴露出来，尤其是将色情的秘密暴露出来。色情溢出了理性和意识的地盘之外，巴塔耶对色情表现出难以抑制的深深迷恋，对于他来说，色情的秘密正是人的秘密所在。色情是身体的自然冲动，但是，存在着一个理性的世俗世界，这个世界将身体的自然冲动看作向动物世界的野蛮返归，并且要对它做出不洁和肮脏的谴责。因为，这种兽性的色情回归是对人和人性——其标志性特征是能盘算的意识和理性——的威胁，它所具备的强大的兽性力量可以摧毁稳定的自我，同时它能摧毁人性所建立的世俗世界。这种源自自然身体的色情便具有某种危险性，自我一方面对它提高了警惕，另一方面身体的巨大驱动力量使自我难以驾驭，这样，色情是在挫折中前行，它踉踉跄跄，既欢乐又发抖。恰恰是在向动物兽性的返归中碰到了阻力，色情才更具有一种震颤的爆发力量。巴塔耶的色情分析告诉我们，人身体性的本能冲动不再像动物那样直接、自然、纯粹和一丝不挂，相反，身体性行为被人化的东西所污染，而人也断然去掉不了它的原始动物性。恰恰是这种动物性重新将人的怪异性行为夺回来，并植根于人性本身。人的秘密绝不仅仅像黑格尔那样从自我意识那里去挖掘，相反，它埋藏在凶蛮的身体和理性的自我意识的残酷对决的过程中，埋藏在撕裂的色情经验中。巴塔耶就这样将身体的冲动置于人的一个醒目位置，这种身体冲动有效地锻造了人的生活实践。身体的冲动，显然，在此是对尼采的权力意志的回应。如果说，尼采现在要重新将人的动物性存在从形而上学的理性手里夺回来的话，那么，巴塔耶则回过头去向人们解释了理性是怎样逐渐地排斥掉那种动物性的。巴塔耶的人类学可以作为尼采的考察前提：在人身上，理性的历史是驱赶动物性的历史。那么，好了，尼采现在面临的问题是，我们现在将这个历史逆转过去：从他开始，现在由动物性来驱赶理性。这样一个历史的逆转就同黑格尔完全相反，这样一个尼采形象因此就是黑格尔不折不扣的反面形象。如果黑格尔确实是意识哲学巅峰的话，那么，尼采开始让这个巅峰倒塌了。

巴塔耶追逐着尼采，从人身上抢回了部分动物性，但是，他并没有完全将人定义为动物性。如同动物性残存在人身上一样，意识也残存在人身上，它对身体构成了一个逆向的障碍。不过在德勒兹这里，尼采受到了更明显的信奉。德勒兹的身体里面从来不像弗洛伊德那样埋伏着几个深度层次，尤其是，这个身体完全排斥了意识，它仅仅是纯粹的欲望本身。就像尼采将身体，以及身体的力量视作是世界的准绳一样，德勒兹同样将身体看作一部巨大的欲望机器。巴塔耶将色情看作身体的重要环节和内容，德勒兹则去掉了身体的具体内容，他不在意身体的内部细节，而是将身体抽象为一种生产性的力量，抽象为无内容的生产性欲望。尼采的身体在生产、评估、创造，同样，德勒兹的这部欲望机器也在不停地生产、创造。欲望生产着现实。同弗洛伊德不一样的是，欲望既没有受到压制,也不是因为没有获得满足而产生的一种心理缺失状态,相反,欲望是积极性的并且始终如一地精神饱满,它生产现实,"社会生产在确定条件下纯粹是而且仅仅是欲望生产本身"[1]。这部欲望机器不仅是生产性的,而且,如同尼采的力的永恒流动性一样,它也是连接性的,"它无处不在发挥作用,有时进展一帆风顺,有时突发痉挛。它呼吸、发热、吃东西。它排便、性交。"[2]欲望就是机器:"驱动其他机器的机器,受其他机器驱动的机器,带有一切必要的搭配和联系……乳房是产生奶水的机器,口则是与乳房搭对的机器。"[3]这样一个机器,永远处在连接过程中,永远和另一台机器相连。它促使别的机器流动,也可能被另外的机器中断。欲望永远在流动,它"促使流体向前流动,自身也流动,并且中断这些流动"[4]。显然,这样的欲望流就是尼采的权力意志的翻版,在尼采这里,"世界就是权力意志的世界,此外一切皆无"。而"无处不在的力乃是忽而为一、忽

---

[1] 吉尔·德勒兹、费利克斯·伽塔里:《反俄狄浦斯:资本主义与精神分裂症(节选)》,王广州译,见《后现代性的哲学话语》,汪民安、陈永国、马海良主编,浙江人民出版社,2000年,第50页。
[2] 同上,第36页。
[3] 同上,第36页。
[4] 同上,第40页。

而为众的力和力浪的嬉戏,此处聚集而彼处消减,像自身吞吐翻腾的大海,变幻不息,永恒的复归……作为变易,它不知更替、不知厌烦、不知疲倦"[1]。同力一样,德勒兹的欲望也不知厌烦,不知疲倦,变幻不息。尼采的力的世界同德勒兹的欲望世界具有惊人的同构性。力和欲望都是积极的生产性的。尼采的力被德勒兹改造为欲望,如果说,尼采的身体就是力本身的话,那么,德勒兹的欲望同样也是身体本身。尼采的力是没有主体的,非人格化的,德勒兹的欲望同样没有主体,同样是非人格化的,它并不是一个主体的所属物。尼采的力没有作用对象,力只和力发生关系,力永远是关系中的力。同样,德勒兹的欲望也没有一个明确的欲望对象,欲望只和欲望连接,只向别的欲望流动,欲望的唯一的客观性就是流动。力创造了世界,欲望也生产了社会现实。力和欲望正是通过身体达成了连接关系和等式关系。在德勒兹这里,同尼采相似,身体基本上是一股活跃的升腾的积极性的生产力量,是一部永不停息的生产机器。我们看到,这样一种欲望政治学,完全同弗洛伊德分道扬镳。在德勒兹这里,从来就没有意识对身体的压制,也没有生产世界对意识的压制。反俄狄浦斯的革命,从来

---

[1] 《权力意志:重估一切价值的尝试》,中央编译出版社,第7页。

就是身体及其欲望的革命。德勒兹创立的是欲望一元论，这个一元论，从来没有将意识纳入到自己的视野中。

当代理论对于身体爆发的兴趣凭借的还是福柯。福柯也恰好是对尼采运用得最多的法国信徒之一。身体同样是福柯从尼采那里接受来的概念。尼采摧毁了意识的宰制地位而将身体突出出来，这一点，福柯铭记在心。尼采的身体一元论和决定论，使福柯认识到，历史在某种意义上只能是身体的历史，历史将它的痕迹纷纷地铭写在身体上。在20世纪70年代，福柯决心要从身体出发来构造自己的社会理论，来构造自己的谱系学，这样一个谱系学断然地根除了意识和意识形态在历史中的主宰位置，断然地拒绝了主体假设，断然地同形形色色的精神现象学决裂。如果说，尼采认为身体是一切事物的起点的话，那么，福柯同样看到了，社会，它的各种各样的实践内容和组织形式，它的各种各样的权力技术，它的各种各样的历史悲喜剧，都围绕着身体而展开角逐，都将身体作为一个焦点，都对身体进行精心地规划、设计和表现。身体成为各种权力的追逐目标，权力在试探它，挑逗它，控制它，生产它。正是在对身体所做的各种各样的规划过程中，权力的秘密，社会的秘密和历史的秘密昭然若揭。同尼采和德勒兹一样，福柯将身体作为纷乱的社会组织中的一个醒目的中心焦点突出出来，他和尼采一样相信，是身体而不是意识处在历史的紧迫关头，"身体是事件被铭写的表面（语言对事件进行追记，思想对事件进行解散），是自我被拆解的处所（自我具备一种物质整体性幻觉），是一个永远在风化瓦解的器具"[1]。因此，考察来源的谱系学，必须深深地沉浸在身体和历史复杂的连接地带。在这个连接地带中，身体刻写了历史的印记，而历史则在摧毁和塑造身体。这样，在福柯社会理论的核心，矗立着的是身体和权力的关系。自我和自我意识，围绕着意识的争斗，以及意识形态的巧妙改造，却成为无关紧要的话题。在福柯这里，权力和身体这密切而又纷争的一对，成为历史的主导内容；在阿尔都塞那里，主体和意识形态紧密相关，它们成为历史的重要叙事。前者将身体作为社会理论的核心，后者将主体作为核心，这，正是福柯（通过尼采）和马克思主义脱离开来的一个显著征兆。

不过，福柯又稍稍地偏离了尼采的道路。尽管他们都将身体和历史连接起来，但尼采和德勒兹将身体看作生产性的，身体具有一种强大的生产力，它生产了社会

---

[1] Michel Foucault: *Language, Counter-Memory, Practice*, translated by Donald F.Bouchard and Sherry Simon, Cornell University Press, 1981, p.148.

现实，生产了历史，身体的生产就是社会生产。尽管尼采和德勒兹都将历史看作一个不断地对身体的惩罚或者编码过程：在尼采那里，最早的"国家"作为一个可怕的暴君对那些"半野兽"们进行揉捏，并使之驯服、定型；在德勒兹（和伽塔里）这里，资本主义对身体进行了严格的管制和编码。但是，他们还是相信，身体最终能冲毁这些编码。尼采的作为权力意志的身体是爆炸性的，它可以撕开一切封闭的伦理体制和真理体制。德勒兹的作为欲望的身体同样可以无休无止地生成、流变、闯荡。正是因为身体的冲动性和生产性，他们才诉之于身体。在尼采这里，对身体的强调，预示着超人的出现。身体从来没出现在上帝的眼里，因此，只有在上帝死了之后，只有在将灵魂从人那里剔除之后，只有这样的信仰的"人"和理性的"人"死了之后，只有人和上帝的那种负罪关系终结之后，只有身体义无反顾地突现出来之后，超人才能如期而至地出现在尼采勾勒的地平线上，他才能精神饱满，体力充沛。福柯恰好相反，他不认为身体具有无坚不摧的生产性，相反，在他这里，是"历史摧毁了身体"。尼采身体的主动生产性变成了福柯的身体的被动铭写性，尽管身体在两者那里都是历史的焦点，都是权力纷争的核心场所，都是多义性的一元论，都是没有灵魂和意识的基础本体。尽管身体的历史是他们的共同谱系学内容。在福柯这里,今天的社会惩罚,"最终涉及的总是身体,即身体及其力量、它们的可利用性和可驯服性、对它们的安排和征服"[1]。身体总是卷入政治领域中,"权力关系直接控制它,干预它,给它打上标记,训练它,折磨它,强迫它完成某些任务、表现某些仪式和发出某些信号"[2]。这样的身体因此是备受蹂躏的身体,是被宰制、改造、矫正和规范化的身体,是被一遍遍反复训练的身体。我们看到,这样的身体不再是洋溢着动物精神的身体,洋溢着权力意志的身体,洋溢着超人或者精神分裂症理想的身体。这不是喜气洋洋的身体,而是悲观、被动、呆滞的身体。既不像尼采,福柯没有宣告一个超人即将来到的未来哲学;也不像德勒兹,福柯也没有宣布一个欲望政治学的解放计划。被动的身体的最终出路只能是隐秘的自我美学改造:身体不是根据它自身的主动力量而展开,而是根据美学目标来自我发明。

福柯和尼采在这一点——身体的被动性和主动性——上拉开了距离。但是,福柯分享了尼采身体的多义性的一元论。在尼采这里,身体就是权力意志本身,

---

[1] 福柯:《规训与惩罚》,刘北成、杨远婴译,生活·读书·新知三联书店,1999年,第27页。
[2] 同上。

而权力意志从来就不是静止的,它是差异关系,是力和力的较量关系,是力的纷争关系。这样的身体尽管是一个基础性本体,但这个本体却又不无悖论地是动态的,生成着的,可变的,偶然性的。福柯的身体也是可变性的基础本体。"有一种无政府主义式的身体,它的等级、区域化、排列,或者说,它的有机性,正处在解体的过程中……这是某种'不可命名'的东西,这个东西完全被快感所锻造,它自我敞开、变紧、颤动、跳动、打哈欠。"[1]作为一个本体,历史和权力以它为落脚点,总要抚摸、占有和穿越它,总要和它发生动态关系;作为可变性,历史和权力总要影响、改变、铸造它。可变性的身体,在尼采和德勒兹那里则表现为积极的活力生产,是身体在不停地向历史进犯;在福柯这里则表现为被动的权力改造,是权力向身体的进犯。这样,福柯的身体和尼采的身体尽管都占据着历史、政治和哲学的中心,但是,前者的中心形式是被动的,后者则是主动的。

这样就出现了相对立的身体方向。在某种意义上,这两种方向主宰了今天的身体讨论的大部分内容。这两种方向都让我们的政治和历史的目光投向身体,都让身

---

[1] *Foucault Life*, edited by Sylvere Lotringer, Semiotext(e), 1996, pp.186–187.

体和历史发生互动；但是，它们却让人们看到了历史和身体连接后的不同效应。让我们这样来说吧，尼采的身体的可变性和不稳性，让福柯发现了权力有一个合适的落脚点，发现了权力对身体的改造能力。学术机器中的庞大的身体政治学就诞生在这样的精巧改造中。由于身体问题在今天同日益强化的消费主义结合在一起，也就是说，身体的改造可能从福柯的权力改造那里悄悄地发生了变化。福柯关注的历史，是身体遭受惩罚的历史，是身体被纳入到生产计划和生产目的中的历史，是权力将身体作为一个驯服的生产工具进行改造的历史；那是个生产主义的历史。而今天的历史，是身体处在消费主义中的历史，是身体被纳入到消费计划和消费目的中的历史，是权力让身体成为消费对象的历史，是身体受到赞美、欣赏和把玩的历史。身体从它的生产主义牢笼中解放出来，但是，今天，它不可自制地陷入了消费主义的陷阱。一成不变地贯穿着这两个时刻的，就是权力（它隐藏在政治、经济、文化的实践中）对身体精心而巧妙的改造。

20世纪有三个伟大传统将身体拖出了意识（主体）哲学的深渊。追随胡塞尔的梅洛-庞蒂将身体毅然地插入到知识的起源中，他取消了意识在这个领域中的特权位置，但是，他并没有让身体听到社会历史的轰鸣。涂尔干、莫斯、布尔迪厄这一人类学传统重视个人的身体实践和训练,这一反复的实践逐渐内化进身体中并养成习性,但是这个习性不仅仅是身体性的,它也以认知的形式出现。布尔迪厄试图用他的实践一元论来克服身体和意识的二元对立,尤其是要克服意识在认知和实践中对身体的压制,身体和意识在此水乳交融。尼采和福柯的传统根本不想调和身体和意识的关系,在这个传统中,只有身体和历史、身体和权力、身体和社会的复杂纠葛。从尼采和福柯这里开始,历史终于露出了它被压抑的一面。一切的身体烦恼,现在,都可以在历史中,在哲学中,高声地尖叫。

参考文献

尼采著作英译本：

Beyond Good and Evil, translated by Marianne Cowan, Henry Regnery Company, 1955.

Ecce Homo, translated by Walter Kaufmann, Vintage Books, 1989.

On the Genealogy of Morals, translated by Walter Kaufmann, Vintage Books, 1989.

Daybreak, translated by R.J.Hollingdale, Cambridge University Press, 2004.

The Antichrist, translated by Anthony M.Ludovici, The Edinburgh Press, 1927.

Will to Power, translated by Anthony M.Ludovici, George Allen Unwin Ltd, 1909.

The Gay Science, translated by Josefine Nauckhoff, Cambridge University Press, 2001.

Untimely Meditations, translated by R.J.Hollingdale, Cambridge University Press, 1997.

The Birth of Tragedy, translated and edited by Douglas Smith, Oxford University Press, 2000.

Thus Spoke Zarathustra, translated by Walter Kauffmann, Penguin Books, 1978.

Twilight of the Idols or How to Philosophize with a Hammer, translated and edited by Duncan Large, Oxford University Press, 1998.

The Will to Power, translated by R. J. Hollingdale and Walter Kaufmann, Random House, 1987.

Basic Writings of Nietzsche, translated and edited by Walter Kaufmann, Modern Library, 2000.

A Nietzsche Reader, translated by R. J. Hollingdale, Penguin Books, 1978.

尼采著作中译本：

《悲剧的诞生》，赵登荣等译，漓江出版社，2000年。（及该书附录《瓦格纳在拜洛伊特》，范文芳译。）

《权力意志》（上、下），孙周兴译，商务印书馆，2007年。

《尼采遗稿选》，君特·沃尔法特编，虞龙发译，上海译文出版社，2005年。

《哲学与真理》，田立年译，上海社会科学院出版社，1993年。

《偶像的黄昏》，周国平译，光明日报出版社，1996年。

《希腊悲剧时代的哲学》，周国平译，商务印书馆，1994年。

《反基督》，陈君华译，河北教育出版社，2003年。

《查拉图斯特拉如是说》，黄明嘉译，漓江出版社2000年。

《苏鲁支语录》，徐梵澄译，商务印书馆，1997年。

《曙光》，田立年译，漓江出版社，2000年。

《尼采论善恶》，朱泱译，团结出版社，2006年。

《论道德的谱系》，周红译，生活·读书·新知三联书店，1992年。

《人性的，太人性的》，杨恒达译，中国人民大学出版社，2005年。

《快乐的知识》，黄明嘉译，中央编译出版社，1999年。

《权力意志：重估一切价值的尝试》，张念东、凌素心译，中央编译出版社，2000年。

《看哪这人》，张念东、凌素心译，中央编译出版社，2000年。

《不合时宜的沉思》，李秋零译，华东师范大学出版社，2007年。

《瓦格纳事件·尼采反瓦格纳》，孙周兴译，商务印书馆，2011年。

尼采研究著作：

雅斯贝尔斯：《尼采：其人其说》，鲁路译，社会科学文献出版社，2001年。

恩斯特·贝勒尔：《尼采、海德格尔与德里达》，李朝晖译，社会科学文献出版社，2001年。

洛维特、沃格林等：《墙上的书写：尼采与基督教》，田立年、吴增定等译，华夏出版社，2004年。

斯坦利·罗森：《启蒙的面具：尼采的〈查拉图斯特拉如是说〉》，吴松江、陈卫斌译，辽宁教育出版社，2003年。

海德格尔：《尼采》，孙周兴译，商务印书馆，2002年。

吉尔·德勒兹：《尼采与哲学》，周颖、刘玉宇译，社会科学文献出版社，2000年。

朗佩特：《施特劳斯与尼采》，田立年、贺志刚等译，上海三联书店，2005年。

刘小枫、倪为国选编：《尼采在西方：解读尼采》，上海三联书店，2002年。

凯斯·安塞尔－皮尔逊：《尼采反卢梭：尼采的道

德—政治思想研究》，宗成河等译，华夏出版社，2005年。

汪民安、陈永国编：《尼采的幽灵》，社会科学文献出版社，2000年。

汪民安编：《新尼采主义》，广西师范大学出版社，2007年。

安内马丽·彼珀：《动物与超人之维：对尼采〈查拉图斯特拉〉第一卷的哲学解释》，李洁译，华夏出版社，2001年。

杨恒达：《尼采美学思想》，中国人民大学出版社，1992年。

吴增定：《尼采与柏拉图主义》，上海人民出版社，2005年。

陈君华：《深渊与巅峰：论尼采的永恒轮回学说》，上海人民出版社，2004年。

Simmel, Georg, *Schopenhauer and Nietzsche*, translated by Helmut Loiskandl, Deena Weinstein, and Michael Weinstein. Urbana and Chicago: University of Illinois Press, 1991.

Bataille, Georges, *On Nietzsche*, translated by Bruce Boone. London: Athlone Press, 1992.

Heidegger, Martin, *Nietzsche*, Vol. I: The Will to Power as Art, translated by David F. Krell. New York: Harper & Row, 1979.

———, *Nietzsche*, Vol. II: The Eternal Recurrence of the Same, translated by David F. Krell. San Francisco: Harper & Row, 1984.

———, *Nietzsche*, Vol. III: The Will to Power as Knowledge and as Metaphysics, translated by Joan Stambaugh, David F.Krell, and Frank A.Capuzzi. San Francisco: Harper & Row, 1986.

———, *Nietzsche*, Vol. IV: Nihilism, translated by David F. Krell. New York: Harper & Row, 1982.

Deleuze, Gilles, *Nietzsche and Philosophy*, translated by Hugh Tomlinson. New York: Columbia University Press, 1983.

Derrida, Jacques, *Spurs: Nietzsche's Styles*, translated by Barbara Harlow. Chicago: University of Chicago Press, 1979.

Klossowski, Pierre, *Nietzsche and the Vicious Circle* translated by Daniel W.Smith. London: The Athlone Press, 1997.

Löwith, Karl, *Nietzsche's Philosophy of the Eternal Recurrence of the Same*, translated by J. Harvey Lomax, foreword by Bernd Magnus. Berkeley: University of California Press, 1997.

Kaufmann, Walter, *Nietzsche: Philosopher, Psychologist, Antichrist*. Princeton: Princeton University Press, 1950.

Daniel W.Conway (ed.), *Nietzsche: Critical Assessments*, London and New York: Routledge, 1998.

Gianni Vattimo: *Nietzsche: An Introduction*, translated by Nicholas Martin. London: The Athlone Press, 2002.

Allison, David B (ed.), *The New Nietzsche: Contemporary Styles of Interpretation*. Cambridge, Massachusetts: The MIT Press, 1985.

Allison, David B, *Reading the New Nietzsche*. Lanham, Maryland: Rowman & Littlefield Publishing, 2000.

Danto, Arthur C, *Nietzsche as Philosopher: An Original Study*. New York: Columbia University Press, 1965.

Irigaray, Luce, *Marine Lover of Friedrich Nietzsche*, translated by Gillian C. Gill. New York: Columbia University Press, 1991.

Shapiro, Gary, *Nietzschean Narratives*. Bloomington: Indiana University Press, 1989.

Schrift, Alan D, *Nietzsche and the Question of Interpretation: Between Hermeneutics and Deconstruction*. New York: Routledge, 1990.

Stambaugh, Joan, *The Problem of Time in Nietzsche*, translated by John F. Humphrey. Philadelphia: Bucknell University Press, 1987.

Bloom, Harold (ed.), *Modern Critical Views: Friedrich Nietzsche*. New York, New Haven, Philadelphia: Chelsea House Publishers, 1987.

Koelb, Clayton (ed.), *Nietzsche as Postmodernist: Essays Pro and Contra*. Albany: State University of New York Press, 1990.

Magnus, Bernd, and Higgins, Kathleen M (eds.), *The Cambridge Companion to Nietzsche*. Cambridge: Cambridge University Press, 1996.

Sedgwick, Peter R. (ed.), *Nietzsche: A Critical Reader*. Oxford, UK and Cambridge, MA: Blackwell, 1995.

修订版后记

我还是一个年轻学生的时候，就非常喜欢《悲剧的诞生》。但是，很长一段时间以来，我对尼采的印象就停留在那本书上面。那个时候我也从未想过要写一本有关尼采的书。我是读了福柯和法国理论之后才决定重新研读尼采的。准确地说，我是为了更好地理解巴塔耶、福柯、德勒兹和德里达而去读尼采的，尼采是他们的思想起源。这样，我对尼采真正产生研究兴趣并不是从阅读尼采的著作开始的，我想研究的是尼采和当代法国理论的关系。但是，我一旦进入他的著作中，就被那些有时高亢激越、有时忧心忡忡，有时嬉笑怒骂、有时庄重严肃的句子所吸引，我沉浸在这种否定哲学的哲学形式中。这样，我的写作目标就发生了改变：这本书不再去讨论尼采对法国理论的影响，我也不再去仔细辨析他和哪个法国人的具体关联——尽管这样的关联在书中偶有显现。

这本书初版于2008年。就像很多作者那样，我在看自己以前写的书的时候，总是有强烈的冲动要去修改——这次我也忍不住做了一些删改。但是，任何的删改也还是不尽人意。删改一遍之后，我甚至还不断地产生要继续删改的念头。但是，我也明白，一本书的删改是没有终点的，它注定是以令人遗憾的方式存在——从某种角度而言，这本书带给我的遗憾多于带给我的成就感。

感谢汉唐阳光愿意重版这本书，也要感谢唐珺帮我重新核实了注释。最后，我要感谢冯俊老师，正是冯老师促成了这本书的诞生。

汪民安

2023 年 8 月 16 日

图书在版编目（CIP）数据

尼采与身体 / 汪民安著. -- 太原：山西人民出版社，2023.9
ISBN 978-7-203-12937-0

Ⅰ.①尼… Ⅱ.①汪… Ⅲ.①尼采(Nietzsche, Friedrich Wilhelm 1844-1900)—哲学思想—研究 Ⅳ.①B516.47

中国国家版本馆CIP数据核字（2023）第111903号

尼采与身体

著　　者	汪民安
责任编辑	张志杰
复　　审	刘小玲
终　　审	梁晋华
装帧设计	陆红强
出 版 者	山西出版传媒集团·山西人民出版社
地　　址	太原市建设南路21号
邮　　编	030012
发行营销	0351-4922220　4955996　4956039　4922127（传真）
天猫官网	https://sxrmcbs.tmall.com　电话：0351-4922159
E-mail	sxskcb@163.com　发行部
	sxskcb@126.com　总编室
网　　址	www.sxskcb.com
经 销 者	山西出版传媒集团·山西人民出版社
承 印 厂	北京汇林印务有限公司
开　　本	870mm×1120mm　1/32
印　　张	12.5
字　　数	220千字
版　　次	2023年9月　第1版
印　　次	2023年9月　第1次印刷
书　　号	ISBN 978-7-203-12937-0
定　　价	68.00元

如有印装质量问题请与本社联系调换